全国高等职业教育物流专业课程改革规划教材

物流实训教程

主　编　傅　凯
副主编　黄常勇　聂　淼　李　鹏
主　审　陈国民

中国财富出版社

图书在版编目（CIP）数据

物流实训教程／傅凯主编．—北京：中国财富出版社，2012.12
全国高等职业教育物流专业课程改革规划教材
ISBN 978－7－5047－4583－5

Ⅰ．①物…　Ⅱ．①傅…　Ⅲ．①物流—高等职业教育—教材　Ⅳ．①F252

中国版本图书馆 CIP 数据核字（2012）第 308433 号

策划编辑　马　军　　　　责任印制　方朋远
责任编辑　张小玲　葛晓雯　　　　责任校对　梁　凡

出版发行　中国财富出版社（原中国物资出版社）
社　　址　北京市丰台区南四环西路 188 号 5 区 20 楼　　邮政编码　100070
电　　话　010－52227568（发行部）　　010－52227588 转 307（总编室）
　　　　　010－68589540（读者服务部）　　010－52227588 转 305（质检部）
网　　址　http://www.clph.cn
经　　销　新华书店
印　　刷　北京京都六环印刷厂
书　　号　ISBN 978－7－5047－4583－5/F·1902
开　　本　787mm×1092mm　1/16
印　　张　16.75　　　　版　　次　2012 年 12 月第 1 版
字　　数　347 千字　　　　印　　次　2012 年 12 月第 1 次印刷
印　　数　0001—3000 册　　　　定　　价　36.00 元

序　言

《全国高等职业教育物流专业课程改革规划教材》是在物流业调整与振兴规划大力实施以及全国高等职业教育课程改革逐步推进的背景下，由中国财富出版社（原中国物资出版社）教材中心与高职教育专家及众多一线教师在广泛研究和讨论的基础上所开发的一套适合全国高等职业院校物流专业教学的教材。

2009年物流产业被国务院列为十大振兴产业之一，《物流业调整和振兴规划》提出要加快物流人才的培养，发展多层次教育体系和在职人员培训体系。为此，要求出版社和学校充分利用社会资源，与企业、科研机构大力合作，编写精品教材。

教育部2006年16号文件《关于全面提高高等职业教育教学质量的若干意见》提出了我国高等职业教育人才培养的教学模式：工学结合、任务驱动、项目导向、顶岗实习。大力提倡高等职业院校与行业企业合作开发课程，根据技术领域和职业岗位（群）的任职要求，参照相关的职业资格标准，改革课程体系和教学内容，建立突出职业能力培养的课程标准，规范课程教学的基本要求。为此，国家将启动1000门工学结合的精品课程建设。改革教学方法和手段，融“教、学、做”为一体，强化学生能力的培养。加强教材建设，重点建设好3000种左右国家规划教材，与行业企业共同开发紧密结合生产实际的实训教材。

为了加强高等职业院校学生实践能力和职业技能的培养，配合高等职业院校大力推行工学结合、校企合作的培养模式。中国财富出版社（原中国物资出版社）在对物流企业进行大量实地调研的基础上，组织编写了这套基于工作过程教学模式的教材。教师在教学中使用本套教材，可以很好地引导学生提高学习主动性和实践操作能力。本套教材设计了如下基础课程和有针对性的专业课程的配套教材，包括：现代物流基础、物流客户服务、物流企业管理实务、企业物流管理、第三方物流管理、商品养护技术、商品学、物流法律法规、物流企业会计核算与报表分析、仓储管理实务、运输管理实务、配送管理实务、采购与库存管理实务、供应链管理、物流实训教程、物流成本管理、国际物流实务、国际货运代理、物流企业营销实务、物流技术与设备运用、物流单证与结算。

本套教材的编写人员主要是在教学实践第一线任教的教师，他们熟练掌握物流基础知识，了解学生需求，具有丰富的教学实践经验，通过参加中国财富出版社（原中国物资出版社）组织的“基于工学整合的教材研讨会”，他们已掌握了基于工作过程教学模式的教材编写的基本思想；此外，本套教材还邀请了具有丰富的物流相关岗位实践操作经验的企业人员参与编写和审稿，从而使本套教材更加贴近物流工作的实际，这就为培养具有较强实操能力的物流专业学生提供了教学保障。

本套教材不仅可以作为高等职业教育物流专业学生的教材，也可以作为对初级物流从业人员进行培训的教材，还可以作为刚刚踏入物流行业的从业人员的实际操作指南。

编委会

2010 年 2 月

前言

物流实训教学在整个物流课程教学过程中占有非常重要的地位，实训教学质量的高低直接影响学生专业实践技能的培养。根据社会所需人才的职业能力要求确定物流管理专业学生应具备的能力，这是就业指导的前提，也是物流实训教程编写的基础和出发点。物流所需人才的技能主要包括两个方面：

(1) 物流各环节的实现技术和管理技能，即学生要具有较为全面的物流操作和管理知识，对商品入库、出库、码盘、分拣、配装等具体作业非常熟悉，能够对执行作业进行全程全方位监控、优化和提升。

(2) 信息技术的应用能力。现代物流过程同时也是一个信息流过程，目前信息技术已受到物流企业的充分重视，并被广泛用于订单处理、仓储管理、货物追踪等全过程。这就使得高等职业物流管理专业物流实训教程的编写必须围绕人才岗位职业能力这根指挥棒进行设计和编写。

我们编写的这部教材是以深圳中诺思咨询科技有限公司开发的物流管理模式软件和常用的物流设施设备为项目背景，来充分提高学生这两方面的能力。因此，这部教材能够切合高等职业院校物流管理实训教学的实际，最大限度地满足实训教学所需，促进教学改革。

本教程共分十个实训任务：

任务一为仓储管理系统操作技术。学生通过软件操作可以熟悉仓储的具体操作流程，增强感性认识，并可从中进一步了解、巩固与深化所学的仓储管理理论知识，提高发现问题、分析问题和解决问题的能力，为学生参与未来仓储管理领域复杂、庞大、越发激烈的竞争打下扎实基础。

任务二为运输管理系统操作技术。学生通过软件操作可以熟悉以公路运输为核心的各种运输方式的操作流程，了解运输过程中各角色所承担的任务，从而能使运输理论学习与运输实践训练有机结合，从而提高学习效果。

任务三为配送管理系统操作技术。学生通过软件操作可以掌握配送的基本运作模式与方法，按照用户的需要，有效、合理地开展物流配送活动，不断提高物流服务水平与物流配送效率，降低物流配送成本。

任务四为供应链管理系统操作技术。学生通过软件操作可以扮演供应链中的不同角色或是综合扮演一条供应链上各个角色，掌握供应链管理的具体流程，熟悉供应链的运作模式，深刻体会供应链管理控制成本，以达到利润最大化的思想。

任务五为第三方物流管理系统操作技术。学生通过软件操作模拟现代物流企业在第三方业务中的基本环节及其相互关系，充分了解到第三方物流的本质及作用，深刻体会连锁行业、汽车行业等行业第三方物流业务运作模式的流程。

任务六为国际货代管理系统操作技术。学生通过软件操作可以熟悉国际货运代理公司的运作模式，切身体会到国际货运代理各个环节中不同当事人面临的具体工作以及他们之间的互动和制约关系，增强国际货运代理业务的实践能力。

任务七为 POS 系统操作技术。通过 POS 系统后台设置和前台收银操作，学生可以掌握 POS 系统工作的基本流程，熟悉多种行业基层收银人员的工作过程，加深对连锁经营管理岗位技能要求的认识。

任务八为条码技术的认知与操作技术。通过物流领域常用条码图形的设计、打印与使用，使学生能够掌握条码的结构和编码方法，能使用条码软件设计制作常用物流条码，并学会使用条码识读设备扫描条码，从而增强了将来从事物流工作的信息化水平。

任务九为物流设备的认知与操作技术。通过对常用物流设备操作，使学生了解和掌握常用物流设备的操作方法以及相应信息技术的应用，提高学生在货物组托作业、叉车操作技术等仓储作业方面的动手能力，以满足企业发展对物流人才的需求。

任务十为储配方案的设计与执行实训。该项实训为全国职业技能大赛高职组的比赛项目，通过实训，可以把大赛模式引入到日常教学过程中，既可以提高学生的实践技能，同时又为参加全省及全国技能大赛打下良好的基础。

本书由傅凯担任主编，由黄常勇、聂森、李鹏担任副主编。具体编写分工如下：任务一、任务九由傅凯编写；任务二、任务五由聂森编写；任务三由孙惠编写；任务四由赵振东编写；任务六由李鹏编写；任务七、任务八由黄常勇编写；任务十由傅凯、李鹏共同编写。全书由傅凯总纂，陈国民主审。本书在编写过程中得到了深圳中诺思咨询科技有限公司的大力支持，提供了相关素材与案例，在此表示衷心的感谢。

由于编者学识所限，加之编写时间有限，书中难免有不当和错误之处，敬请读者不吝赐教和批评指正。

编　者

2012 年 9 月

目录

任务一　仓储管理系统操作技术 …………………………………………… 1
子任务一　入库单元实验 ……………………………………………………… 2
子任务二　出库单元实验 ……………………………………………………… 12
子任务三　仓储综合实验 ……………………………………………………… 19

任务二　运输管理系统操作技术 …………………………………………… 28
子任务一　运输管理系统基础数据录入 ……………………………………… 29
子任务二　散货托运单元实验 ………………………………………………… 35
子任务三　整车托运单元实验 ………………………………………………… 37
子任务四　运输综合实验 ……………………………………………………… 39

任务三　配送管理系统操作技术 …………………………………………… 48
子任务一　配送管理系统订单管理操作 ……………………………………… 49
子任务二　配送管理系统车辆调度操作 ……………………………………… 54
子任务三　配送管理系统仓库管理操作 ……………………………………… 59

任务四　供应链管理系统操作技术 ………………………………………… 65
子任务一　订单管理单元实验 ………………………………………………… 67
子任务二　需求管理单元实验 ………………………………………………… 72
子任务三　生产管理单元实验 ………………………………………………… 77
子任务四　供应商综合实验 …………………………………………………… 84
子任务五　物流公司成品综合实验 …………………………………………… 88

任务五　第三方物流管理系统操作技术 …… 104
子任务一　连锁实验 …… 105
子任务二　汽车行业实验 …… 112

任务六　国际货代管理系统操作技术 …… 118
子任务一　基础数据维护 …… 118
子任务二　海运出口业务实验 …… 132
子任务三　海运进口业务实验 …… 144
子任务四　拼箱业务实验 …… 148

任务七　POS 系统操作技术 …… 153
子任务一　POS 系统后台初始设置 …… 154
子任务二　前台收银系统操作实训 …… 163

任务八　条码技术的认知与操作技术 …… 172
子任务一　通用商品条码设计实训 …… 172
子任务二　用 Bartender 软件制作条码标签 …… 179
子任务三　零售店（店内）条码设计实训 …… 185

任务九　物流设备的认知与操作技术 …… 191
子任务一　货物组托操作实训 …… 191
子任务二　手动液压搬运车操作实训 …… 199
子任务三　手动液压堆高车操作实训 …… 202
子任务四　打包机操作实训 …… 205

任务十　储配方案的设计与执行实训 …… 209
子任务一　储配方案设计实训 …… 210
子任务二　物流大赛软件操作实训 …… 226
子任务三　储配方案的实施 …… 248

任务一　仓储管理系统操作技术

学习目标

1. 掌握仓储管理的具体流程；
2. 熟悉仓储的运作模式；
3. 切身体会仓储各个环节中不同当事人面临的具体工作以及他们之间的互动和制约关系；
4. 深刻体会仓储管理控制成本以达到利润最大化的思想。

仓储管理就是对仓库及仓库内的物资所进行的管理，是仓储机构为了充分利用所具有的仓储资源提供高效的仓储服务所进行的计划、组织、控制和协调过程。仓储系统是企业物流系统中不可缺少的子系统。物流系统的整体目标是以最低成本提供令客户满意的服务，而仓储系统在其中发挥着重要作用。仓储活动能够促进企业提高客户服务水平，增强企业的竞争能力。现代仓储管理已从静态管理向动态管理发生了根本性的变化，对仓储管理的基础工作也提出了更高的要求。

为了使仓储理论教学与企业仓储实践有机结合，我院购入了深圳中诺思开发的

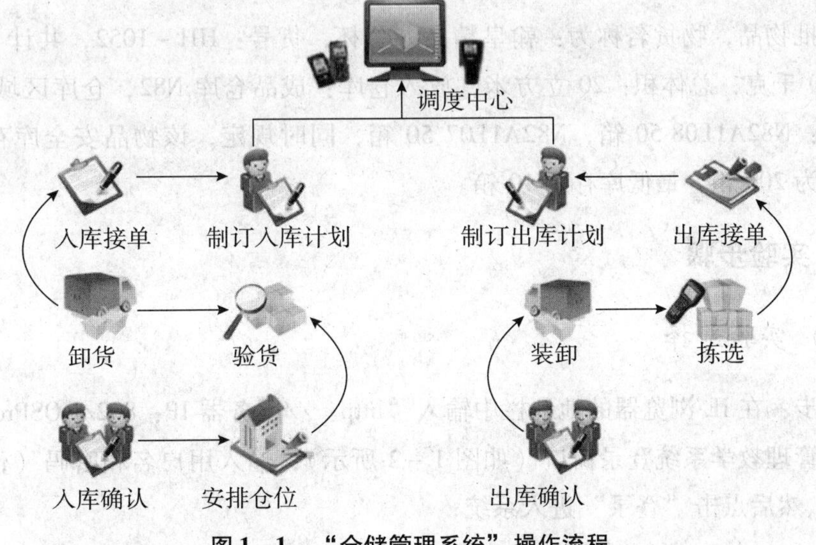

图 1－1　“仓储管理系统”操作流程

"仓储管理教学系统"，该系统严格按照仓储管理设计思想，模拟现代物流企业在仓储业务中的基本环节及其相互关系（如图 1-1 所示）。本系统实验方式可分为两种：单人综合模拟实验和单元实验。学生以实验的方式模拟仓储管理的实践过程，可以使学生熟悉仓储的具体操作流程，增强感性认识，并可从中进一步了解、巩固与深化所学的仓储管理理论知识，提高发现问题、分析问题和解决问题的能力，为学生参与未来仓储管理领域复杂、庞大、越发激烈的竞争打下扎实基础。

本项实训任务分三项子任务，建议学时为 6 学时。

子任务一　入库单元实验

一、实验目的

通过进行入库计划、入库接单、卸货、验货、安排仓位、入库确认等操作，了解并掌握仓储入库基本业务流程。

二、实验类型

单元实验

三、实验学时

2 学时

四、实验题目

有一批物品，物货名称为：翰皇精品办公杯，货号：HH-1052，共计 100 箱，总重量：300 千克，总体积：20 立方米，放入仓库：成品仓库 N82，仓库区域：成品 A1 区，仓位：N82A1L08 50 箱，N82A1L07 50 箱，同时规定，该物品安全库存为 10 箱，最高库存为 200 箱，最低库存为 10 箱。

五、实验步骤

（一）实验选择

第一步：在 IE 浏览器的地址栏中输入"http：//服务器 IP：802/NOSProject2009"，进入仓储管理教学系统登录窗口（如图 1-2 所示），输入用户名和密码（任课教师预先设定），然后点击"登录"进入系统；

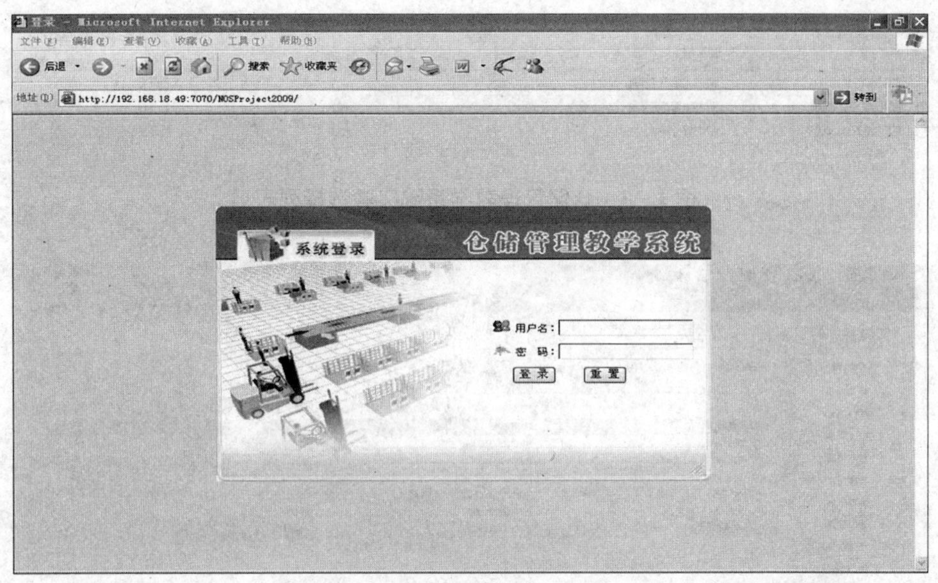

图1-2 仓储管理教学系统登录窗口

第二步：进入系统选择页面（如图1-3所示），单击“菜单系统”或“3D系统”，都可以进入系统实验选择列表，这里我们选择“菜单系统”；

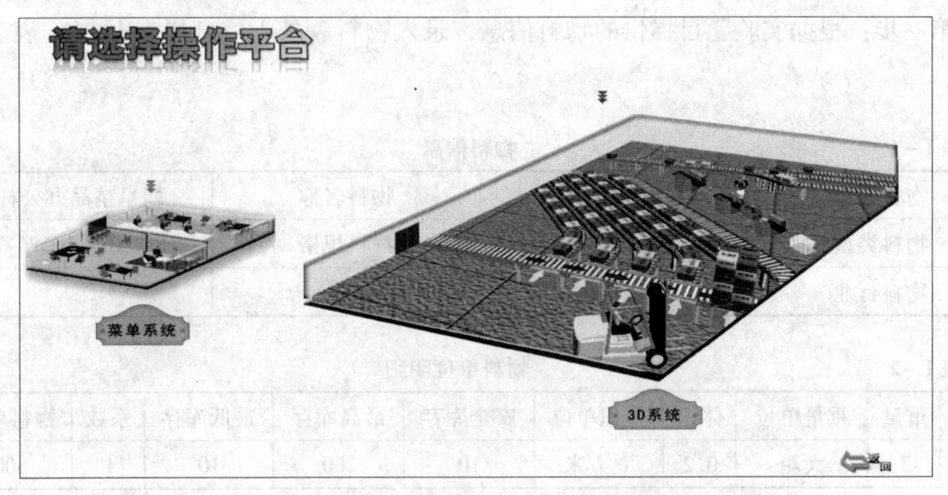

图1-3 仓储管理教学系统选择界面

第三步：进入系统实验选择列表（如图1-4所示），选择“WMS入库单元实验”点击【开始实验】按钮，进入实验。

（二）设置物料信息

第一步：点击【基础数据/物料信息】进入物料信息列表页面，如图1-5所示；

第二步：点击【新增】按钮进入新增页面；

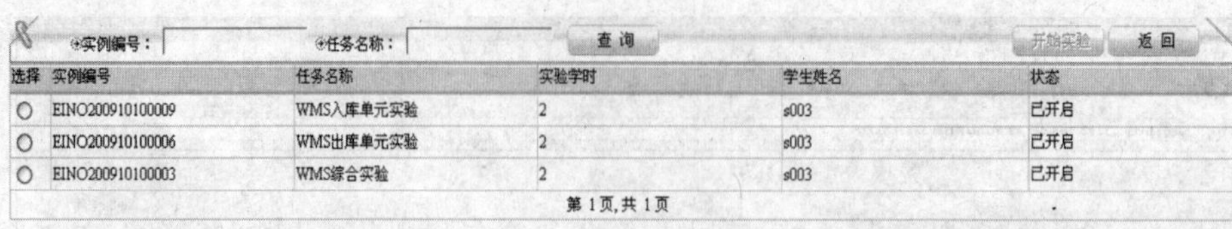

图 1-4　仓储管理教学系统实验选择列表

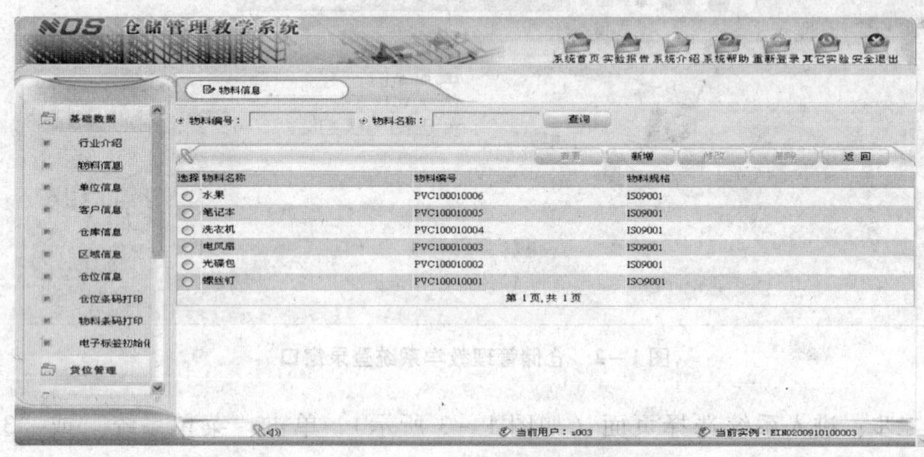

图 1-5　仓储管理教学系统物料信息列表

第三步：根据实验题目提供的物料信息，录入物料。录入信息如表 1-1、表 1-2 所示：

表 1-1　　物料信息

物料编号	系统自动生成	物料名称	翰皇精品办公杯
物料类型	成品	物料规格	HH-1052
物料行业	制造行业		

表 1-2　　物料单位明细

选择	重量	重量单位	体积	体积单位	安全库存	最高库存	最低库存	系数	物料单价
◉	3	大箱	0.2	立方米	10	200	10	1	600

第四步：保存录入的物料信息。

（三）设置仓位信息

查看实验题目中提示的仓位是否存在，若不存在，根据下面新增进行增加，若存在，可直接使用。

1. 新增仓库

第一步：点击【基础数据/仓库信息】，进入仓库列表页面（如图 1-6 所示）；

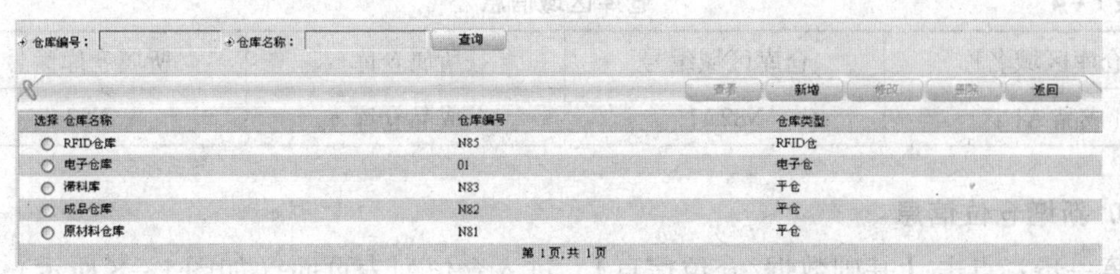

图 1－6　仓储管理教学系统仓库列表

第二步：新增仓库信息。点击【新增】，进入仓库新增信息完善页面；

第三步：填写新增仓库信息（如表 1－3 所示）（仓库类型分为三种：平仓、电子仓虚拟仓、RFID 仓虚拟仓；系统在仓库类型中设置了八种仓库，除电子仓虚拟仓、RFID 仓虚拟仓新增保存后分别显示为电子仓和 RFID 仓，其余的都显示为平仓）；

表 1－3　　　　　　　　　　仓库信息

选择	仓库名称	仓库编号	仓库类型
●	成品仓库	N82	平仓

第四步：保存新增信息。

2. 新增仓库区域

第一步：点击【基础数据/区域信息】，进入仓库区域列表页面（如图 1－7 所示）；

选择	仓库区域名称	仓库区域编号	所属仓库	所属仓库编号
○	RFID仓库A2区	N85A2	RFID仓库	N85
○	RFID仓库A1区	N85A1	RFID仓库	N85
○	电子仓库A1区	N84A1	电子仓库	01
○	潜料库A2区	N83A2	潜料库	N83
○	潜料库A1区	N83A1	潜料库	N83
○	成品A2区	N82A2	成品仓库	N82
○	成品A1区	N82A1	成品仓库	N82
○	原材料A1区	N81A1	原材料仓库	N81
○	原材料A2区	N81A2	原材料仓库	N81

图 1－7　仓储管理教学系统仓库区域列表

第二步：新增区域信息。点击【新增】，进入区域新增信息完善页面；

第三步：增写仓库区域信息，根据实验题目中仓位信息的提炼，可知仓库为 N82，区域为 A1，所以需在 N82 仓库中划分出一区域 A1（如表 1－4 所示）；

第四步：保存新增的区域信息。

表 1 - 4　　仓库区域信息

仓库区域名称	仓库区域编号	所属仓库	所属仓库编号
成品 A1 区	N82A1	成品仓库	N82

3. 新增仓位信息

第一步：点击【基础数据/仓位信息】，进入仓位列表页面（如图 1 - 8 所示）；

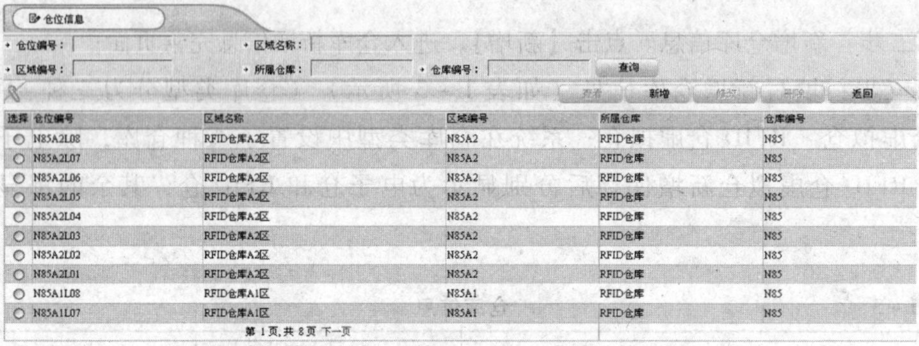

选择	仓位编号	区域名称	区域编号	所属仓库	仓库编号
○	N85A2L08	RFID仓库A2区	N85A2	RFID仓库	N85
○	N85A2L07	RFID仓库A2区	N85A2	RFID仓库	N85
○	N85A2L06	RFID仓库A2区	N85A2	RFID仓库	N85
○	N85A2L05	RFID仓库A2区	N85A2	RFID仓库	N85
○	N85A2L04	RFID仓库A2区	N85A2	RFID仓库	N85
○	N85A2L03	RFID仓库A2区	N85A2	RFID仓库	N85
○	N85A2L02	RFID仓库A2区	N85A2	RFID仓库	N85
○	N85A2L01	RFID仓库A2区	N85A2	RFID仓库	N85
○	N85A1L08	RFID仓库A1区	N85A1	RFID仓库	N85
○	N85A1L07	RFID仓库A1区	N85A1	RFID仓库	N85

第 1 页,共 8 页 下一页

图 1 - 8　仓储管理教学系统仓位列表

第二步：新增仓位信息。点击【新增】，进入仓位新增信息完善页面；

第三步：增写仓位信息，根据实验题目中存放物品的仓位可知，需要的仓位为 N82A1L08、N82A1L07，可根据需求增加如下一系列仓位（如表 1 - 5 所示）；

表 1 - 5　　仓位信息

仓位编号	区域名称	区域编号	所属仓库	仓库编号
N82A1L08	成品 A1 区	N82A1	成品仓库	N82
N82A1L07	成品 A1 区	N82A1	成品仓库	N82
N82A1L06	成品 A1 区	N82A1	成品仓库	N82
N82A1L05	成品 A1 区	N82A1	成品仓库	N82
N82A1L04	成品 A1 区	N82A1	成品仓库	N82
N82A1L03	成品 A1 区	N82A1	成品仓库	N82
N82A1L02	成品 A1 区	N82A1	成品仓库	N82
N82A1L01	成品 A1 区	N82A1	成品仓库	N82

第四步：保存仓位信息。

（四）入库计划

第一步：点击【计划调度/入库计划】，进入到入库计划列表页面（如图 1 - 9 所示）；

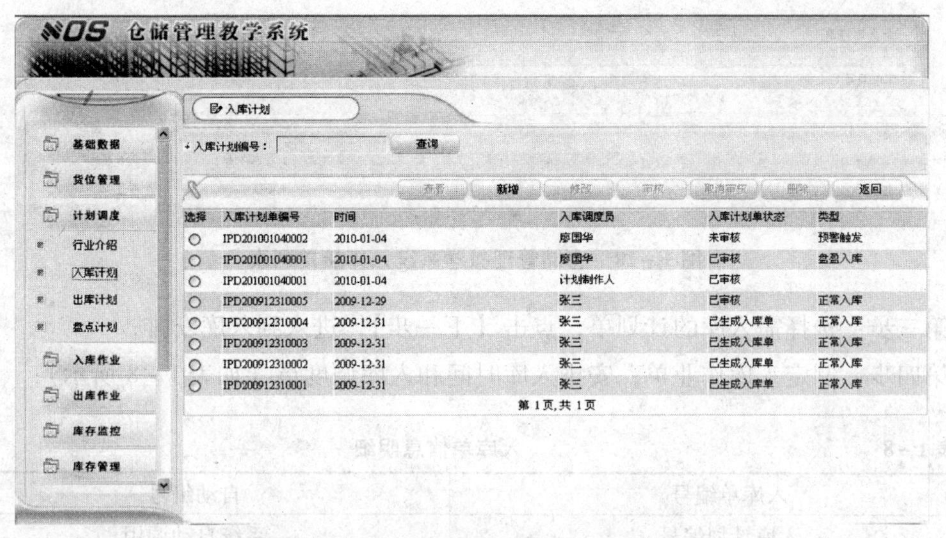

图 1－9 仓储管理教学系统入库计划列表

第二步：点击【新增】按钮，进入到新增页面；

第三步：完善入库计划单表头信息（如表 1－6 所示）；

表 1－6 入库计划单表头信息

入库计划编号	自动编号
入库计划时间	2009－10－15
计划制作人员	周海明

第四步：选择物料及单位后（如表 1－7 所示），点击【确定】按钮；

第五步：输入计划入库的数量；

第六步：点击【保存】按钮进行保存；

表 1－7 物料明细信息

选择	物料编号	物料名称	物料规格	物料类型	物料单位	入库数量
●	PVC200910140001	翰皇精品办公杯	HH－1052	成品	大箱	100

第七步：选择新增入库计划单，点击【审核】按钮进行审核操作。

（五）入库接单

第一步：点击【入库作业/入库接单】，进入到入库接单列表页面（如图 1－10 所示）；

第二步：点击【新增】按钮，进入到入库计划单选择页面，即选择要进行入库操作的计划单；

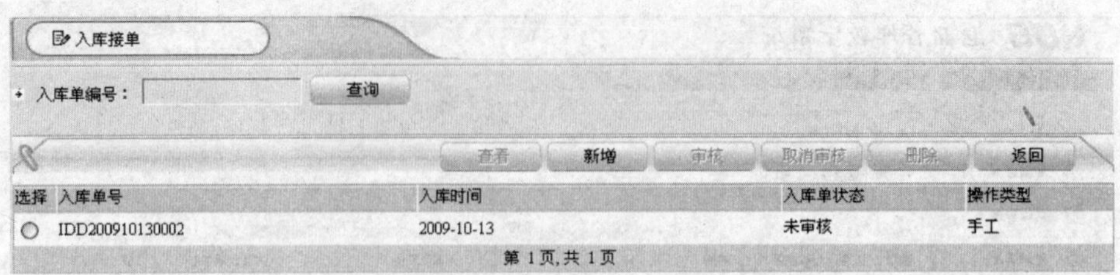

图 1－10　仓储管理教学系统入库接单列表

第三步：选择需入库的计划单，点击【下一步】，进入到入库安排；

第四步：制定入库作业单，安排入库时间和入库调度员（如表 1－8 所示）；

表 1－8　入库单信息明细

入库单编号	自动编号
入库计划编号	系统自动调用
入库时间	2009－10－15
入库调度员	李济宁
操作类型	○RFID　○电子标签　●人工　○IT600

第五步：【保存】入库作业单，返回入库接单列表页面，此时入库作业单的状态为未审核；

第六步：选择新增入库作业单，点击【审核】按钮进行审核操作（如表 1－9 所示）。

表 1－9　审核后入库单状态信息

选择	入库单号	入库时间	入库单状态	操作类型
○	系统自动调用	2009－10－15	已审核	手工

（六）卸货

第一步：点击【入库作业/卸货】，进入到卸货列表（如图 1－11 所示）；

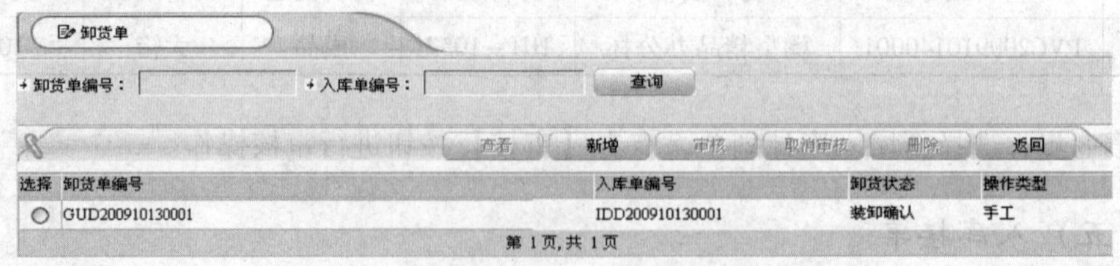

图 1－11　仓储管理教学系统卸货列表

第二步：点击【新增】按钮，选择要卸货的入库单；

第三步：选择入库单，点击【下一步】，制定卸货安排（如表 1－10 所示）；

表 1－10 卸货单信息

卸货单编号	自动生成
入库单编号	IDD200910130004
入库时间	2009－10－15
操作类型	手工
卸货人员数量	3

第四步：【保存】卸货单；

第五步：卸货完毕，点击【审核】确认卸货（如表 1－11 所示）。

表 1－11 卸货确认状态信息

选择	卸货单编号	入库单编号	卸货状态	操作类型
○	GUD200910130006	IDD200910130004	装卸确认	手工

（七）验货

第一步：点击【入库作业/验货】，进入验货单列表页面（如图 1－12 所示）；

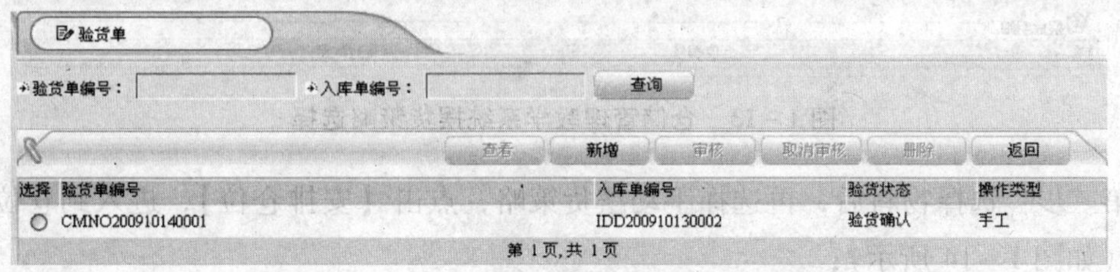

图 1－12 仓储管理教学系统验货单列表

第二步：点击【新增】按钮，进入到需验货的入库单列表；

第三步：选择入库单，点击【下一步】，记录验货结果（如表 1－12、表 1－13 所示）；

表 1－12 验货单表头信息

验货单编号	自动生成
入库单编号	IDD200910130004
验货人员	刘海青

表 1－13 验货明细信息

物料名称	物料单位	抽检数量	入库数量	包装检查结果	数量检查结果	质量检查结果	检查合格数
翰皇精品办公杯	大箱	100	100	包装完好	100	合格	100

第四步：点击【审核】按钮，进行验货确认（如表 1－14 所示）。

表 1－14　　验货确认状态信息

选择	验货单编号	入库单编号	验货状态	操作类型
●	系统自动生成	系统自动调用	验货确认	手工

（八）安排仓位

第一步：点击【入库作业/安排仓位】，进入入库单列表页面；

第二步：选择入库单，点击【安排仓位】，进入到摆货策略选择页面（如图 1－13 所示）；

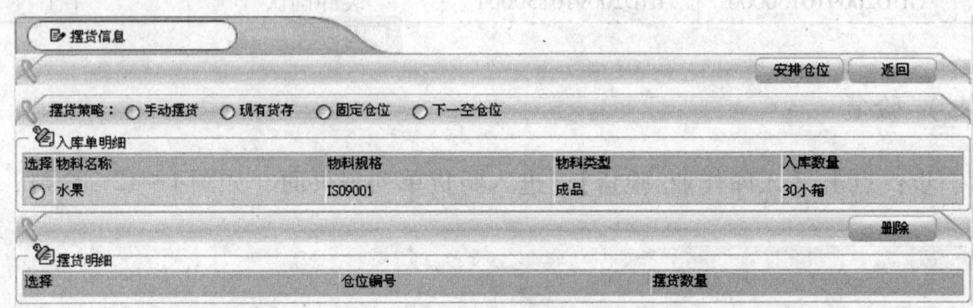

图 1－13　仓储管理教学系统摆货策略选择

第三步：选择物料后，再选择手动摆货策略，点击【安排仓位】，进入到仓位摆货页面（如图 1－14 所示）；

摆货信息

仓库选择　摆货确认　返回

摆货详情

货物信息：水果 30 小箱

已摆货数量：0小箱

未摆货数量：30小箱

仓库类型：平仓

仓位编号	货存量	摆货数量
N81A1L01	0	0
N81A1L02	0	0
N81A1L03	0	0
N81A1L04	0	0
N81A1L05	0	0
N81A1L06	0	0
N81A1L07	0	0
N81A1L08	0	0
N81A2L01	0	0
N81A2L02	0	0

图 1－14　仓储管理教学系统仓位摆货

第四步：选择仓位输入摆货数量（如表 1－15 所示）；

表 1－15　　摆货货物详情

货物信息	翰皇精品办公杯 100 大箱	
已摆货数量	0 大箱	
未摆货数量	100 大箱	
仓库类型	平仓	
仓位编号	货存量	摆货数量
N82A1L01	0	
N82A1L02	0	
N82A1L03	0	
N82A1L04	0	
N82A1L05	0	
N82A1L06	0	
N82A1L07	0	50
N82A1L08	0	50

第五步：摆货完毕，点击【摆货确认】，保存摆货信息。

（九）入库确认

第一步：点击【入库作业/入库确认】按钮，进入到入库单列表；

第二步：点击【确认】按钮，完成入库确认，入库单状态由已上架更新为已入库（如表 1－16 所示）。

表 1－16　　入库确认状态信息

选择	入库单号	入库时间	入库单状态	操作类型
●	IDD200910130004	2009－10－15	入库完成	手工

六、实验结果

（一）入库单信息查询

点击【库存监控/入库历史查询】按钮，选择需查询的入库单，点击【确认】，可看到已完成的入库作业信息（如表 1－17、表 1－18 所示）。

表 1－17 入库单信息

入库单编号	IDD200910130004
入库计划编号	IPD200910130005
入库时间	2009－10－15
入库调度员	李济宁

表 1－18 入库物料明细

物料编号	物料名称	物料规格	物料类型	物料单位	入库数量
PVC200910140001	翰皇精品办公杯	HH－1052	成品	大箱	100

（二）库存信息查询

点击【库存管理/库存查询】按钮，查看现有库存信息（如表 1－19 所示）。

表 1－19 入库物料库存信息

仓位编号	区域编号	仓库编号	仓库类型	物料编号	物料名称	系数	库存数量
N82A1L08	N82A1	N82	平仓	PVC200910140001	翰皇精品办公杯	1	50 大箱
N82A1L07	N82A1	N82	平仓	PVC200910140001	翰皇精品办公杯	1	50 大箱

七、实验组织

学生单机操作，老师通过后台管理设置实验，分配实验任务，并对实验进行评定。

子任务二　出库单元实验

一、实验目的

通过进行出库计划、出库接单、出库拣选、出库装卸、出库确认等操作，了解并掌握仓储出库基本业务流程。

二、实验类型

单元实验

三、实验学时

2 学时

四、实验题目

根据库存情况（如表1-20所示），将部分螺丝钉进行出库，出库数量分别为200颗、20包、20袋。

表1-20 螺丝钉库存情况

仓位编号	区域编号	仓库编号	仓库类型	物料编号	物料名称	系数	库存数量
01010052	N84A1	01	电子仓	PVC100010001	螺丝钉	2000	50大袋
01010049	N84A1	01	电子仓	PVC100010001	螺丝钉	1	150颗
01010046	N84A1	01	电子仓	PVC100010001	螺丝钉	1000	150包
N82A2L03	N82A2	N82	平仓	PVC100010001	螺丝钉	2000	25大袋
N82A1L08	N82A1	N82	平仓	PVC100010001	螺丝钉	1	100颗
N82A1L05	N82A1	N82	平仓	PVC100010001	螺丝钉	1000	100包
N82A1L02	N82A1	N82	平仓	PVC100010001	螺丝钉	2000	50大袋
N83A2L07	N83A2	N83	平仓	PVC100010001	螺丝钉	1	200颗
N83A2L04	N83A2	N83	平仓	PVC100010001	螺丝钉	1000	200包
N83A2L01	N83A2	N83	平仓	PVC100010001	螺丝钉	2000	50大袋
N83A1L06	N83A1	N83	平仓	PVC100010001	螺丝钉	1	200颗
N83A1L03	N83A1	N83	平仓	PVC100010001	螺丝钉	1000	200包
N81A2L08	N81A2	N81	平仓	PVC100010001	螺丝钉	2000	50大袋
N81A1L07	N81A1	N81	平仓	PVC100010001	螺丝钉	2000	50大袋
N81A1L04	N81A1	N81	平仓	PVC100010001	螺丝钉	1	200颗
N81A1L01	N81A1	N81	平仓	PVC100010001	螺丝钉	1000	200包

题目解析：依据库存情况，可知储存螺丝钉的仓库类型有电子仓和平仓，根据需出库情况，可知电子仓无法满足200颗的出库，所以出库的仓库类型只剩平仓。平仓包含的仓库有N81、N82、N83，因此，在物料拣选时可选择其中一个仓库，或是其中两个或三个仓库。如果两个或两个以上的仓库进行拣货，会浪费大量的人力、物力以及财力，故从成本方面考虑，需查看是否有一个仓库满足出库需求。经库存查看，N81和N83仓库满足出库需求，故只需在N81仓库或是N83仓库进行拣货即可。

五、实验步骤

（一）实验选择

第一步：在IE浏览器的地址栏中输入“http：//服务器IP：802/NOSProject2009”，

进入仓储管理教学系统登录窗口，输入用户名和密码（任课教师预先设定），然后点击“登录”进入系统；

第二步：进入系统选择页面，单击“菜单系统”或“3D 系统”，都可以进入系统实验选择列表，这里我们选择“菜单系统”；

第三步：进入系统实验选择列表，选择“WMS 出库单元实验”点击【开始实验】按钮，进入实验。

（二）出库计划单

第一步：点击【计划调度/出库计划】进入到出库计划列表页面（如图 1－15 所示）；

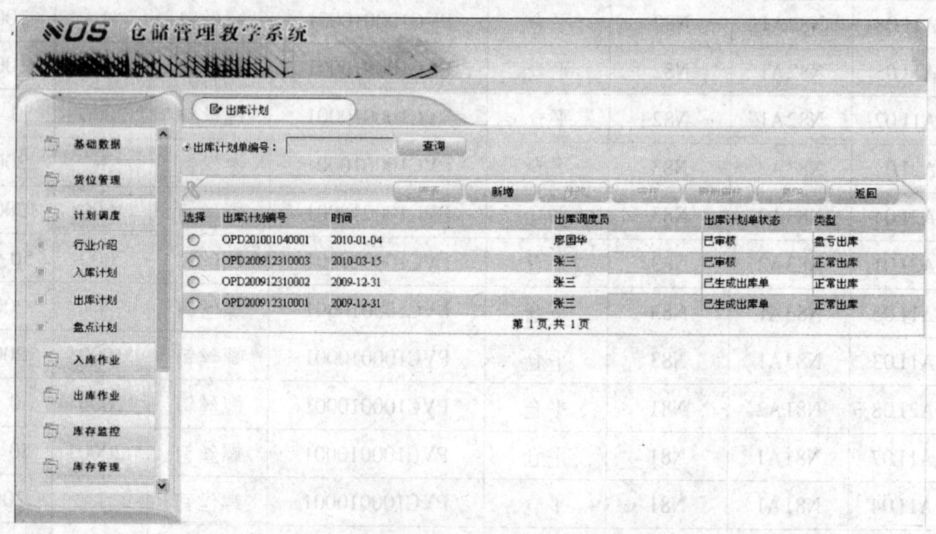

图 1－15　仓储管理教学系统出库计划列表

第二步：点击【新增】按钮，进入到新增页面（如图 1－16 所示）；

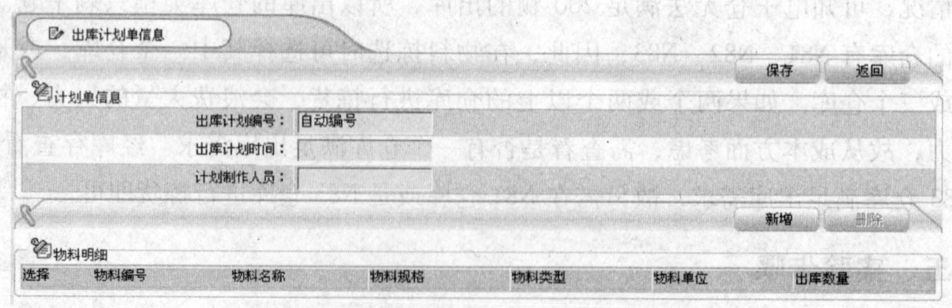

图 1－16　仓储管理教学系统新增出库计划单

第三步：完善出库计划单表头信息（如表1－21所示）；

表1－21　出库计划单表头信息

出库计划编号	自动编号
出库计划时间	2009－10－15
计划制作人员	周尚清

第四步：点击【新增】按钮，选择物料；

第五步：选择物料及单位后，点击【确定】按钮，新增出库计划单页面的物料明细将显示选择的物料信息，输入计划出库的数量（如表1－22所示）；

表1－22　出库计划单物料信息

选择	物料编号	物料名称	物料规格	物料类型	物料单位	出库数量
●	PVC100010001	螺丝钉	ISO 9001	物料	包	20
●	PVC100010001	螺丝钉	ISO 9001	物料	大袋	20
●	PVC100010001	螺丝钉	ISO 9001	物料	颗	200

第六步：点击【保存】按钮，返回到出库计划列表；

第七步：选择新增出库计划单，点击【审核】按钮，进行审核操作。

（三）出库接单

第一步：点击【出库作业/出库接单】，进入到出库接单列表页面（如图1－17所示）；

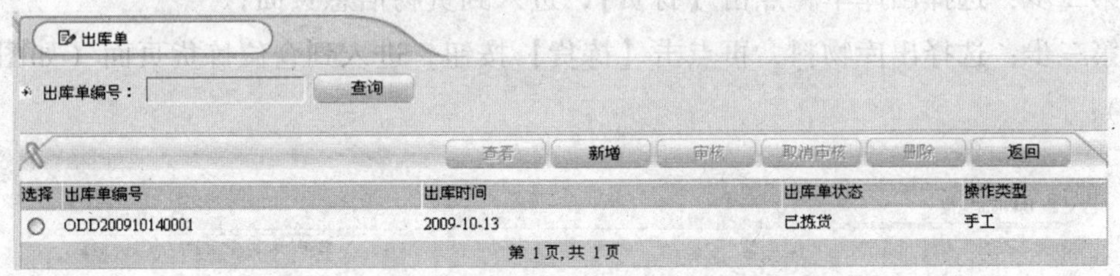

图1－17　仓储管理教学系统出库接单列表

第二步：新增出库作业单。点击【新增】按钮，进入到出库计划单选择页面，即选择要进行出库操作的计划单；

第三步：选择需出库的计划单，点击【下一步】，进入到出库安排；

第四步：安排出库时间和出库调度员（如表1－23所示）；

表 1-23　　出库作业单信息

出库单编号	自动编号
出库计划单编号	自动调用
出库时间	2009-10-15
出库调度员	周尚清
操作类型	○RFID ○电子标签 ◉人工

第五步：【保存】出库安排，返回到出库接单列表页面，此时出库作业单的状态为未审核；

第六步：【审核】出库单。

（四）出库拣选

第一步：点击【出库作业/出库拣选】，进入到出库拣货列表（如图 1-18 所示）；

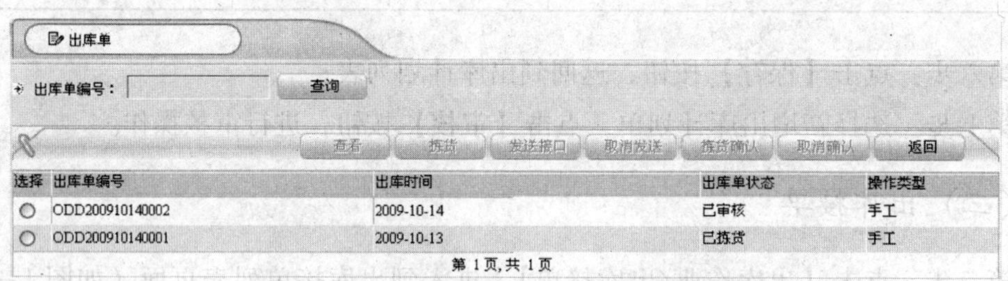

图 1-18　仓储管理教学系统出库拣货列表

第二步：选择出库单，点击【拣货】，进入到货物信息页面；

第三步：选择出库物料，再点击【拣货】按钮，进入到仓位拣货页面（如图1-19所示）；

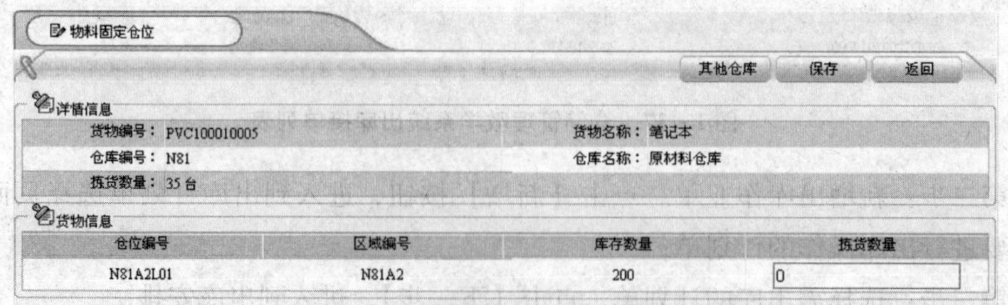

图 1-19　仓储管理教学系统仓位拣货页面

第四步：拣货（如表1-24所示）；

表1-24 拣货信息明细

货物品名	货物编号	仓库编号	仓库名称	仓位编号	区域编号	货物单位	拣货数量
螺丝钉	PVC100010001	N83	滞料库	N83A1L06	N83A1	颗	200
螺丝钉	PVC100010001	N83	滞料库	N83A2L01	N83A2	大袋	20
螺丝钉	PVC100010001	N83	滞料库	N83A1L03	N83A1	包	20

第五步：拣货完毕，点击【保存】，系统自动返回到拣货方式选择页面，显示该物料的仓位拣货情况；

第六步：返回到出库拣货单列表页，选择已拣货的出库单，点击【拣货确认】进行确定。

（五）出库装卸

第一步：点击【出库作业/出库装卸】，进入到出库装货单列表（如图1-20所示）；

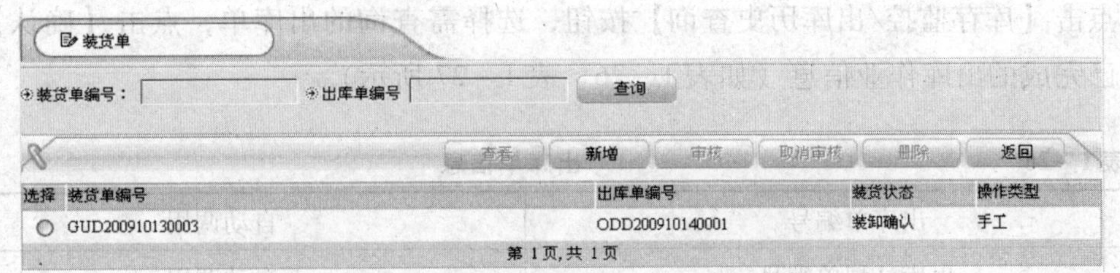

选择	装货单编号	出库单编号	装货状态	操作类型
○	GUD200910130003	ODD200910140001	装卸确认	手工

图1-20 仓储管理教学系统出库装货单列表

第二步：点击【新增】，选择已拣货完毕的出库单；

第三步：选择出库单，点击【下一步】，进行装货安排（如表1-25所示）；

表1-25 装货单信息明细

装货单编号	自动调用
出库单编号	自动调用
出库时间	2009-10-15
装货人员数量	2
装货团队	装卸第一组

第四步：装货完毕，点击【审核】按钮，进行审核操作。

（六）出库确认

第一步：点击【出库作业/出库确认】按钮，进入到出库单列表（如图1－21所示）；

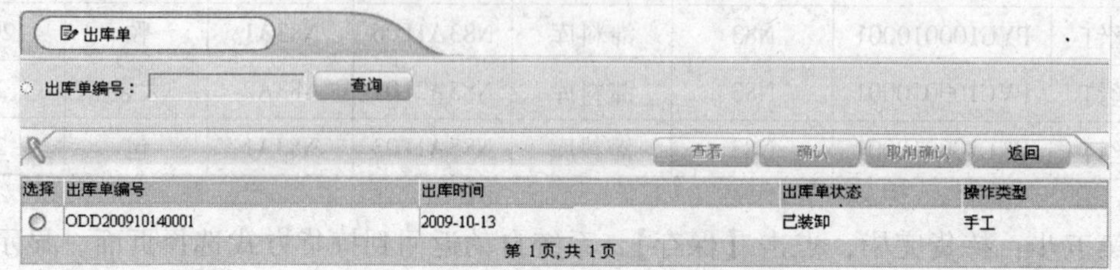

图1－21　仓储管理教学系统出库单列表

第二步：点击【确认】按钮，完成出库确认，出库单状态由已装卸更新为出库确认。

六、实验结果

（一）出库单信息查询

点击【库存监控/出库历史查询】按钮，选择需查询的出库单，点击【确认】，可看到已完成的出库作业信息（如表1－26、表1－27所示）。

表1－26　出库单信息

出库单编号	自动调用
出库计划单编号	自动调用
出库时间	2009－10－15
出库调度员	周尚清
操作类型	手工

表1－27　出库物料明细

物料编号	物料名称	物料规格	物料行业类型	物料单位	出库数量
PVC100010001	螺丝钉	ISO 9001	物料	包	20
PVC100010001	螺丝钉	ISO 9001	物料	大袋	20
PVC100010001	螺丝钉	ISO 9001	物料	颗	200

（二）库存信息查询

点击【库存管理/库存查询】按钮，查看现有库存信息（如表1－28所示）。

表 1－28　　出库物料剩余库存信息

仓位编号	区域编号	仓库编号	仓库类型	物料编号	物料名称	系数	库存数量
N83A2L07	N83A2	N83	平仓	PVC100010001	螺丝钉	1	200 颗
N83A2L04	N83A2	N83	平仓	PVC100010001	螺丝钉	1000	200 包
N83A2L01	N83A2	N83	平仓	PVC100010001	螺丝钉	2000	30 大袋
N83A1L03	N83A1	N83	平仓	PVC100010001	螺丝钉	1000	180 包

七、实验组织

学生单机操作，老师通过后台管理设置实验，分配实验任务，并对实验进行评定。

子任务三　仓储综合实验

一、实验目的

通过进行入库业务、出库业务操作，了解并掌握仓储管理整个业务操作。

二、实验类型

综合实验

三、实验学时

2 学时

四、实验题目

有一批物品要暂存仓库，物货名称为：茉莉花茶，货号：DB35/T91. 19，共计 100 箱，总重量：300 千克，总体积：10 立方米，需暂时放入仓库：滞料库 N83，暂存时间为 5 天。

题目解析：

（1）需新增物料：茉莉花茶，货号：DB35/T91. 19；

（2）总重量：300 千克，总体积：5 立方米，那么单箱重量为：3 千克，单箱体积为 0. 1 立方米；

（3）该暂存货物需放入滞料库 N83；

（4）存放时间为 5 天，即 5 天后即需出库。

五、实验步骤

（一）实验选择

第一步：在 IE 浏览器的地址栏中输入“http：//服务器 IP：802/NOSProject2009”，进入仓储管理教学系统登录窗口，输入用户名和密码（任课教师预先设定），然后点击“登录”进入系统；

第二步：进入系统选择页面，单击“菜单系统”或“3D 系统”，都可以进入系统实验选择列表，这里我们选择“菜单系统”；

第三步：进入系统实验选择列表，选择“WMS 综合实验”点击【开始实验】按钮，进入实验。

（二）设置物料信息

第一步：点击【基础数据/物料信息】进入物料信息列表页面；

第二步：点击【新增】按钮进入新增页面；

第三步：根据实验题目提供的物料信息，录入物料。录入信息如表 1－29、表 1－30所示；

表 1－29　　物料信息

物料编号	系统自动生成	物料名称	茉莉花茶
物料类型	成品	物料规格	DB35/T91. 19
物料行业	制造行业		

表 1－30　　物料单位明细

选择	重量	重量单位	体积	体积单位	安全库存	最高库存	最低库存	系数	物料单价
●	3	小箱	0.1	立方米	10	200	10	1	1000

第四步：保存录入的物料信息。

（三）设置仓位信息

查看实验题目中提示的仓位是否存在，若不存在，需进行增加，若存在，可直接使用。

1. 新增仓库

第一步：点击【基础数据/仓库信息】，进入仓库列表页面；

第二步：点击【新增】，进入仓库新增信息完善页面；

第三步：填写新增仓库信息（如表 1－31 所示）；

第四步：保存新增信息。

表 1－31 仓库信息

仓库名称	仓库编号	仓库类型
滞料仓	N83	平仓

2. 新增仓库区域

第一步：点击【基础数据/区域信息】，进入仓库列表页面；

第二步：点击【新增】，进入区域新增信息完善页面；

第三步：增写仓库区域信息。根据实验题目中仓位信息的提炼，可知仓库为 N83，区域无限制，所以需在 N82 仓库中可划分出区域 A1、A2，如表 1－32 所示；

第四步：保存新增的区域信息。

表 1－32 区域信息

仓库区域名称	仓库区域编号	所属仓库	所属仓库编号
滞料库 A1 区	N83A1	滞料库	N83
滞料库 A2 区	N83A2	滞料库	N83

3. 新增仓位信息

第一步：点击【基础数据/仓位信息】，进入仓库列表页面；

第二步：点击【新增】，进入仓位新增信息完善页面；

第三步：增加仓位信息（如表 1－33 所示）。

表 1－33 仓位信息

仓位编号	区域名称	区域编号	所属仓库	仓库编号
N83A2L08	滞料库 A2 区	N83A2	滞料库	N83
N83A2L07	滞料库 A2 区	N83A2	滞料库	N83
N83A2L06	滞料库 A2 区	N83A2	滞料库	N83
N83A2L05	滞料库 A2 区	N83A2	滞料库	N83
N83A2L04	滞料库 A2 区	N83A2	滞料库	N83
N83A2L03	滞料库 A2 区	N83A2	滞料库	N83
N83A2L02	滞料库 A2 区	N83A2	滞料库	N83
N83A2L01	滞料库 A2 区	N83A2	滞料库	N83
N83A1L08	滞料库 A1 区	N83A1	滞料库	N83
N83A1L07	滞料库 A1 区	N83A1	滞料库	N83

续 表

仓位编号	区域名称	区域编号	所属仓库	仓库编号
N83A1L06	滞料库 A1 区	N83A1	滞料库	N83
N83A1L05	滞料库 A1 区	N83A1	滞料库	N83
N83A1L04	滞料库 A1 区	N83A1	滞料库	N83
N83A1L03	滞料库 A1 区	N83A1	滞料库	N83
N83A1L02	滞料库 A1 区	N83A1	滞料库	N83
N83A1L01	滞料库 A1 区	N83A1	滞料库	N83

第四步：保存仓位信息。

（四）入库计划

第一步：点击【计划调度/入库计划】，进入到入库计划列表页面；

第二步：点击【新增】按钮，进入到新增页面；

第三步：完善入库计划单表头信息（如表 1－34 所示）；

表 1－34　　入库计划单表头信息

入库计划编号	自动编号
入库计划时间	2009－11－1
计划制作人员	李漳

第四步：选择物料及单位（如表 1－35 所示），点击【确定】按钮；

第五步：输入计划入库的数量；

第六步：点击【保存】按钮进行保存；

表 1－35　　物料明细

物料编号	物料名称	物料规格	物料类型	物料单位	入库数量
系统自动调用	茉莉花茶	DB35/T91. 19	成品	小箱	100

第七步：选择新增入库计划单，点击【审核】按钮进行审核操作。

（五）入库接单

第一步：点击【入库作业/入库接单】，进入到入库接单列表页面；

第二步：点击【新增】按钮，进入到入库计划单选择页面，即选择要进行入库操作的计划单；

第三步：选择需入库的计划单，点击【下一步】，进入到入库安排；

第四步：安排入库时间和入库调度员（如表 1 – 36 所示）；

表 1 – 36　　入库单信息

入库单编号	自动编号
入库计划编号	系统自动调用
入库时间	2009 – 11 – 1
入库调度员	李漳
操作类型	○RFID ○电子标签 ◉人工 ○IT600

第五步：【保存】入库安排，返回入库接单列表页面，此时入库作业单的状态为未审核；

第六步：【审核】入库单。

（六）卸货

第一步：点击【入库作业/卸货】，进到卸货列表；

第二步：点击【新增】按钮，选择要卸货的入库单；

第三步：选择入库单，点击【下一步】，进行卸货安排（如表 1 – 37 所示）；

表 1 – 37　　卸货单信息

卸货单编号	自动生成
入库单编号	自动生成
入库时间	2009 – 11 – 1
操作类型	手工
卸货人员数量	3

第四步：【保存】卸货安排；

第五步：卸货完毕，点击【审核】确认卸货。

（七）验货

第一步：点击【入库作业/验货】，进入验货单列表页面；

第二步：点击【新增】按钮，进入到需验货的入库单列表；

第三步：选择入库单，点击下一步，进入验货单验货结果记录页面（如表 1 – 38、表 1 – 39 所示）；

表 1－38　　验货单表头信息

验货单编号	自动生成
入库单编号	系统自动调用
验货人员	刘海军

表 1－39　　验货明细信息

物料名称	物料单位	抽检数量	入库数量	包装检查结果	数量检查结果	质量检查结果	检查合格数
茉莉花茶	小箱	100	100	包装完好	100 箱	合格	100

第四步：点击【审核】按钮，进行验货确认。

（八）安排仓位

第一步：点击【入库作业/安排仓位】进入入库单列表页面；

第二步：选择入库单，点击【安排仓位】，进入到摆货策略选择页面；

第三步：选择物料后，选择手动摆货策略；

第四步：点击【安排仓位】，进入到仓位摆货，选择仓位输入摆货数量（如表 1－40所示）；

表 1－40　　货物摆货详情

<table>
<tr><td>货物信息</td><td colspan="2">茉莉花茶 100 小箱</td></tr>
<tr><td>已摆货数量</td><td colspan="2">0 小箱</td></tr>
<tr><td>未摆货数量</td><td colspan="2">100 小箱</td></tr>
<tr><td>仓库类型</td><td colspan="2">平仓</td></tr>
<tr><td>仓位编号</td><td>货存量</td><td>摆货数量</td></tr>
<tr><td>N83A1L02</td><td>0</td><td>50</td></tr>
<tr><td>N83A1L01</td><td>0</td><td>50</td></tr>
</table>

第五步：摆货完毕，点击【摆货确认】，保存摆货信息。

（九）入库确认

第一步：点击【入库作业/入库确认】按钮，进入到入库单列表；

第二步：点击【确认】按钮，完成入库确认，入库单状态由已上架更新为已入库。

（十）出库计划单

第一步：点击【计划调度/出库计划】，进入到出库计划列表页面；

第二步：点击【新增】按钮，进入到新增出库计划单页面；

第三步：完善出库计划单表头信息（如表1－41所示）；

表1－41 出库计划单表头信息

出库计划编号	自动编号
出库计划时间	2009－11－6
计划制作人员	王志

第四步：点击【新增】按钮，选择物料；

第五步：选择物料及单位后，点击【确定】按钮，新增出库计划单的物料信息（如表1－42所示）；

表1－42 出库计划单物料信息

选择	物料编号	物料名称	物料规格	物料类型	物料单位	出库数量
○	自动调用	茉莉花茶	DB35/T91.19	成品	小箱	100

第六步：点击【保存】按钮，返回到出库计划列表；

第七步：选择新增出库计划单，点击【审核】按钮进行审核操作。

（十一）出库接单

第一步：点击【出库作业/出库接单】，进入到出库接单列表页面；

第二步：点击【新增】按钮，进入到出库计划单选择页面，即选择要进行出库操作的计划单；

第三步：选择需出库的计划单，点击【下一步】，进入到出库安排；

第四步：制定出库，安排出库时间和出库调度员（如表1－43所示）；

表1－43 出库作业单信息

出库单编号	自动编号
出库计划单编号	自动调用
出库时间	2009－11－6
出库调度员	王志
操作类型	○RFID ○电子标签 ◉人工

第五步：【保存】出库安排，返回到出库接单列表页面，此时出库作业单的状态为未审核；

第六步：【审核】出库单。

（十二）出库拣选

第一步：点击【出库作业/出库拣选】，进入到出库拣货列表；

第二步：选择出库单，点击【拣货】，进入到货物信息页面；

第三步：选择出库物料，再点击【拣货】按钮，进入到仓位拣货页面；

第四步：拣货（如表 1－44 所示）；

表 1－44　　拣货信息明细

货物编号	货物品名	货物类型	货物规格	货物单位	仓位编号	仓库编号	仓库名称	拣货数量
自动调用	茉莉花茶	成品	DB35/T91. 19	小箱	N83A1L02	N83	滞料库	50
自动调用	茉莉花茶	成品	DB35/T91. 19	小箱	N83A1L01	N83	滞料库	50

第五步：拣货完毕，点击【保存】，系统自动返回到拣货方式选择页面，显示该物料的仓位拣货情况；

第六步：所有拣货完毕，返回到出库拣货单列表页面，选择已拣货的出库单，点击【拣货确认】进行确定。

（十三）出库装卸

第一步：点击【出库作业/出库装卸】，进入到出库装货单列表；

第二步：点击【新增】，选择已拣货完毕的出库单；

第三步：选择出库单，点击【下一步】，进行装货安排（如表 1－45 所示）；

表 1－45　　装货单信息明细

装货单编号	自动生成
出库单编号	自动调用
出库时间	2009－11－6
装货人员数量	2
装货团队	装卸第一组

第四步：装货完毕，点击【审核】按钮，进行审核操作。

（十四）出库确认

第一步：点击【出库作业/出库确认】按钮，进入到出库单列表；

第二步：点击【确认】按钮，完成出库确认，出库单状态由已装卸更新为出库确认。

六、实验结果

（一）入库单信息查询

点击【库存监控/入库历史查询】按钮，选择需查询的入库单，点击【确认】，可看到已完成的入库作业信息（如表1－46、表1－47所示）。

表1－46 入库单信息

入库单编号	自动调用
入库计划编号	自动调用
入库时间	2009－11－1
入库调度员	李漳

表1－47 入库物料明细

物料编号	物料名称	物料规格	物料类型	物料单位	入库数量
自动调用	茉莉花茶	DB35/T91. 19	成品	小箱	100

（二）出库单信息查询

点击【库存监控/出库历史查询】按钮，选择需查询的出库单，点击【确认】，可看到已完成的出库作业信息（如表1－48、表1－49所示）。

表1－48 出库单信息

出库单编号	自动调用
出库计划单编号	自动调用
出库时间	2009－11－6
出库调度员	王志
操作类型	手工

表1－49 出库物料明细

物料编号	物料名称	物料规格	物料行业类型	物料单位	出库数量
自动调用	茉莉花茶	DB35/T91. 19	成品	小箱	100

七、实验组织

学生单机操作，老师通过后台管理设置实验，分配实验任务，并对实验进行评定。

任务二 运输管理系统操作技术

学习目标

1. 掌握运输管理的具体流程；

2. 熟悉运输的运作模式；

3. 切身体会到运输各个环节中不同当事人面临的具体工作以及他们之间的互动和制约关系；

4. 深刻体会运输管理控制成本以达到利润最大化的思想。

近年来，运输管理的实践在我国的发展非常迅速，已有众多企业投身到了运输管理的实践中。然而，运输管理毕竟是一个复杂的系统工程，仅靠书本理论知识并不足以培养出能及时适应企业运输管理实践所需的人才。因此，以我院购入的深圳中诺思

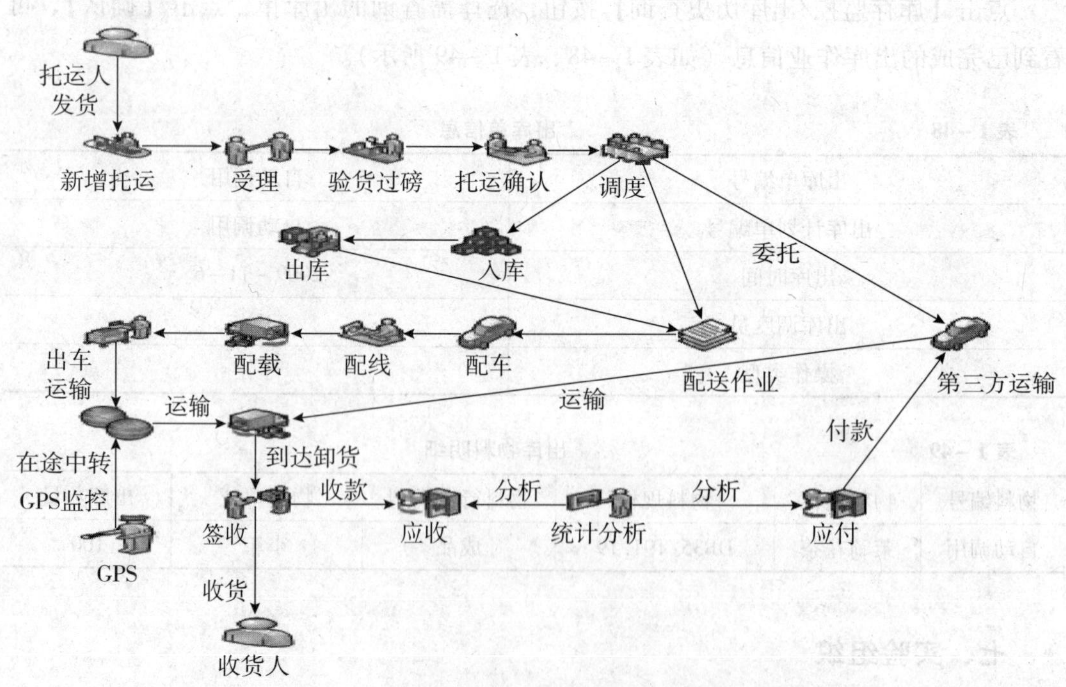

图2－1 “运输优化与管理系统”操作流程

开发的“运输优化与管理系统”为实验平台，开展运输管理系统操作训练，能使运输理论学习与运输实践训练有机结合，从而提高学习效果。

“运输优化与管理系统”模拟以公路运输为核心，其主要角色为发货人、承运人、收货人，运输业务流程包括发货人填单，承运人受理、办理托运、进行调度协调，运输公司在途 GPS 监控、收货人签收、结算、付款、统计分析、经营决策等过程（如图 2－1 所示）。

本项实训任务分四项子任务，建议学时为 8 学时。

子任务一 运输管理系统基础数据录入

一、实验目的

通过录入货物信息、线路路况、公路运价、客户信息、站点设置、车辆管理，了解并掌握基础数据的设置和维护。

二、实验类型

单元实验

三、实验学时

2 学时

四、实验步骤

（一）系统登录

在 IE 浏览器的地址栏中输入“http：//服务器 IP：902/NOSProject2009”，进入运输优化与管理系统登录窗口（如图 2－2 所示），输入用户名和密码（任课教师预先设定），选择任务名称为情景数据单元实验，选择单元实验类型为情景数据的实验，进入情景数据单元实验系统。

（二）录入货物信息

第一步：点击【情景数据/货物信息】，进入到货物集合列表页面（如图 2－3 所示）；

第二步：新增货物信息（如表 2－1 所示），点击【新增】按钮，进入到新增页面；

第三步：完善货物明细然后保存即可。

图 2－2　运输优化与管理系统登录界面

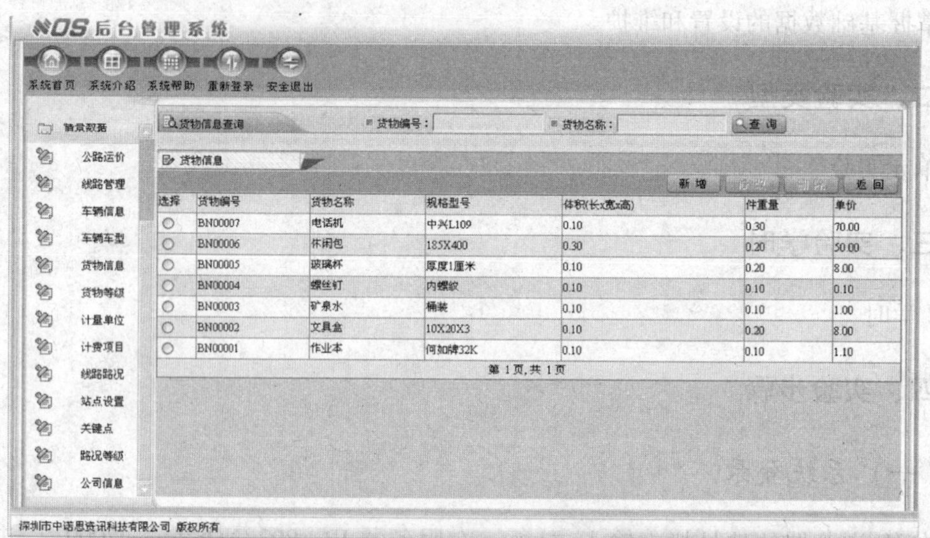

图 2－3　运输优化与管理系统货物集合列表

表 2－1　　　　　　　　货物信息明细

货物名称	养血清脑颗粒	规格型号	国药准字 Z10960082
重量	5	重量单位	千克
面积	0.25	面积单位	平方米
体积	0.3	体积单位	立方米
单价	500	数量单位	箱

（三）录入线路路况信息

第一步：点击【情景数据/线路路况】，进入到线路路况列表页面（如图 2－4 所示）；

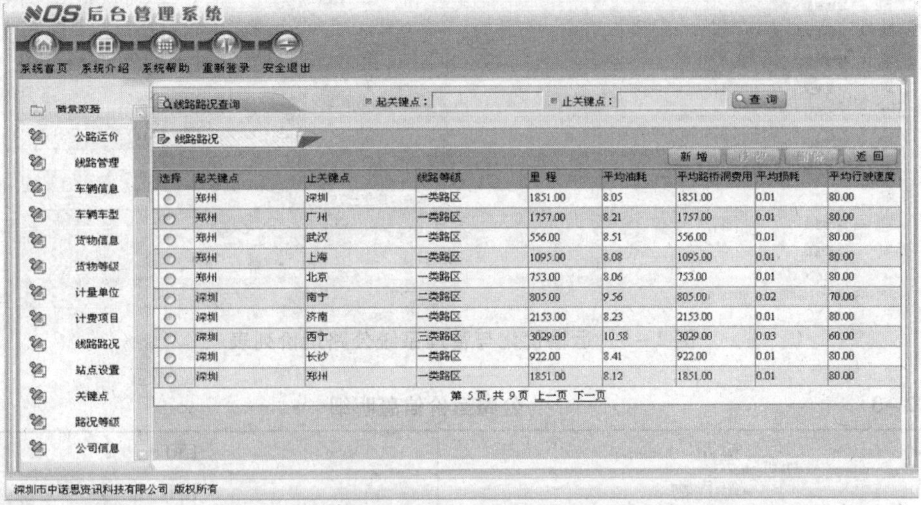

图 2－4 运输优化与管理系统线路路况列表

第二步：新增线路路况信息（如表 2－2 所示），点击【新增】，进入到路况新增页面；

第三步：完善路况信息，保存即可。

表 2－2 线路路况信息明细

起关键点	深圳	止关键点	昆明
线路等级	二类路区	里程	1800
平均油耗	0.5	平均路桥洞费用	850
平均损耗	0.1	平均行驶速度	75

（四）录入公路运价信息

第一步：点击【情景数据/公路运价】，进入到公路运价列表页面（如图 2－5 所示）；

第二步：新增公路运价信息（如表 2－3 所示），点击【新增】，进入到公路运价新增页面；

第三步：完善公路运价，保存即可。

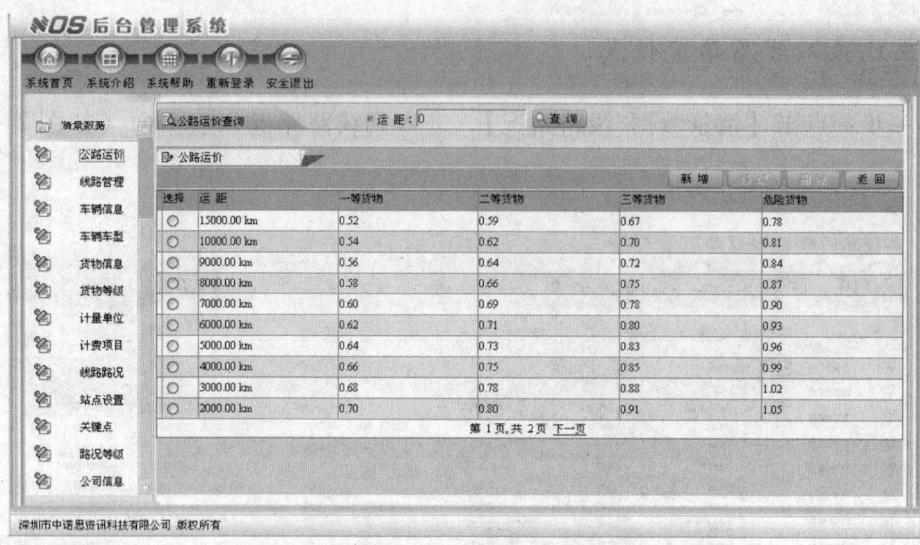

图 2－5　运输优化与管理系统公路运价列表

表 2－3　　公路运价信息明细

运距	150
一等货物	1.1
二等货物	1.2
三等货物	1.5
危险货物	2.5

（五）录入客户信息

第一步：点击【情景数据/公司信息】，进入到公司信息列表（如图 2－6 所示）；

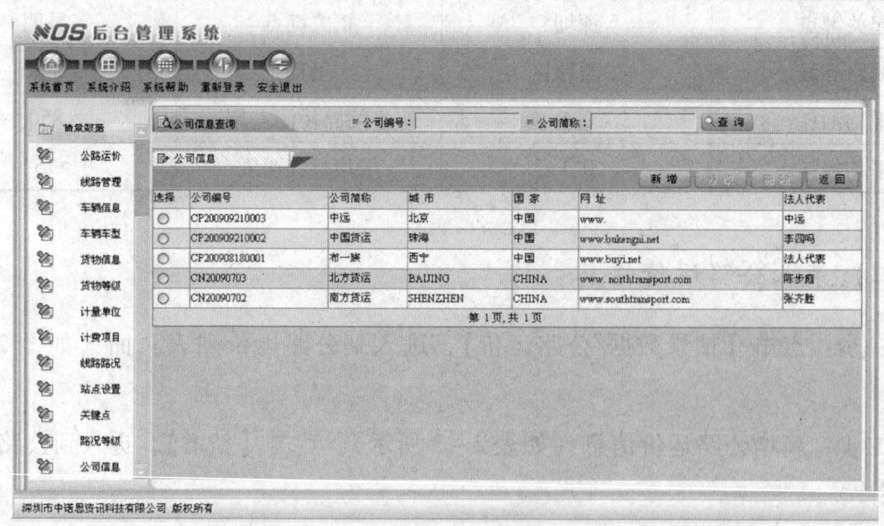

图 2－6　运输优化与管理系统公司信息列表

第二步：新增公司信息（如表 2 -4 所示），点击【新增】，进入到新增公司信息列表；

第三步：完善公司信息，保存即可。

表 2 -4　　　　公司信息明细

公司编号	自动生成	公司简称	即时达
公司名称	即时达运输有限公司	注册日期	2000 -10 -10
网址	www. jishida. com	成立时间	2000 -10 -10
法人代表	黄洋	注册资金	10000000
员工人数	150	主要客户	企业/工厂
城市	深圳	国家	中国
邮编	692511	总公司	即时达运输有限公司
联系人	黄洋	联系电话	××××
传真	××××	邮箱	huangyang@ jishida. com
联系地址	深圳市南山区物流园区 118 号		
公司简介	本公司承接整车及零担运输		

（六）录入站点规模信息

第一步：点击【情景数据/站点设置】，进入到站点设置列表页面（如图 2 -7 所示）；

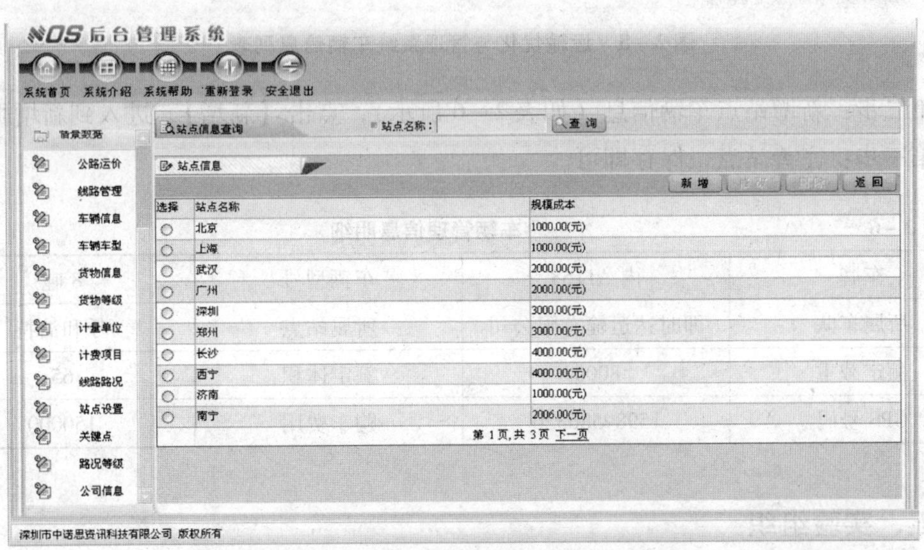

图 2 -7　运输优化与管理系统站点设置列表

第二步：新增站点规模信息（如表2－5所示），点击【新增】，进入到新增页面；

第三步：完善站点规模信息，保存即可。

表2－5　站点规模信息明细

关键点	呼和浩特	规模成本	65000
位置描述	呼和浩特市长安街650号		

（七）录入车辆管理信息

第一步：点击【情景数据/车辆信息】，进入到车辆信息列表（如图2－8所示）；

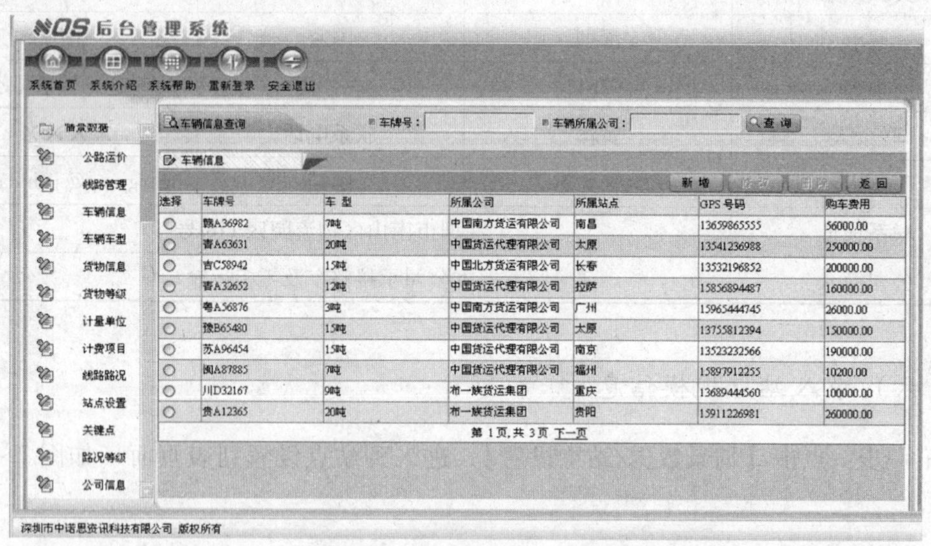

图2－8　运输优化与管理系统车辆信息列表

第二步：新增站点车辆信息（如表2－6所示），点击【新增】，进入到新增页面；

第三步：完善站点，保存即可。

表2－6　车辆管理信息明细

车牌	内A1168	车辆型号	8吨
所属车队	即时达运输有限公司	所属站点	呼和浩特
额定载重	8000	额定体积	65
GPS号码	15989586320	购车费用	150000

五、实验组织

学生单机操作，老师通过后台管理设置实验，分配实验任务，并对实验进行评定。

子任务二 散货托运单元实验

一、实验目的

通过办理托运、托运受理、验货过磅、托运确认、托运调度，了解并掌握散货托运业务操作流程。

二、实验类型

单元实验

三、实验学时

2 学时

四、实验步骤

(一) 系统登录

在 IE 浏览器的地址栏中输入"http：//服务器 IP：902/NOSProject2009"，进入运输优化与管理系统登录窗口，输入用户名和密码，选择任务名称为散货托运单元实验，选择实验类型为散货托运单元实验，进入散货托运单元实验系统。

(二) 录入托运单信息

第一步：点击【托运接单/散货托运】，进入到货物托运单列表；

第二步：点击【新增托运单】，进入到托运单填写页面；

第三步：录入托运单表头信息（如表 2－7 所示），然后点击保存。

表 2－7　托运单表头信息明细

托运人	天士力公司	托运人电话	××××	托运人地址	深圳南山
发货人	周清	发货人电话	××××	发货人地址	深圳南山
收货人	周长山	收货人电话	××××	收货人地址	广州白云
付款人	周长山	付款人电话	××××	付款人地址	广州白云
计费里程	承运人填写	经办人	承运人填写	目的地址	广州
约定起运日期	2009－10－18	约定到货日期	2009－10－21		
承运人银行账号	承运人填写	付款人银行账号		起运地址	深圳
托运人（签章）	周清	托运人签章日期	2009－10－18	托运人备注	小心轻放
承运人（签章）	承运人填写	承运人签章日期	承运人填写	承运人备注	承运人填写

（三）录入物料信息

第一步：点击【添加物料】，进入物料选择页面选择物料（可单选亦可多选），然后点击【确定】即可；

第二步：录入托运单物料信息（如表 2－8 所示），然后点击保存。

表 2－8　托运单物料信息明细

货物名称	货物规格	包装形式	托运件数	单位重量	总重量	件体积	总体积	单位价值	保险与保价
电话机	中兴 L109	纸箱	100	0.30kg	30kg	$0.10m^3$	$10m^3$	70.00 元	1000
合计					30kg		$10m^3$		

（四）托运受理

第一步：在【货物托运】保存后直接进入【托运受理】，或在托运列表中选中该托运单，点击流程图上的【托运受理】进入；

第二步：录入托运受理信息（如表 2－9 所示），然后点击【保存】。

表 2－9　托运受理信息明细

计费里程	250	经办人	黄兴	目的地址	广州
承运人银行账号		付款人银行账号		起运地址	深圳
承运人（签章）	黄兴	承运人签章日期	2009－10－18	承运人备注	货到付款

（五）过磅验货

第一步：在【托运受理】保存后直接进入【过磅验货】，或在托运列表中选中该托运单点击流程图上的【过磅验货】进入过磅验货；

第二步：录入过磅验货信息（如表 2－10 所示），然后点击【保存】。

表 2－10　过磅验货信息明细

验货日期	2009－10－18	开票人	黄闪
开票单位	南方货运公司	开票日期	2009－10－18
货物等级	二级	运费	150
装卸费	30	计费重量	30

（六）托运确认

在【过磅验货】保存后直接进入【托运确认】，或在托运列表中选中该托运单，点击流程图上的【托运确认】，点击保存进行确认操作。

（七）托运调度

第一步：在【托运确认】保存后直接进入【调度】，或在托运列表中选中该托运单，点击流程图上的【调度】；

第二步：选择调度决策，三种方式：

一是自主运输，不进行暂存入库；

二是自主运输，进行暂存入库；

三是委托第三方承运，物流公司为北方货运，委托费用为120元，保存即可。

五、实验组织

学生单机操作，老师通过后台管理设置实验，分配实验任务，并对实验进行评定。

子任务三　整车托运单元实验

一、实验目的

通过办理托运、托运受理、验货过磅、托运确认、托运调度，了解并掌握整车托运业务操作流程。

二、实验类型

单元实验

三、实验学时

2学时

四、实验步骤

（一）系统登录

在IE浏览器的地址栏中输入“http：//服务器IP：902/NOSProject2009”，进入运输优化与管理系统登录窗口，输入用户名和密码，选择任务名称为整车托运单元实验，选择实验类型为整车托运单元实验，进入整车托运单元实验系统。

（二）录入托运单信息

第一步：点击【托运接单/整车托运】，进入到货物托运单列表；

第二步：点击【新增托运单】，进入到托运单填写页面；

第三步：录入托运单表头信息（如表 2－11 所示），然后点击保存。

表 2－11　　托运单表头信息明细

托运人	尊品茶品	托运人电话	××××	托运人地址	成都青羊区
发货人	秦国良	发货人电话	××××	发货人地址	成都青羊区
收货人	冯燕硕	收货人电话	××××	收货人地址	深圳罗湖
付款人	冯燕硕	付款人电话	××××	付款人地址	深圳罗湖
计费里程	承运人填写	经办人	承运人填写	目的地址	深圳
约定起运日期	2009－10－20	约定到货日期	2009－10－23		
承运人银行账号	承运人填写	付款人银行账号		起运地址	成都
托运人（签章）	秦国良	托运人签章日期	2009－10－20	托运人备注	小心轻放
承运人（签章）	承运人填写	承运人签章日期	承运人填写	承运人备注	承运人填写

（三）录入物料信息

第一步：点击【添加物料】，进入物料选择页面选择物料（可单选亦可多选），然后点击【确定】即可；

第二步：录入托运单物料信息（如表 2－12 所示），然后点击保存。

表 2－12　　托运单物料信息明细

货物名称	货物规格	包装形式	托运件数	单位重量	总重量	件体积	总体积	单位价值	保险与保价
玻璃杯	厚度 1cm	泡沫箱	100	0.20kg	20kg	0.10m³	10m³	8.00 元	1000
合计					20kg		10m³		

（四）托运受理

第一步：在【货物托运】保存后直接进入【托运受理】，或在托运列表中选中该托运单点击流程图上的【托运受理】进入；

第二步：录入托运受理信息（如表 2－13 所示），然后点击【保存】。

表 2－13　　托运受理信息明细

计费里程	2300	经办人	周施	目的地址	深圳
承运人银行账号		付款人银行账号		起运地址	成都
承运人（签章）	周施	承运人签章日期	2009－10－18	承运人备注	货到付款

（五）过磅验货

第一步：在【托运受理】保存后直接进入【过磅验货】，或在托运列表中选中该托运单，点击流程图上的【过磅验货】进入过磅验货；

第二步：录入过磅验货信息（如表2－14所示），然后点击【保存】。

表2－14 过磅验货信息明细

验货日期	2009－10－20	开票人	刘瑶
开票单位	南方货运公司	开票日期	2009－10－23
货物等级	三级	运费	450
装卸费	30	计费重量	20

（六）托运确认

在【过磅验货】保存后直接进入【托运确认】，或在托运列表中选中该托运单，点击流程图上的【托运确认】，点击保存进行确认操作。

（七）托运调度

第一步：在【托运确认】保存后直接进入【调度】，或在托运列表中选中该托运单，点击流程图上的【调度】；

第二步：选择调度决策，三种方式：

一是自主运输，不进行暂存入库；

二是自主运输，进行暂存入库；

三是委托第三方承运，物流公司为北方货运，委托费用为380元，保存即可。

五、实验组织

学生单机操作，老师通过后台管理设置实验，分配实验任务，并对实验进行评定。

子任务四 运输综合实验

一、实验目的

通过完整运作运输业务流程，了解并掌握整个运输业务操作。

二、实验类型

综合实验

三、实验学时

2 学时

四、实验题目

武义浩尔日用礼品厂需包车从深圳发一批货物到北京，物货名称为：翰皇精品办公杯，货号：HH－1052，30 个/箱，共计 500 箱，纸箱包装，总重量：1500 千克，总体积：100 立方米，联系人：张浩武，联系地址：深圳福田区上沙金地工业园区 5 栋 1208 号，联系电话：××××，送货地址：北京丰台区丰管路东星新大厦 3006B 室，收货人：张朝军，货到付款。

五、实验步骤

（一）系统登录

在 IE 浏览器的地址栏中输入“http：//服务器 IP：902/NOSProject2009”，进入运输优化与管理系统登录窗口，输入用户名和密码，选择任务名称为综合实验，选择实验类型为综合实验，进入综合实验系统。

（二）设置货物信息

第一步：点击【情景数据/货物信息】，进入到货物集合列表页面；

第二步：点击【新增】按钮，进入到新增货物信息页面；

第三步：录入货物信息（如表 2－15 所示），然后保存即可。

表 2－15　货物信息明细

货物名称	翰皇精品办公杯	规格型号	HH－1052
重量	3	重量单位	千克
面积	0.2	面积单位	平方米
体积	0.2	体积单位	立方米
单价	600	数量单位	箱

(三) 车辆管理

第一步：点击【资源规划/车辆管理】进入到车辆管理列表；

第二步：点击【新增】，进入到新增车辆信息页面；

第三步：录入车辆信息（如表2－16所示），保存即可。

表2－16　　车辆信息明细

选择	车牌号	车型	所属公司	所属站点	购车费用	GPS号码	状态
●	粤B6895	2吨	中国南方货运有限公司	深圳	60000.00	13625258383	待命

(四) 车辆调度

如果车辆当前站点不在深圳，需将车辆调度至深圳。

第一步：点击【车辆监控/车辆调度】进入车辆调度列表页面；

第二步：若要将某辆车调往某个地方，用户需选择该车辆，然后点击【调度】按钮进入车辆调度页面；

第三步：在调度站点中选择需要调往的地方，然后保存即可。

(五) 线路管理

第一步：点击【资料规划/线路管理】，进入到线路列表页面；

第二步：点击【新增】，进入到新增页面；

第三步：配线操作（如表2－17所示），完成后保存即可。

表2－17　　线路信息明细

选择	线路编号	配线人	线路
●	系统生成	周长山	深圳→北京

(六) 整车托运

第一步：点击【托运接单/整车托运】，进入到货物托运单列表；

第二步：点击【新增托运单】，进入到托运单填写页面；

第三步：录入托运单表头信息（如表2－18所示）；

表 2－18　　托运单表头信息明细

托运人	武义浩尔日用礼品厂	托运人电话	××××	托运人地址	深圳福田区上沙金地工业园区 5 栋 1208 号
发货人	张浩武	发货人电话	××××	发货人地址	深圳福田区上沙金地工业园区 5 栋 1208 号
收货人	张朝军	收货人电话	××××	收货人地址	北京丰台区丰管路东星新大厦 3006B 室
付款人	张朝军	付款人电话	××××	付款人地址	北京丰台区丰管路东星新大厦 3006B 室
计费里程	承运人填写	经办人	承运人填写	目的地址	北京
约定起运日期	2009－10－20	约定到货日期	2009－10－23		
承运人银行账号	承运人填写	付款人银行账号		起运地址	深圳
托运人（签章）	张浩武	托运人签章日期	2009－10－28	托运人备注	小心轻放
承运人（签章）	承运人填写	承运人签章日期	承运人填写	承运人备注	承运人填写

第四步：点击【添加物料】，进入物料选择页面选择物料，然后点击【确定】即可；

第五步：录入托运单物料信息（如表 2－19 所示），然后点击保存；

表 2－19　　托运单物料信息明细

货物名称	货物规格	包装形式	托运件数	单位重量	总重量	件体积	总体积	单位价值	保险与保价
翰皇精品办公杯	HH－1052	纸箱	500	3kg	1500kg	0. 2m^3	100m^3	600	100000
合计					1500kg		100m^3		

第六步：在【货物托运】保存后直接进入【托运受理】，或在托运列表中选中该托运单，点击流程图上的【托运受理】；

第七步：录入托运受理信息（如表 2－20 所示），点击【保存】；

第八步：在【托运受理】保存后直接进入【过磅验货】，或在托运列表中选中该托运单，点击流程图上的【过磅验货】进入过磅验货；

表 2－20　　托运受理信息明细

计费里程	2150	经办人	王海	目的地址	北京
承运人银行账号		付款人银行账号		起运地址	深圳
承运人（签章）	王海	承运人签章日期	2009－10－28	承运人备注	货到付款

第九步：录入过磅验货信息（如表 2－21 所示）；

表 2－21　　过磅验货信息明细

验货日期	2009－10－28	开票人	刘辰君
开票单位	南方货运公司	开票日期	2009－10－28
货物等级	二级	运费	3500
装卸费	500	计费重量	1500

第十步：在【过磅验货】保存后直接进入【托运确认】，或在托运列表中选中该托运单，点击流程图上的【托运确认】，点击保存进行确认操作；

第十一步：在【托运确认】保存后直接进入【调度】，或在托运列表中选中该托运单，点击流程图上的【调度】；

第十二步：进行调度决策，保存即可。这里可进行三种处理：

策略一：自主运输，不进行暂存入库；

策略二：自主运输，进行暂存入库；

策略三：委托运三方承运，物流公司为北方货运，委托费用为3500元。

说明：选择策略一，可直接进行整车配送；选择策略二，需先进行出库操作，再进行整车配送；选择策略三，无须进行配送操作，配送操作由第三方承担，选择好策略后其下一流程是【运输作业/货物交付】。

（七）整车配送

第一步：点击【运输作业/整车配送】，进入到配送作业列表页面；

第二步：点击【新增作业单】，进入到新增页面；

第三步：录入配送作业单表头信息（如表 2－22 所示）；

表 2－22　　配送作业单表头信息

起运站点联系人	刘建青	起运站点联系人电话	××××	起运站点	深圳
目的站点联系人	周湖	目的站点联系人电话	××××	目的站点	北京
起运日期	2009－10－28	到达日期	2009－10－31	耗时	40
制单人	隋便	总里程	2489	备注	

第四步：点击【添加托运单】，进入托运单选择列表；

第五步：选择托运单，然后确定即可，系统自动将托运单发送至配送清单（如表2－23、表2－24所示）；

表2－23　配送作业托运列表信息

托运单编号	货票编号	托运人	收货人	装货地点	卸货地点	约定起运时间	约定到货时间	总重量	总体积
系统生成	系统生成	张浩武	张朝军	深圳	北京	2009－10－28	2009－10－31	1500	100

表2－24　配送货物信息明细

货物名称	货物规格	包装形式	托运件数	单位重量	总重量	件体积	总体积	保险与保价	单位价值	运费	装卸费	计费重量
翰皇精品办公杯	HH－1052	纸箱	500	3kg	1500kg	0.2m³	100m³	100000	600	3500	500	1500

第六步：点击【保存】按钮，系统自动进入到配车配线流程；

第七步：选择状态为未配载的配送作业单，点击【运输作业/整车配送】流程图上的【配车配线】进入或在【配送作业】保存后直接进入；

第八步：选择车辆（如表2－25所示）；

表2－25　配送车辆信息

选择	车牌	已载重	剩余载重	已装体积	剩余体积	状态
⊙	粤B6895	0.00	2000	0.00	120	待命

第九步：点击【配线】按钮，选择车辆运行线路（如表2－26所示），然后点击【确定】，配车配线即完成；

表2－26　配送路线信息

选择	线路编号	配线人	线路
●	系统生成	周长山	深圳→北京

第十步：配车配线完成后，系统自动返回到配载页面，进行【配载】操作；

第十一步：选择线路，点击【配载】，进入装车操作页面；

第十二步：完善装车人等信息（如表2－27所示），选中货物（如表2－28所示），拖曳鼠标向右移动进行装车操作，完毕后，保存即可。

表 2－27 装车人员信息

装车人	刘青山	司机	甄诚	押车人	王亚南	物殊说明	无

表 2－28 装车货物信息（系统自带初始数据）

选择	货物编号	货物名称—规格型号	托运单	装车数量
●	系统生成	翰皇精品办公杯—HH－1052	系统生成	500

（八）出车操作

第一步：点击【运输作业/出车作业】，进入出车操作页面；

第二步：选择要出车的车辆，然后点击出车，输入出车日期，保存即可，需注意的是出车后车辆不可进行取消操作。

（九）中转调度

第一步：点击【运输作业/中转调度】，进入到车辆运行列表页面，用户可查看车辆运行到哪个站点；

第二步：选择车辆，点击【在途中转】进入中转页面，决策是否需要卸货或中转点击；

第三步：点击【配车】按钮，进入到中转决策页面；

第四步：选择“不中转”，输入到货日期，点击【到达】。

（十）到达卸货

第一步：点击【运输作业/到达卸货】，进入车辆到达列表；

第二步：选择到达车辆，点击【卸货签收】按钮，进入卸货签收页面；

第三步：输入卸货签收信息（如表 2－29 所示），点击【保存】确认卸货签收完毕。

表 2－29 卸货签收信息

选择	车牌	装车清单	已载重	已装体积	状态
●	粤 B6895	系统生成	1500	100	已到目的地

（十一）结算管理

第一步：点击【结算管理/应收账单】，进入应收列表；

第二步：选择需收款单据，点击【收款】，进入应收费用单，查看托运明细；

第三步：收款；

第四步：收款完毕，点击【保存】确认；

第五步：点击【结算管理/应收开票】，进入应收开票列表；

第六步：选择要开具发票的托运单，然后点击【开发票】进入；

第七步：填制发票，打印发票。

（十二）货物交付

第一步：点击【运输作业/货物交付】进入到货列表；

第二步：选择客户提取货物的托运单，点击【货物交付】按钮进入交付信息记录页面；

第三步：完善货物交付信息（如表2－30所示），登录收货人签收情况，点击【货物交付】即可。

表2－30　　货物交付信息

选择	货票编号	托运单编号	起地点	止地点	起时间	止时间	开票人	状态
⊙	系统生成	系统生成	深圳	北京	2009－10－13	2009－10－13	65436	已结算

（十三）收货确认

进入【单证查询/运输货票】，查询该托运货物的运输货票（如表2－31所示），查看收货人是否签收。

表2－31　　公路运输货票信息

<table>
<tr><td colspan="10">公路运输货票</td></tr>
<tr><td rowspan="2">自编号</td><td colspan="7" rowspan="2"></td><td>甲联</td><td rowspan="2"></td></tr>
<tr><td>No.</td></tr>
<tr><td>托运人</td><td colspan="7">5432</td><td>牌照号</td><td></td></tr>
<tr><td>装货地点</td><td colspan="3">深圳</td><td>发货人</td><td>张浩武</td><td>地址</td><td>深圳福田区上沙金地工业园区5栋1208号</td><td>电话</td><td>××××</td></tr>
<tr><td>卸货地点</td><td colspan="3">北京</td><td>收货人</td><td>张朝军</td><td>地址</td><td>北京丰台区丰管路东星新大厦3006B室</td><td>电话</td><td>××××</td></tr>
<tr><td>运单或货签号码</td><td>系统读取</td><td>计费里程</td><td>2489</td><td>付款人</td><td>张朝军</td><td>地址</td><td>北京丰台区丰管路东星新大厦3006B室</td><td>电话</td><td>××××</td></tr>
</table>

续 表

<table>
<tr><th colspan="13">公路运输货票</th></tr>
<tr><th rowspan="2">货物名称</th><th rowspan="2">包装形式</th><th rowspan="2">件数</th><th rowspan="2">实际质量/t</th><th colspan="2">运费运量</th><th colspan="3">吨千米运价</th><th rowspan="2">运费金额</th><th colspan="2">其他收费</th><th rowspan="2">运费小计</th></tr>
<tr><th>t</th><th>km · t</th><th>货物等级</th><th>道路等级</th><th>运价率</th><th>计费项目</th><th>金额</th></tr>
<tr><td>翰皇精品办公杯</td><td>纸箱</td><td>500</td><td>0. 3</td><td>3</td><td>1500</td><td>二等</td><td></td><td></td><td>3500. 00</td><td>装卸费</td><td>500. 00</td><td></td></tr>
<tr><td colspan="3">运杂费合计金额（写）</td><td colspan="10">4000</td></tr>
<tr><td>备注</td><td colspan="7"></td><td colspan="3">收货人签收盖章</td><td colspan="2">张朝军</td></tr>
<tr><td colspan="3">开票单位：南方货运</td><td colspan="3">开票人：刘辰君</td><td colspan="4">承运驾驶员：</td><td colspan="3">日期：2009 - 10 - 28</td></tr>
</table>

六、实验组织

学生单机操作，老师通过后台管理设置实验，分配实验任务，并对实验进行评定。

任务三　配送管理系统操作技术

学习目标

1. 掌握配送管理的具体流程；

2. 熟悉配送的运作模式；

3. 切身体会到配送各个环节中不同当事人面临的具体工作以及他们之间的互动和制约关系；

4. 深刻体会配送管理控制成本以达到利润最大化的思想。

配送是物流活动中一种特殊的综合的活动形式，是商流与物流的紧密结合，它包含了所有的物流功能，是物流的一个缩影或在某小范围中全部物流活动的体现。掌握配送的基本运作模式与方法，按照用户的需要，有效、合理地开展物流配送活动，不断提高物流服务水平与物流配送效率，降低物流配送成本，是物流企业特别是物流配送企业从业人员必须具备的重要职业技能。

为使配送理论教学与企业配送实践有机结合，我院购入了深圳中诺思开发的“配

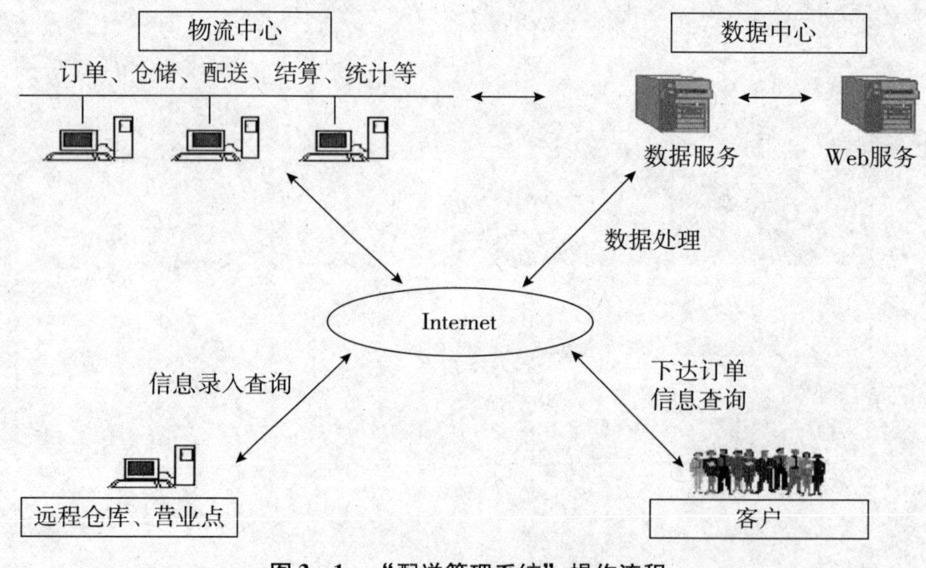

图3-1　“配送管理系统”操作流程

送管理教学系统”，该系统严格按照配送管理设计思想，模拟现代物流企业在配送业务中的基本环节及其相互关系（如图 3－1 所示）。学生以实验的方式模拟配送管理的实践过程，可以使学生熟悉配送的具体操作流程，增强感性认识，并可从中进一步了解、巩固与深化所学的配送管理理论知识，提高发现问题、分析问题和解决问题的能力，为学生参与未来配送管理领域复杂、庞大、越发激烈的竞争打下扎实基础。

本项实训任务分三项子任务，建议学时为 6 学时。

子任务一　配送管理系统订单管理操作

一、实验目的

通过客户订单（无）、客户订单（有）、库存检查、订单合并、订单到拣货等操作，掌握订单管理业务流程。

二、实验类型

单元实验

三、实验学时

2 学时

四、实验内容及步骤

（一）系统登录

在 IE 浏览器的地址栏中输入“http：//localhost：900”，进入配送管理教学系统登录窗口（如图 3－2 所示），输入用户代码和口令（任课教师预先设定），然后点击“登录”进入系统。

（二）客户订单（无）

第一步：点击【订单管理/客户订单（无）】，进入到订单维护（无单）页面，如图 3－3 所示；

第二步：点击【新增】按钮进入新增页面，如图 3－4 所示；

第三步：完善客户订单表头信息，其中订单号系统自动产生，选择合同客户名称，选择该合同客户相应的购买商，输入配送日期，点击【保存】按钮，订单表头即被保存；

图 3－2 配送管理教学系统登录界面

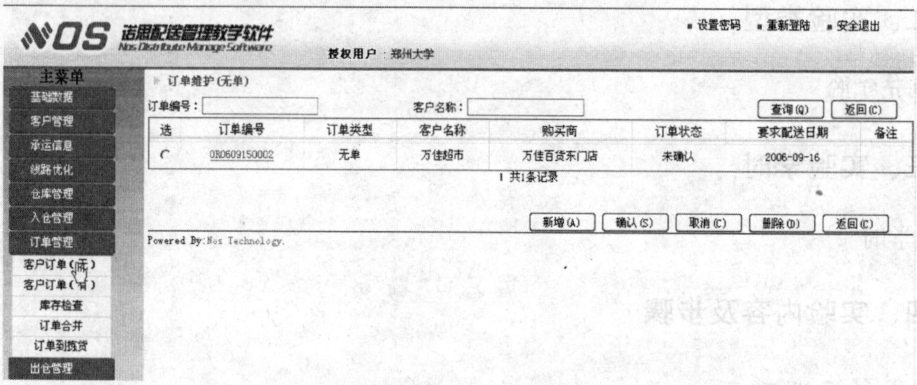

图 3－3 配送管理教学系统订单维护（无单）界面

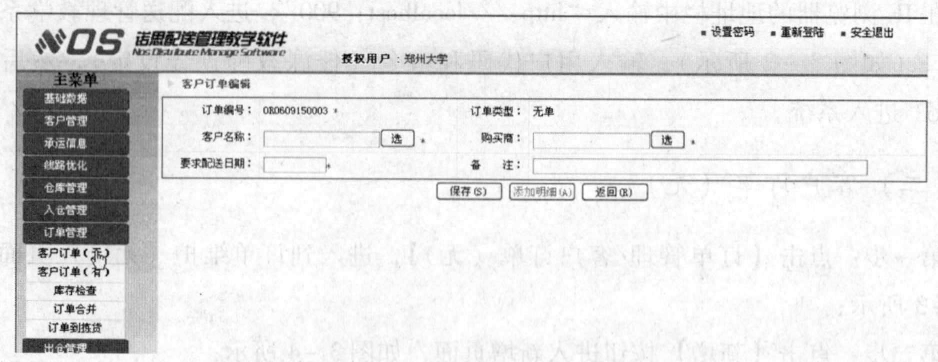

图 3－4 配送管理教学系统客户订单编辑界面

第四步：对未确认的订单可进行修改操作，在图中点击订单编号，进入订单修改及订单明细录入界面，如图 3－5 所示；

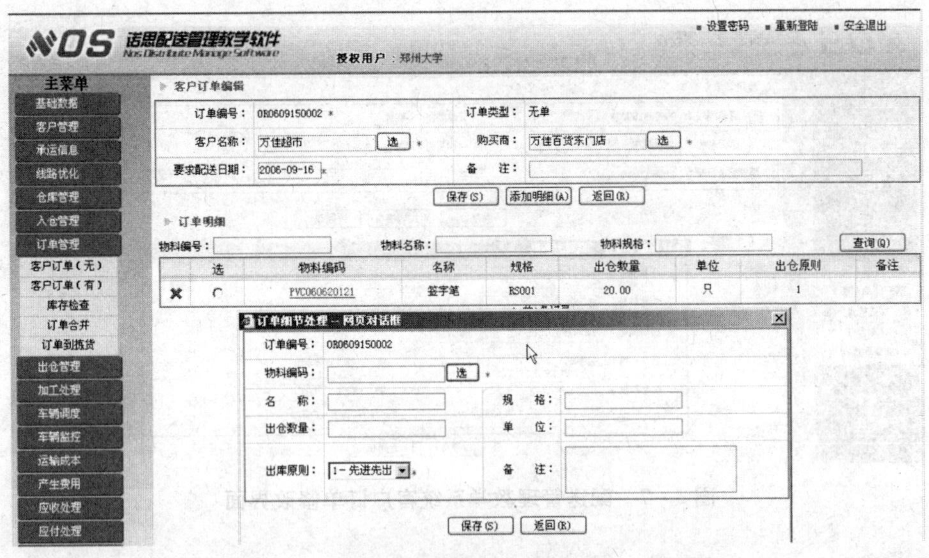

图 3－5 配送管理教学系统客户订单修改界面

第五步：点击【添加明细】按钮，可添加订单明细中的物料明细，点击列表中物料编码，可对订单明细中的物料进行修改；

第六步：在图 3－3 上点击【删除】按钮，对未确认的订单可进行删除操作；

第七步：在图 3－3 上点击【确认】按钮，对未确认的订单可进行确认操作；

第八步：在图 3－3 上点击【取消】按钮，对已确认的订单、而且订单的状态为不是“已执行”，才能进行取消确认操作。

（三）客户订单（有）

有单处理与无单类型的订单处理方式类似，所不同的是订单明细中需要指明入仓单号，如图 3－6、图 3－7 所示。

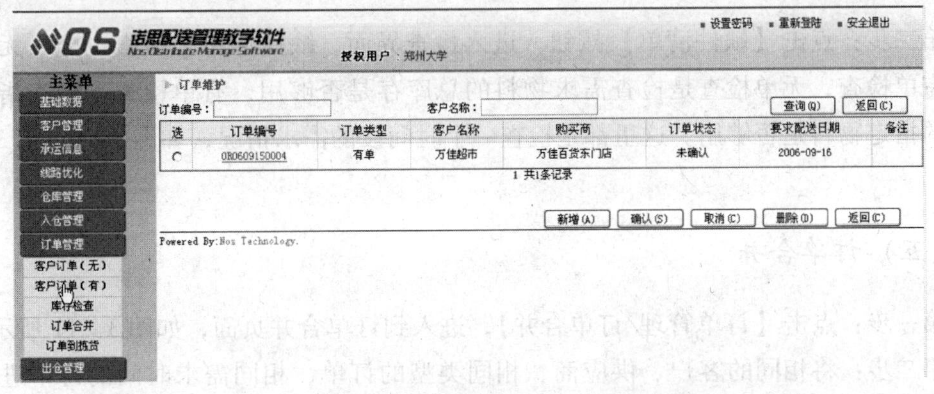

图 3－6 配送管理教学系统客户订单编辑界面

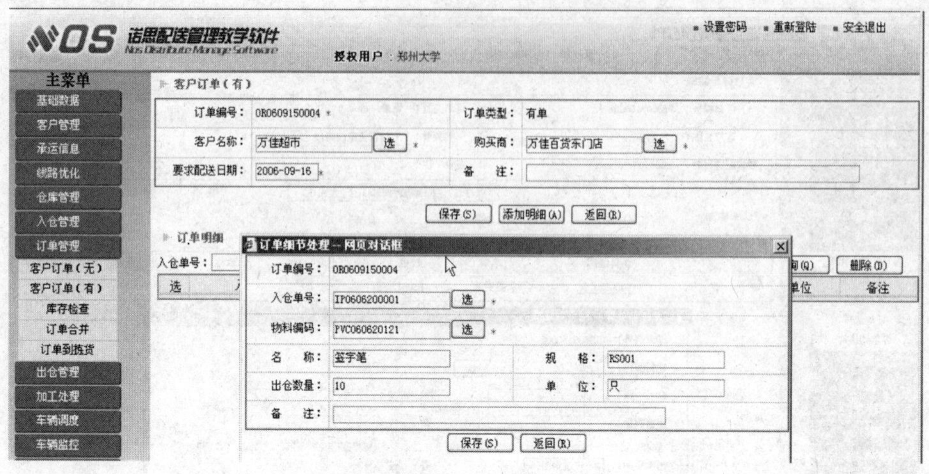

图 3－7　配送管理教学系统客户订单修改界面

（四）库存检查

第一步：点击【订单管理/库存检查】，进入到库存检查页面，如图 3－8 所示；

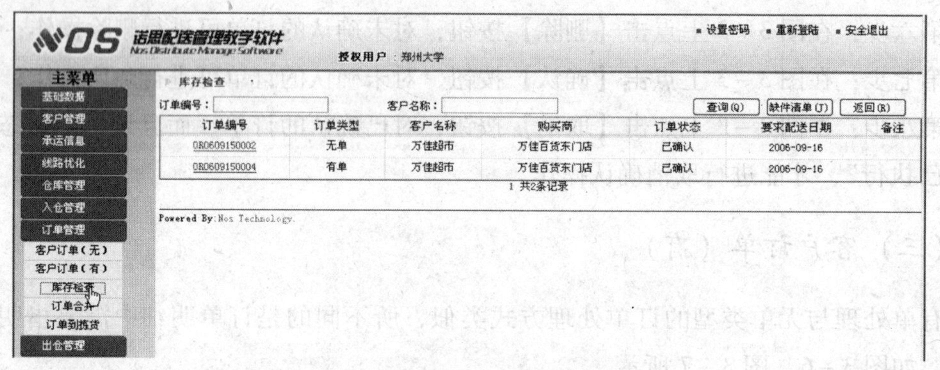

订单编号	订单类型	客户名称	购买商	订单状态	要求配送日期	备注
OR0609150002	无单	万佳超市	万佳百货东门店	已确认	2006-09-16	
OR0609150004	有单	万佳超市	万佳百货东门店	已确认	2006-09-16	

图 3－8　配送管理教学系统库存检查界面

第二步：点击【缺件清单】按钮，进入检查界面，缺件清单的检查也分为无单检查和有单检查，无单检查是检查需求物料的总库存是否够用，有单检查是检查指定入仓单的指定物料是否够用。这里都是检查一个时间段的需求情况，如图 3－9、图 3－10 所示。

（五）订单合并

第一步：点击【订单管理/订单合并】，进入到订单合并页面，如图 3－11 所示；

第二步：将相同的客户、供应商、相同类型的订单、相同需求时间的订单进行合并，合并中满足以上相同条件的相同物料相加；

第三步：界面分为上下两个列表，上表显示所有已经确认的客户订单列表，下表

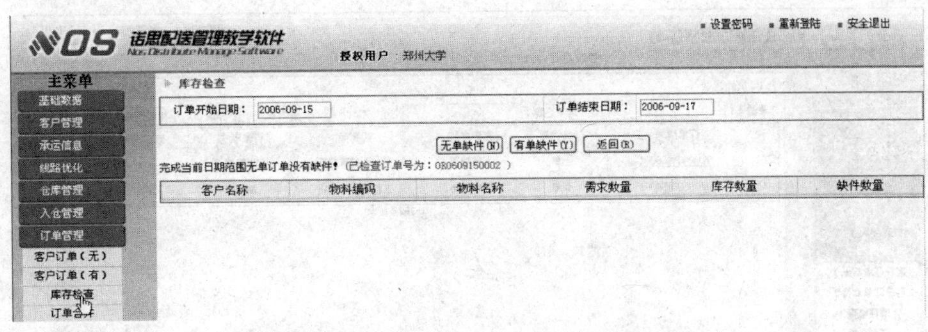

图 3-9 配送管理教学系统库存无单检查界面

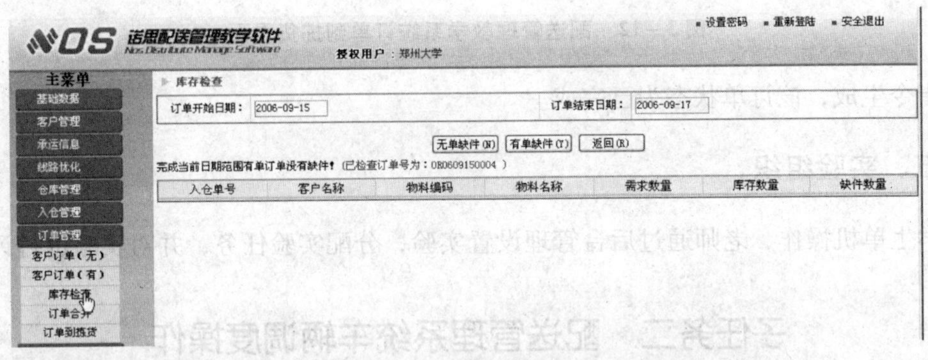

图 3-10 配送管理教学系统库存有单检查界面

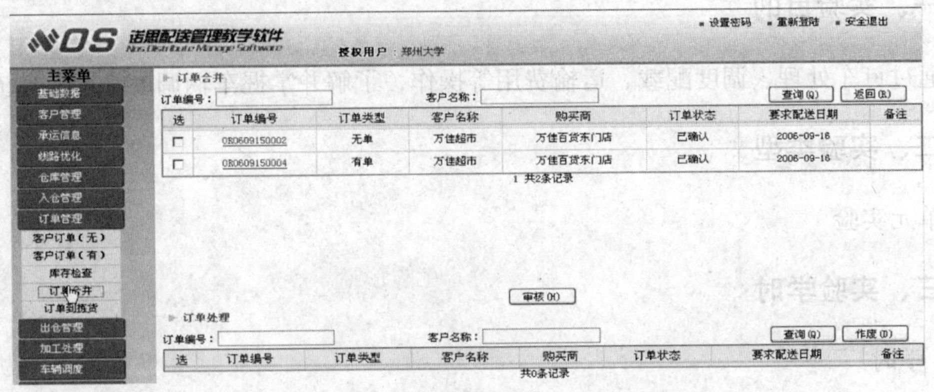

图 3-11 配送管理教学系统订单合并界面

为当前审核的结果。审核完成原订单的状态为已执行，审核后的订单可以生成拣货指令。

（六）订单到拣货

第一步：点击【订单管理/订单到拣货】，进入到以下页面，如图 3-12 所示；

第二步：选择一份订单，点击【作废】按钮，可取消该审核订单；

第三步：点击【生成拣货单】按钮，将审核后的订单自动转化为出仓拣货指令。

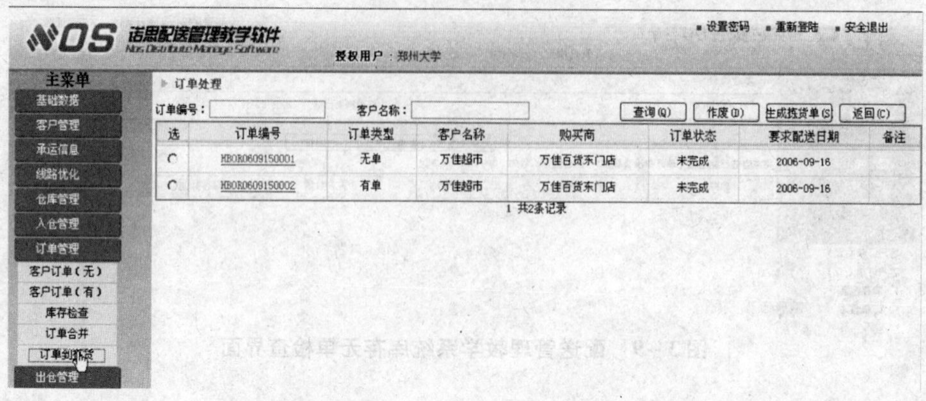

图 3－12　配送管理教学系统订单到拣货界面

拣货指令生成，该订单状态为已完成。

五、实验组织

学生单机操作，老师通过后台管理设置实验，分配实验任务，并对实验进行评定。

子任务二　配送管理系统车辆调度操作

一、实验目的

通过订车处理、调度配载、运输费用等操作，了解并掌握车辆调度管理业务流程。

二、实验类型

单元实验

三、实验学时

2 学时

四、实验内容及步骤

（一）系统登录

在 IE 浏览器的地址栏中输入“http：//localhost：900”，进入配送管理教学系统登录窗口，输入用户名和密码，然后点击“登录”进入系统。

（二）订车处理

第一步：点击【车辆调度/订车处理】，进入订车处理界面，如图 3－13 所示。

图 3－13　配送管理教学系统订车处理界面

第二步：订车单有 2 种状态：已确认、未确认。其他部门产生的订车均为未确认，要求运输部门确认，系统允许运输公司修改。未确认的订车单可以修改、删除；已确认的订车单可以查询不能修改；有订车明细及货物清单的订车单才能确认，调度未确认的订车单能取消订车确认，如图 3－14 所示。

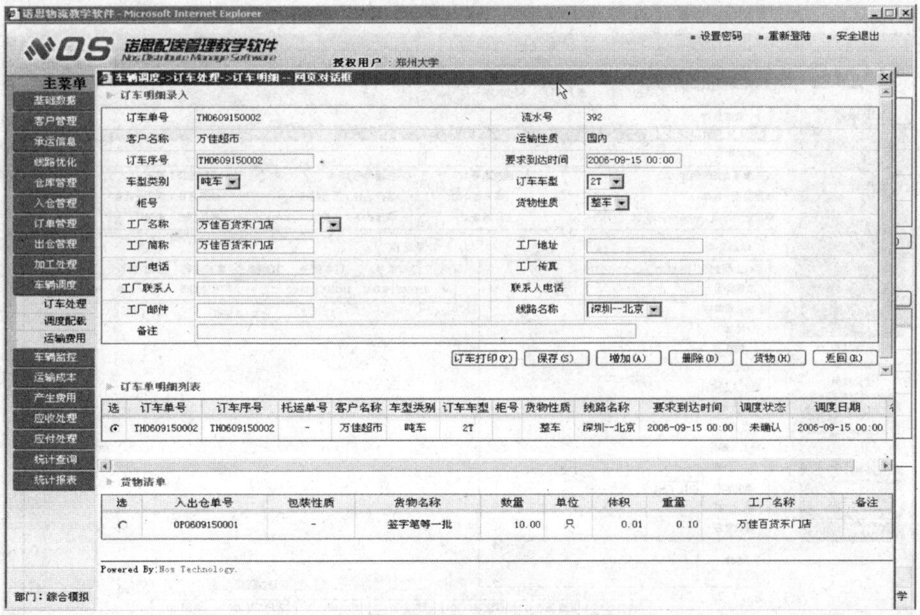

图 3－14　配送管理教学系统订车处理界面

（三）调度配载

第一步：点击【车辆调度/调度配载】，进入调度配载界面，如图 3 – 15 所示；

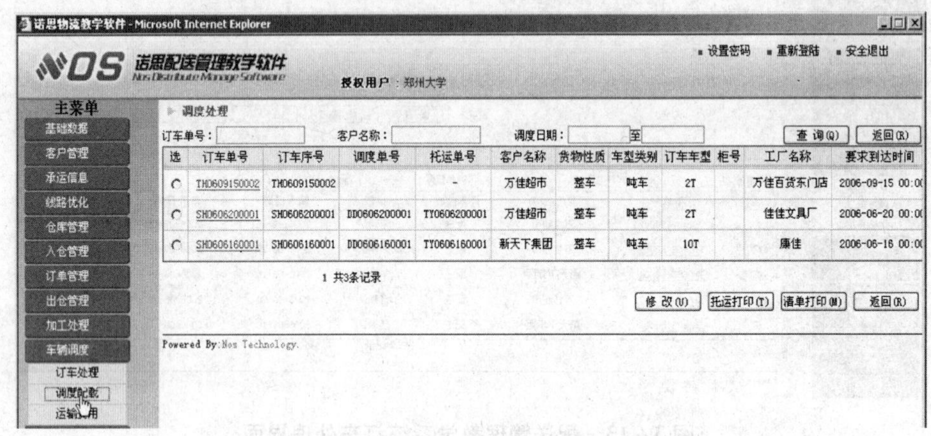

图 3 – 15　配送管理教学系统调度配载界面

第二步：点击需要调度的订车单号，进入以下界面，如图 3 – 16 所示。该功能同时完成配载、调度工作。选择调度单号，进入调度处理页面，要求选择运输公司（即承运公司）、运输车牌。采用多选框可以将多份订车单装在同一辆车中，由于属于不同客户的订车，打印托运单时按订车单打印。系统自动产生调度单号，调度确认时，修

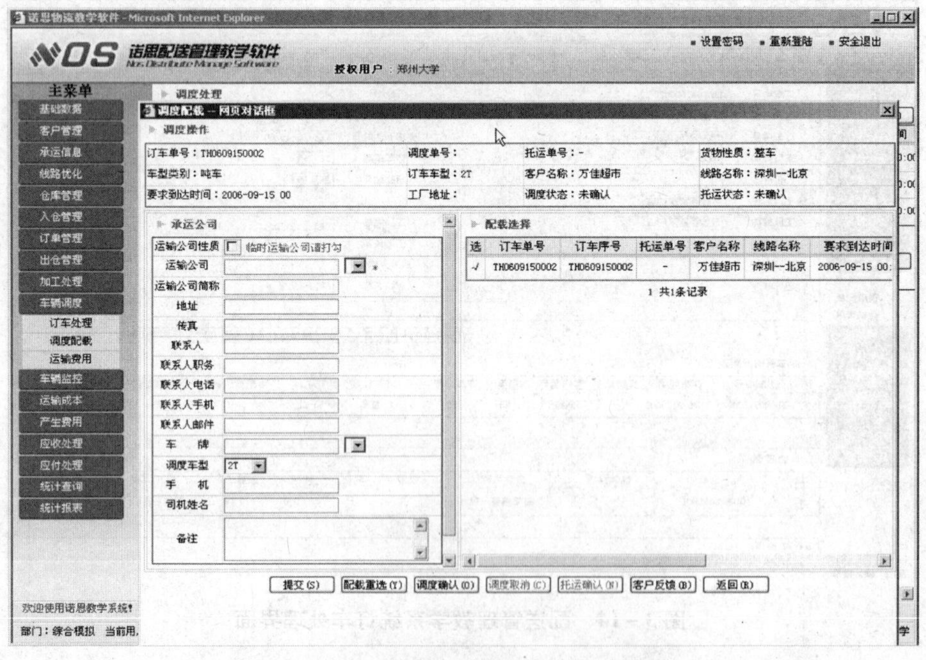

图 3 – 16　配送管理教学系统调度配载界面

改相同调度单下的所有订车单的状态，调度取消时，同时取消相同调度单下的所有订车单的状态；

第三步：填写完毕，点击【提交】，然后点击【返回】，调度完毕。此时回到上一级界面可以看到刚才调度状态上变为“已确认”；

第四步：车辆使用完毕，点击【调度管理→调度配载→订车单号→调度确认】，操作完毕；

第五步：如果需要托运操作，点击【托运操作】，进入以下界面，如图 3－17 所示，填写关键点的时间资料，提交即可；

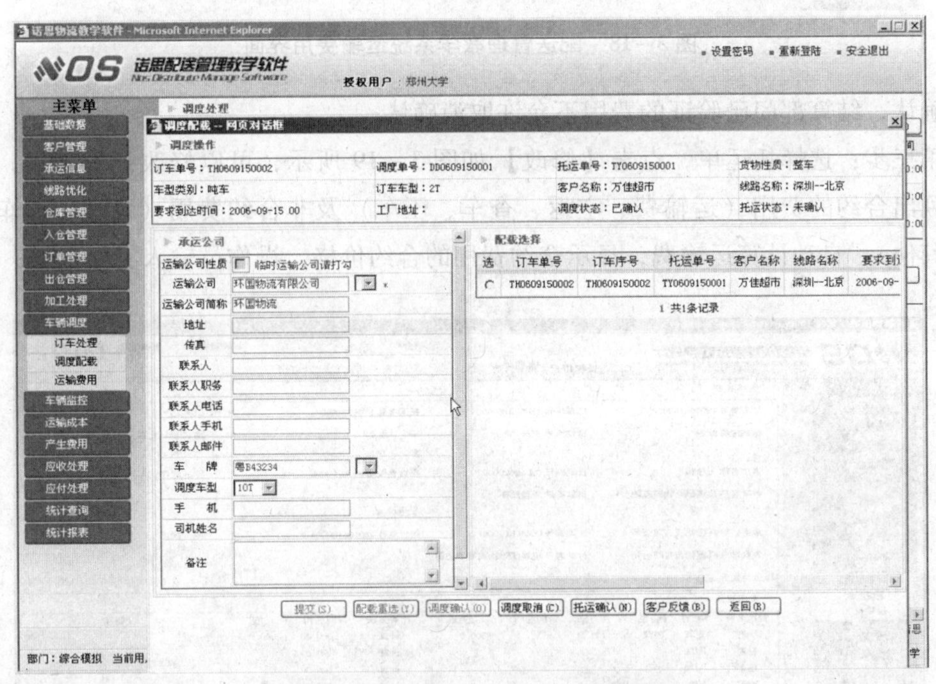

图 3－17　配送管理教学系统调度配载界面

第六步：托运完毕，点击【托运确认】，托运确认，将会出现回车确认，记录客户的反馈意见。

（四）运输费用

第一步：点击【车辆调度/运输费用】，进入运输费用界面，如图 3－18 所示；

第二步：根据订车单号、客户名称、托运日期段分页显示托运已确认、费用未确认的托运单，订车单号、客户名称采用 like 方式查询，如图 3－18 所示。费用标记为 0 表示该托运单未输入费用，费用标记为 1 表示该托运单费用已输入完成，费用标记为 2 表示托运费用已确认。未确认的费用可以修改、确认，已确认的费用不能修改，可以

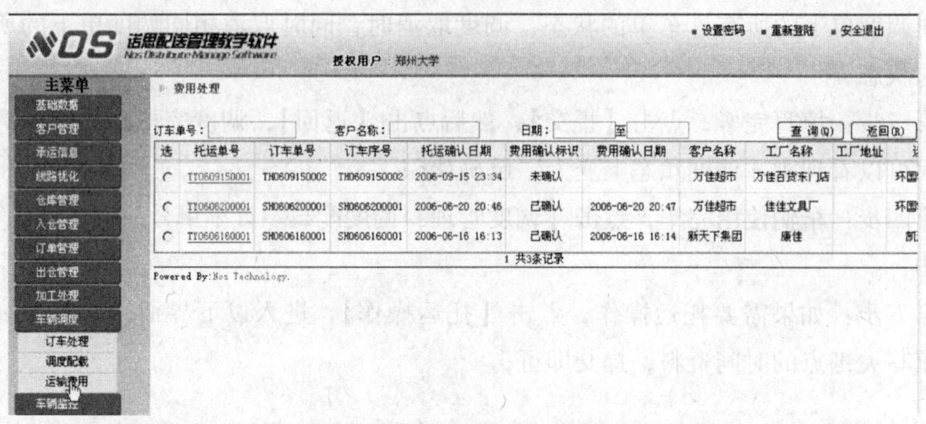

图 3－18　配送管理教学系统运输费用界面

取消确认，结算部门已验证的费用不允许取消确认；

第三步：选择托运单，点击【修改】如图 3－19 所示，可以修改托运费用，系统自动列出合约的费用（运输费、空返、查车、压车）及非合约费用（高速、停车、隧道、其他），自动计算运输费，显示合约费用的合约价格，操作员输入实际金额；

图 3－19　配送管理教学系统运输费用界面

第四步：输入完毕，点击【保存】，并提交确认。

五、实验组织

学生单机操作，老师通过后台管理设置实验，分配实验任务，并对实验进行评定。

子任务三 配送管理系统仓库管理操作

一、实验目的

通过库区设置、自动划分仓位、仓位设置等操作，了解并掌握仓库管理业务流程。

二、实验类型

单元实验

三、实验学时

2 学时

四、实验内容及步骤

（一）系统登录

在 IE 浏览器的地址栏中输入“http：//localhost：900”，进入配送管理教学系统登录窗口，输入用户名和密码，然后点击“登录”进入系统。

（二）仓库资料

第一步：点击【仓库管理/仓库资料】，进入仓库管理界面，如图 3－20 所示；

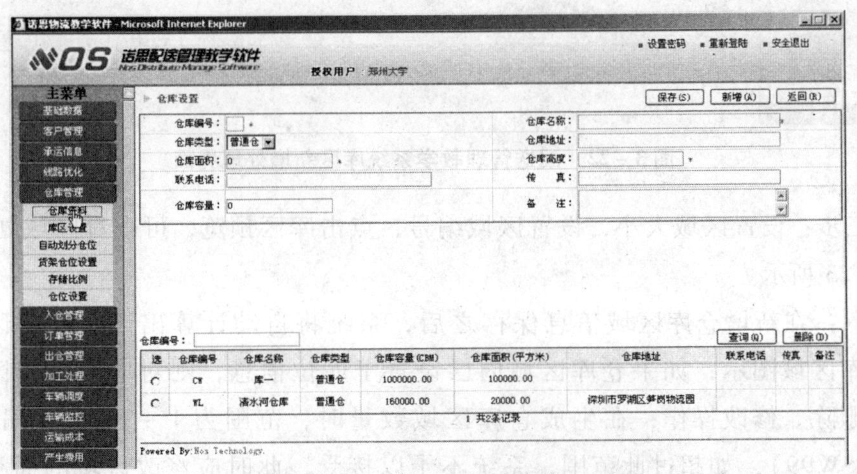

图 3－20 配送管理教学系统仓库管理界面

第二步：新增、修改、删除仓库的基本资料，查询仓库编号进行优化管理。点击【保存】，保存新增或修改过的仓位基本资料；点击【新增】，进入仓库资料的新增模式；点击【删除】，删除当前选择的仓库的资料。点击【返回】，关闭当前的界面资料，返回主界面状态。

（三）库区设置

第一步：点击【仓库管理→库区设置】，进入库区设置界面，如图 3－21 所示；

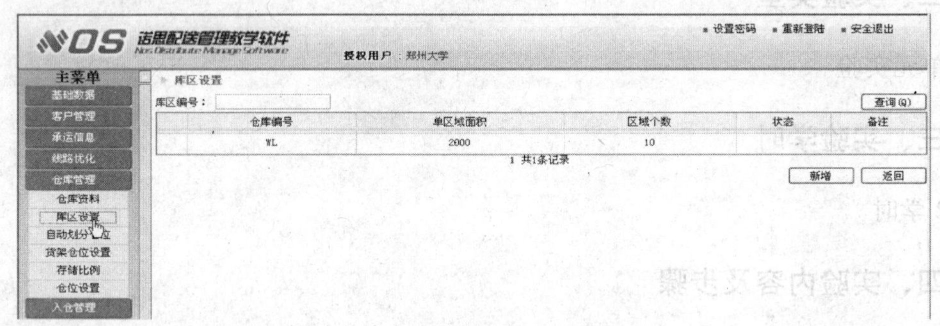

图 3－21　配送管理教学系统库区设置界面

第二步：点击【新增】，进入库区新增处理界面，如图 3－22 所示；

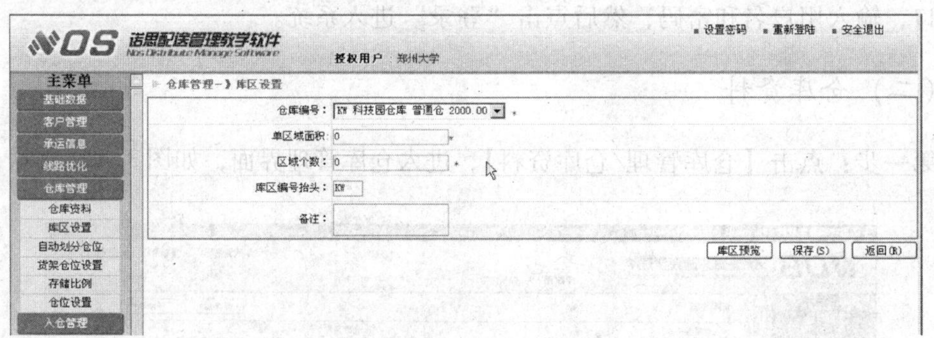

图 3－22　配送管理教学系统库区新增处理界面

第三步：设置区域大小，设置区域编号，点击库区预览，可查看区域划分结果，如图 3－23 所示。

注意：在新增仓库区域信息保存之后，系统将自动计算出该仓库的区域编号以及仓库区域图示；如果仓库区域内已设置了库位信息，则对应的仓库区域将不能执行删除、修改操作；在生成仓库区域数量时，范围为 1～99 个（编号格式：SW01～SW99），如超过此范围，系统不予以接受，此时应修改区域的面积，以调整区域个数。

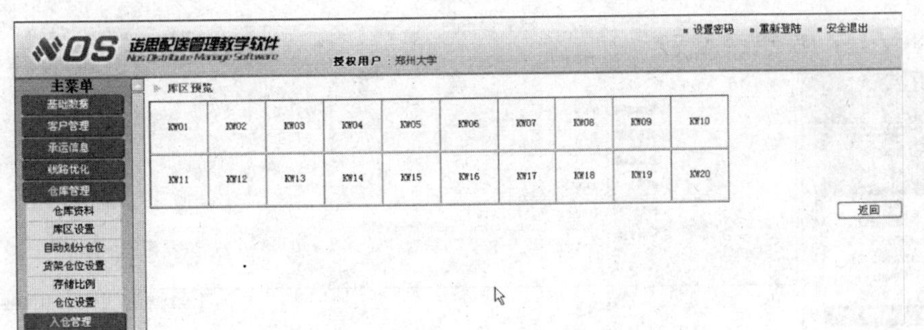

图 3－23 配送管理教学系统库区预览界面

（四）自动划分仓位

第一步：点击【仓库管理→自动划分仓位】，进入以下仓库列表界面，如图 3－24 所示；

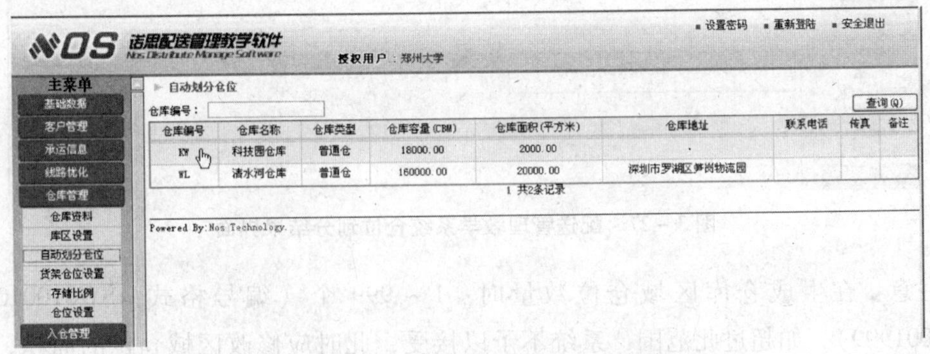

图 3－24 配送管理教学系统仓库列表界面

第二步：选择需要划分仓位的仓库，进入仓库已划分的区域列表界面，如图 3－25 所示；

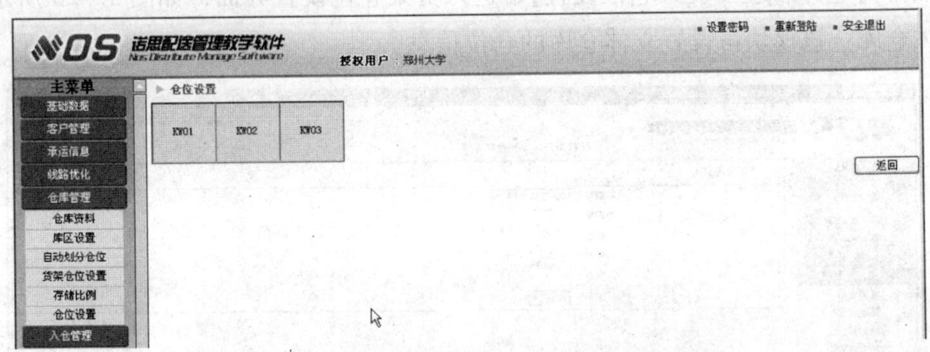

图 3－25 配送管理教学系统仓库区域列表界面

第三步：选择一个区域，进入选择区域的仓位划分界面，如图 3－26 所示；

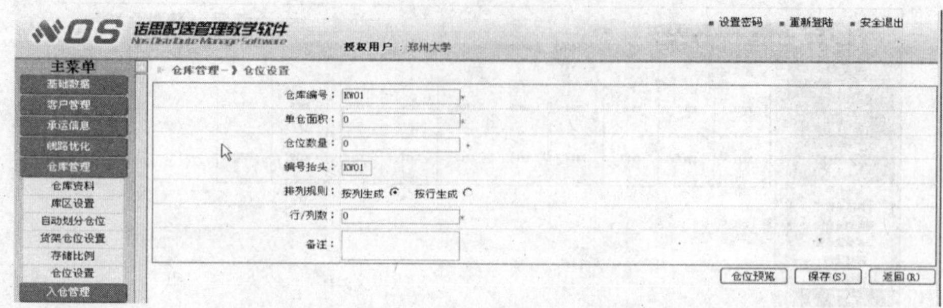

图 3－26　配送管理教学系统仓位划分界面

第四步：仓位划分结果如图 3－27 所示。

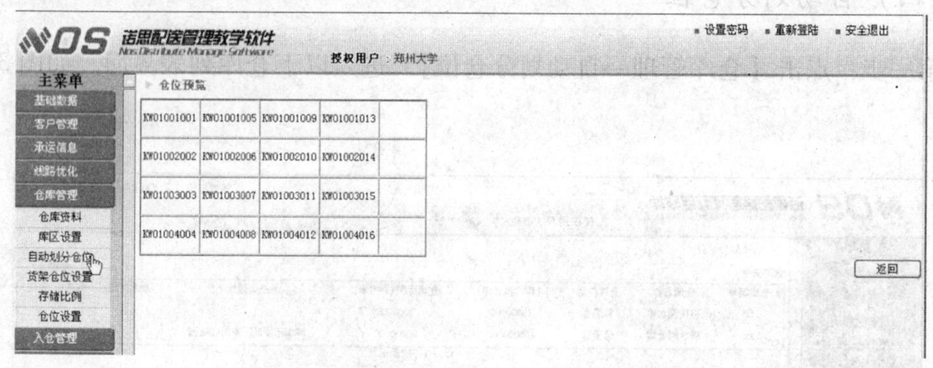

图 3－27　配送管理教学系统仓位划分结果界面

注意：在生成仓库区域仓位数量时：1～999 个（编号格式：SW01001001～SW01001999），如超过此范围，系统不予以接受，此时应修改区域仓位的面积，以调整区域个数。

（五）货架仓位设置

点击【仓库管理→货架仓位设置】，进入货架仓位设置界面，如图 3－28 所示，对于立体仓库，该模块可设置立体仓库的仓位信息。

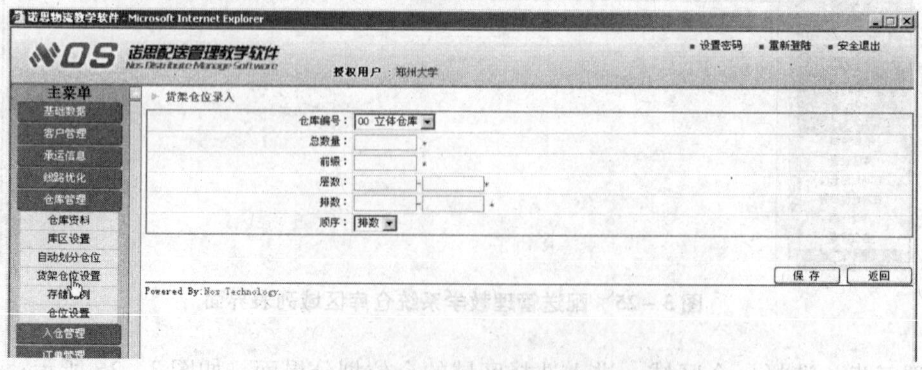

图 3－28　配送管理教学系统货架仓位设置界面

（六）存储比例

点击【仓库管理/存储比例】，进入存储比例设置界面，如图3－29。在系统中设定了仓位的标准存储容量，在实际业务中仓位存货往往会超出仓位的最大容量，这跟实际物料的属性有关系，为了配合业务的正常运转，在这里设定一个存储比例值，仓位的标准容量×存储比例＝仓位的最大可存货量，在分配仓位时，如果超出仓位的最大存货量，将是不允许的。

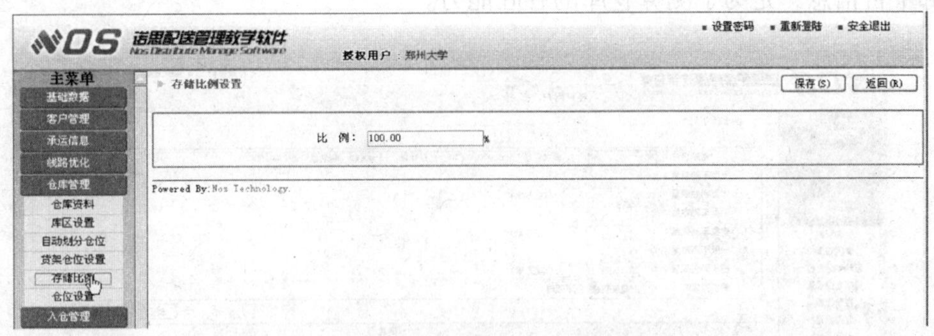

图3－29　配送管理教学系统存储比例设置界面

（七）装卸平台

点击【仓库管理→装卸平台】，进入装卸平台界面，如图3－30所示。

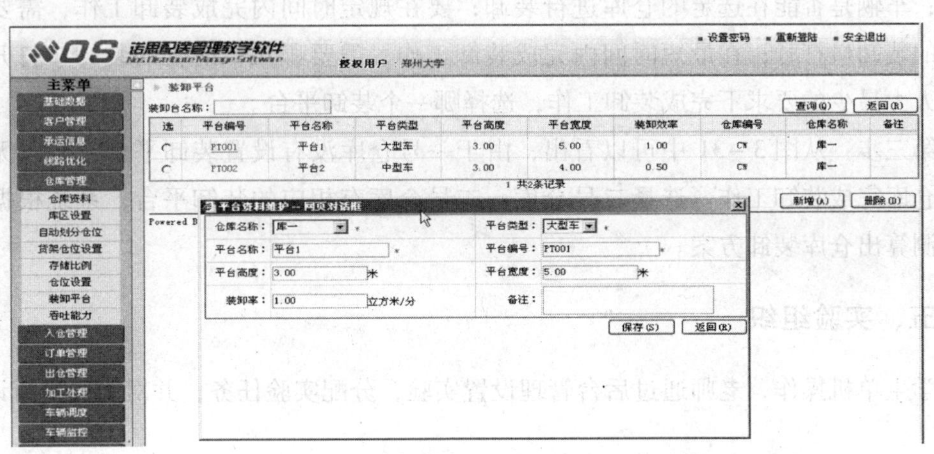

图3－30　配送管理教学系统装卸平台界面

仓库基本信息中，跟吞吐能力有关的主要数据有仓库的最大容量、以CMD（立方米）计装卸平台的能力数据。

每个装卸平台（仓库的装卸口）确定属于某一仓库，一个仓库可以有一个或多个装卸平台；装卸平台通常情况下可以分为三类：大型货柜车装卸平台、中型吨车装卸平台和一般吨车装卸平台；每一个装卸平台有一个高度和宽度、每个各自的装卸率（即该装卸口单位时间的流量），这个装卸率是已经考虑装卸口货物滞留等因素的一个平均效率。

（八）吞吐能力

第一步：点击【仓库管理/吞吐能力】，进入吞吐能力界面，如图 3－31 所示。维护装卸平台信息，是为了测算仓库的吞吐能力。

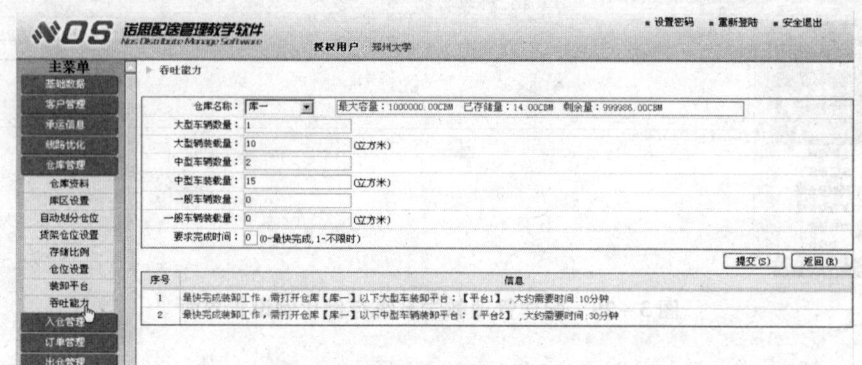

图 3－31 配送管理教学系统吞吐能力界面

第二步：输入装卸作业量，及装卸车辆类型，系统可以测算出作业量的设置是否合理；车辆是否能在选定的仓库进行装卸；要在规定时间内完成装卸工作，需要几个适合的装卸口打开；在最短时间内完成装卸工作，需要哪几个适合的装卸口打开；在耗费人力最少的要求下完成装卸工作，选择哪一个装卸平台。

第三步：从图 3－31 中可以看出，由于一号仓库没有设置装卸平台，所以无法在一号仓库完成装卸工作。选择二号仓库，二号仓库有相应的装卸平台，系统根据作业量，测算出仓库装卸方案。

五、实验组织

学生单机操作，老师通过后台管理设置实验，分配实验任务，并对实验进行评定。

任务四　供应链管理系统操作技术

学习目标

1. 掌握供应链管理的具体流程；
2. 熟悉供应链的运作模式；
3. 掌握供应链管理各个节点企业的具体工作以及它们之间的互动和制约关系；
4. 深刻体会集成化供应链管理的思想。

供应链（Supply Chain）是指从采购原材料开始，制成中间产品（如零部件）以及最终产品，最后由销售网络把产品送到消费者手中的将供应商、制造商、物流公司、零售商直至最终用户连成一个整体的功能网链结构。这一系统能否达到总体绩效最优，取决于对它的整体协调与控制，因而产生了供应链管理的概念。

供应链管理的实质是深入供应链的各个增值环节，将顾客所需的正确产品（Right Product）能够在正确的时间（Right Time），按照正确的数量（Right Quantity）、正确的质量（Right Quality）和正确的状态（Right Status）送到正确的地点（Right Place）——即“6R”，并使总成本最小。因此，供应链管理是一种集成化的管理理念，其核心意义在于使企业充分了解客户及市场需求，与供应商及其他合作伙伴在经营上保持步调一致，实现资源共享与集成，协调支持供应链所有企业的协同运作，从而取得整体最优的绩效水平，达到提高供应链整体竞争力的目的。

近年来，供应链管理的实践在我国的发展非常迅速，已有众多企业投身到了供应链管理的实践中。然而，供应链管理毕竟是一个复杂的系统工程，仅靠书本理论知识并不足以培养出能及时适应企业供应链管理实践所需的人才。基于此，我院购入了深圳中诺思开发的“供应链管理与优化软件”，本软件以实验的方式体现供应链管理的实践过程。

“供应链管理与优化软件”在很大程度上解决了学生实验难的问题。学生可以通过扮演供应链中的不同角色或是综合扮演一条供应链上各个角色掌握供应链管理的具体流程；迅速掌握零售商管理、制造商管理、物流公司管理、供应商管理的流程和细节；熟悉供应链的运作模式；切身体会到供应链各个环节中不同当事人面临的具体工作以及他们之间的互动和制约关系；深刻体会供应链管理控制成本以达到利润最大化的思想。为学生参与未来供应链管理领域复杂、庞大、越发激烈的竞争打下扎实基础。

通过实验，可以使学生熟悉供应链管理的整体流程（如图4-1所示），增强感性认识，并可从中进一步了解、巩固与深化所学的供应链管理理论知识，提高发现问题、分析问题和解决问题的能力。

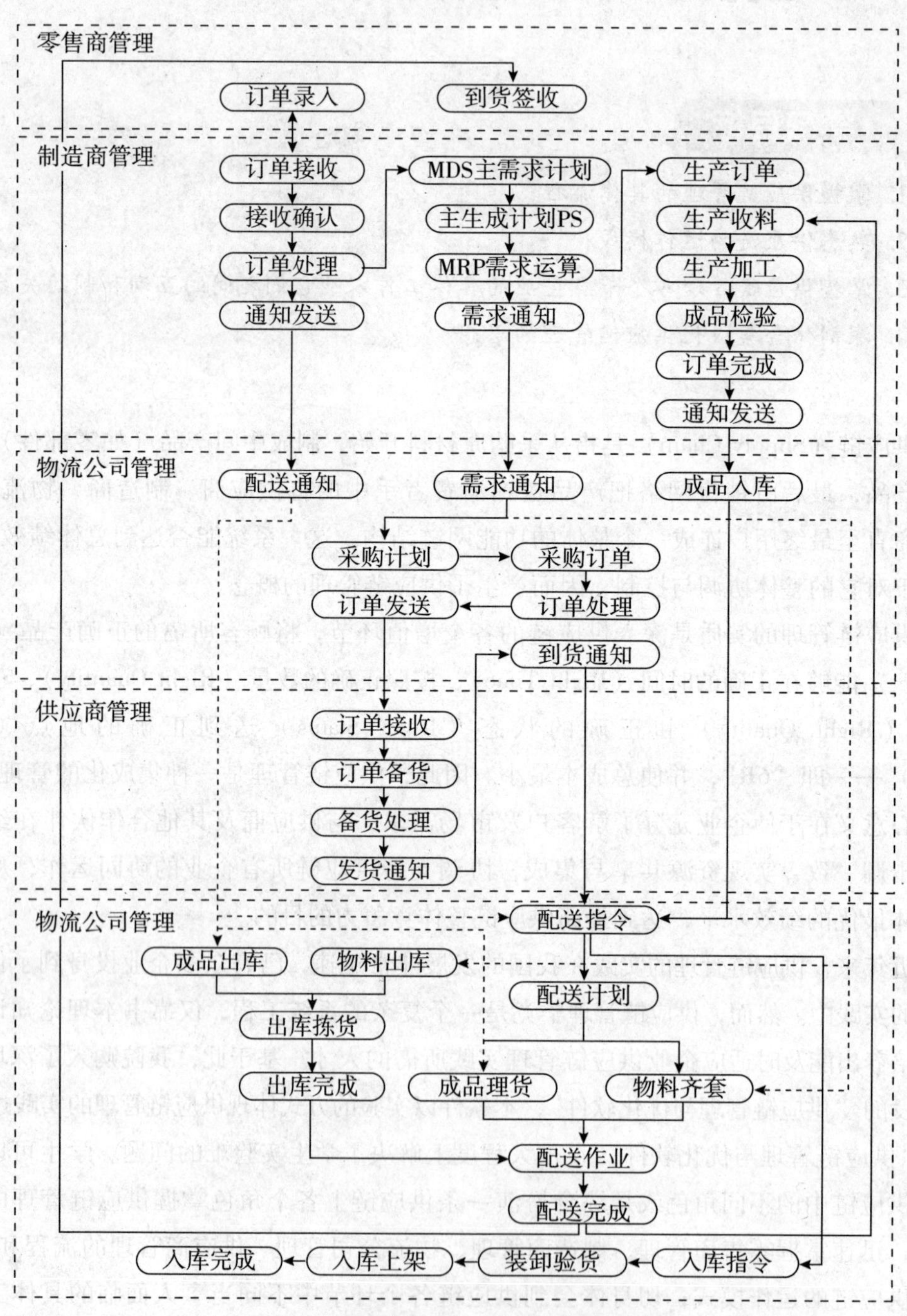

图4-1 供应链管理与优化软件系统流程

本项实训任务分五项子任务，建议学时为10学时。

子任务一　订单管理单元实验

一、实验目的

1. 了解供应链制造商订单管理理念。
2. 掌握供应链制造商订单管理的决策模式。
3. 反复训练并熟练掌握供应链制造商订单管理的具体操作流程。

二、实验类型

单元实验

三、实验学时

2学时

四、实验内容

接收客户订单，根据本软件算法及生产实际情况对订单生成对应供货计划列表，根据信用额度决策处理订单，全程跟踪订单处理实况（如图4-2所示）。

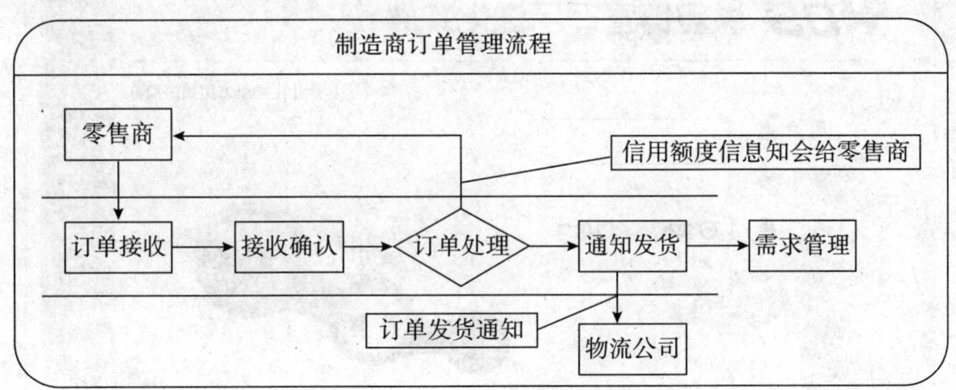

图4-2　制造商订单管理流程图

五、实验步骤

（一）系统登录

第一步：在IE浏览器的地址栏中输入“http：//服务器IP：800/NOSProject2009”，进入系统主页面（如图4-3所示），选择实验平台；

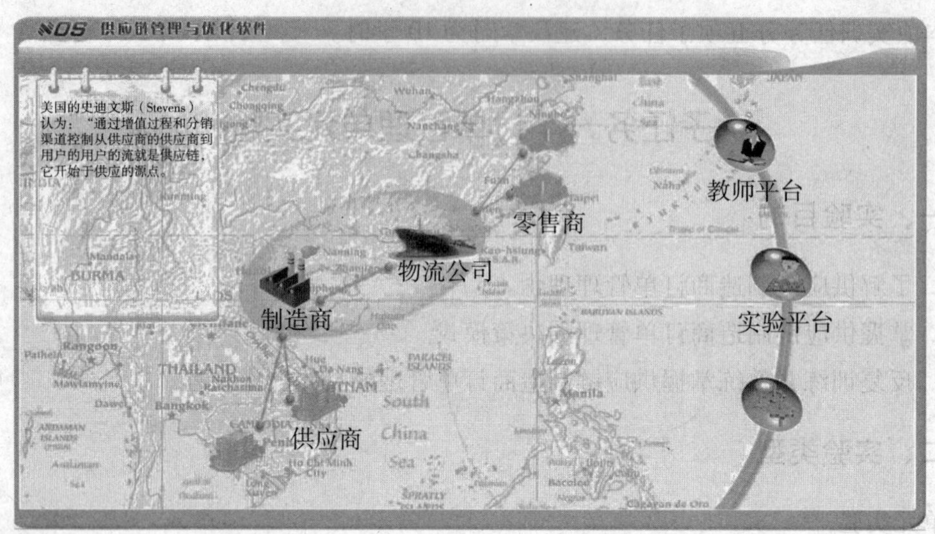

图4-3 "供应链管理与优化软件"系统主页面

第二步：进入系统登录页面（如图4-4所示），输入用户名、密码（系统默认已设置好10个学生用户，用户名：s001～s010中的任意一个，密码：000000），选择单元实验类型，登录系统；

图4-4 "供应链管理与优化软件"登录界面

第三步：在单元实验类型中选择订单管理实验，进入订单管理单元实验。

（二）订单接收

左边菜单栏单击【订单管理/订单接收】，出现如下活动页面（如图4-5所示）：

订单接收

订单编号：______ 查询　　接收　取消接收　订单退回　返回

选择	订单编号	客户编号	客户简称	订单类型	报关方式	提货方式	交货日期	订单状态
○	ORID200810230001	CUID200804170009	顺电连锁	国内	自报	委托	2008-08-08	未接受
○	ORID200810230002	CUID200804170009	顺电连锁	国内	自报	委托	2008-08-08	未接受
○	ORID200810230003	CUID200804170009	顺电连锁	国内	自报	委托	2008-08-08	未接受
○	ORID200810230004	CUID200804170009	顺电连锁	国内	自报	委托	2008-08-08	未接受
○	ORID200810230005	CUID200804170009	顺电连锁	国内	自报	委托	2008-08-08	未接受

图 4－5　订单列表页面

选择想要接收的订单，订单状态须为“已发送”，单击【接收】，订单状态变更为“已接收”，表示接收操作成功。

（三）供货计划

接收操作成功的订单，可进入供货计划环节。（此时在订单接收和供货计划环节均能查看到该订单）

左边菜单栏单击【订单管理/供货计划】，出现如下活动页面（如图 4－6 所示）：

供货计划

订单编号：______ 查询　　供货列表浏览　供货计划　返回

选择	订单编号	客户编号	客户简称	订单类型	报关方式	提货方式	交货日期	订单状态
◉	ORID200810180516	CUID200804170009	顺电连锁	国内	无报关	委托	2008-10-28	已接收
○	ORID200810180517	CUID200804170009	顺电连锁	国内	无报关	委托	2008-10-27	已接收
○	ORID200810180518	CUID200804170009	顺电连锁	国内	无报关	委托	2008-11-25	已接收

图 4－6　供货计划列表页面

（1）选择刚才订单接收操作成功的订单，单击【供货计划】，出现如图 4－7 所示的页面；单击【确认】，弹出对话框，询问是否确认生成供货计划，单击【确定】，返

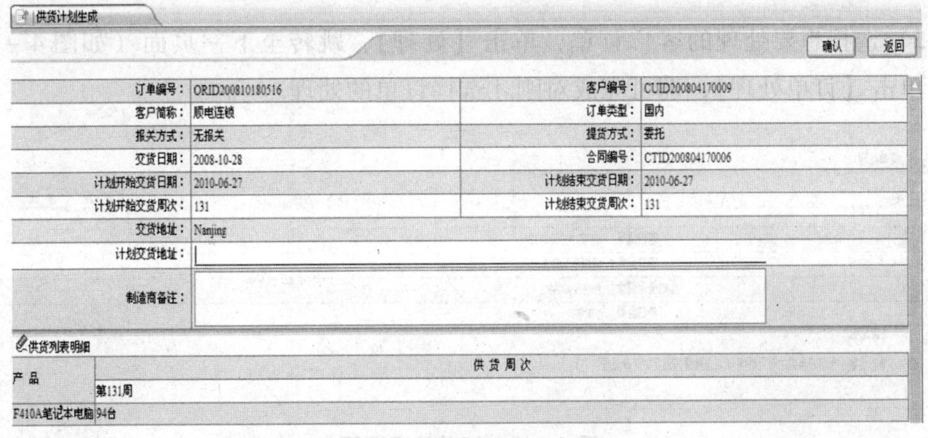

供货计划生成

确认　返回

订单编号：	ORID200810180516	客户编号：	CUID200804170009
客户简称：	顺电连锁	订单类型：	国内
报关方式：	无报关	提货方式：	委托
交货日期：	2008-10-28	合同编号：	CTID200804170006
计划开始交货日期：	2010-06-27	计划结束交货日期：	2010-06-27
计划开始交货周次：	131	计划结束交货周次：	131
交货地址：	Nanjing		
计划交货地址：			
制造商备注：			

供货列表明细

产品	供货周次
	第131周
F410A笔记本电脑	94台

图 4－7　供货列表明细页面

回至前一页面。

（2）选择供货计划生成的订单，单击【供货列表浏览】，即可浏览该客户订单对应的供货列表。

（四）订单处理

左边菜单栏单击【订单管理/订单处理】，出现如下活动页面（如图4－8所示）：

订单处理

客户编号：＿＿＿＿ 查询　　选择订单　返回

选择	客户编号	客户简称	地址	联系人	信用额度
◉	CUID200804170103	安泰实业	深圳市宝岗北路华建工业大厦	陈泰然	9.99999999E8RMB
○	CUID200804170104	西图汽贸	上海市金藏路258号	肖图锐	9.99999999E8RMB
○	CUID200804170105	伟冠集团	深圳市罗湖区沿河北路1002号京广中心伟冠大厦	葛锦辉	9.99999999E8RMB
○	CUID200804170106	意埃伊汽车代理	山东省烟台开发区珠江路32号	王洋	9.99999999E8RMB

图4－8　订单处理列表

（1）选择零售商，单击【选择订单】，跳转至下一页面（如图4－9所示），该页面列出了该客户的所有订单。

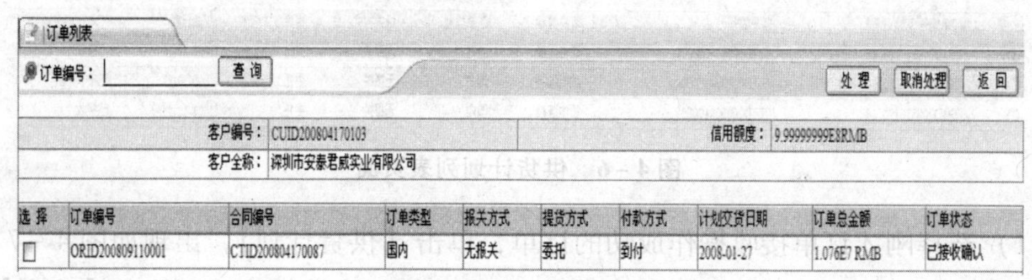

选择	订单编号	合同编号	订单类型	报关方式	提货方式	付款方式	计划交货日期	订单总金额	订单状态
☐	ORID200809110001	CTID200804170087	国内	无报关	委托	到付	2008-01-27	1.076E7 RMB	已接收确认

图4－9　订单处理明细

（2）选择想要处理的客户订单，单击【处理】，跳转至下一页面（如图4－10所示），单击【订单处理】，即可完成对刚才选择订单的处理。

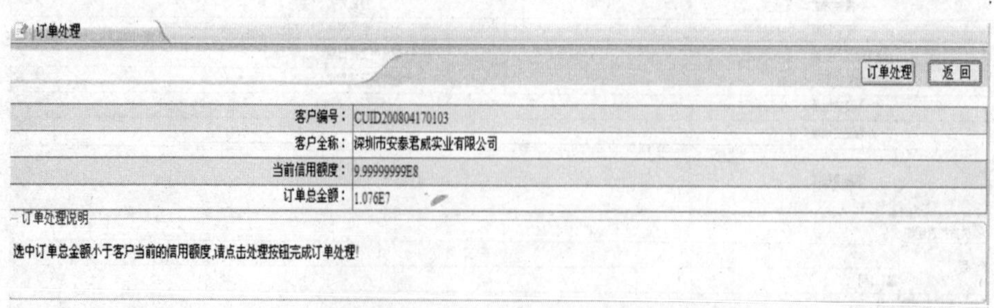

图4－10　订单处理页面

订单处理操作成功的客户订单方可进入配送通知环节的操作。

（五）配送通知

左边菜单栏单击【订单管理/配送通知】，出现如下活动页面（如图4－11所示）：

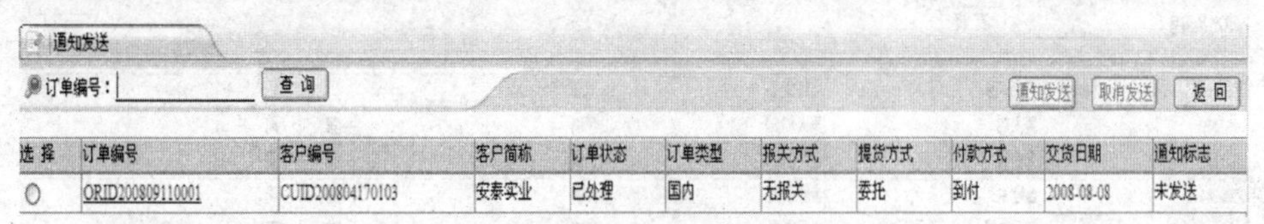

选择	订单编号	客户编号	客户简称	订单状态	订单类型	报关方式	提货方式	付款方式	交货日期	通知标志
○	ORID200809110001	CUID200804170103	安泰实业	已处理	国内	无报关	委托	到付	2008-08-08	未发送

图4－11 配送通知页面

选择刚才订单处理操作成功的订单，单击【配送通知】，该订单的通知标志变更为“已发送”，表示配送通知操作成功；该订单的相关信息已经发送给物流公司。

（六）订单跟踪

左边菜单栏单击【订单管理/订单跟踪】，出现如下活动页面（如图4－12所示）：

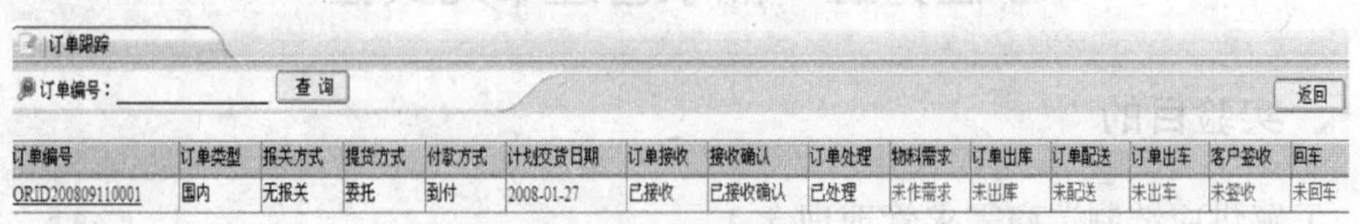

订单编号	订单类型	报关方式	提货方式	付款方式	计划交货日期	订单接收	接收确认	订单处理	物料需求	订单出库	订单配送	订单出车	客户签收	回车
ORID200809110001	国内	无报关	委托	到付	2008-01-27	已接收	已接收确认	已处理	未作需求	未出库	未配送	未出车	未签收	未回车

图4－12 订单跟踪页面

输入客户订单编号，单击【查询】，即可查看该订单的处理实况。

（七）订单查询

左边菜单栏单击【订单管理/订单查询】，出现如下活动页面（如图4－13所示）：

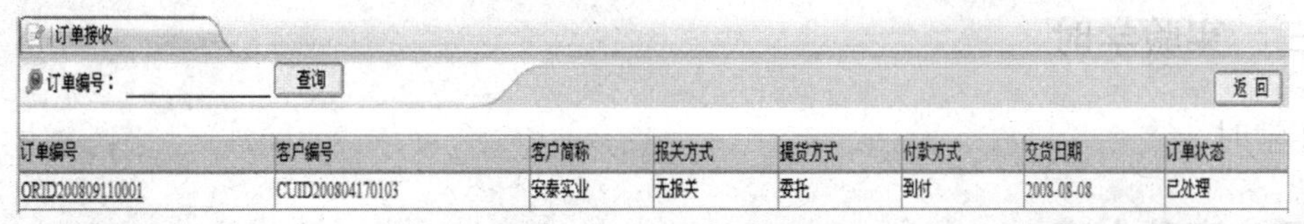

订单编号	客户编号	客户简称	报关方式	提货方式	付款方式	交货日期	订单状态
ORID200809110001	CUID200804170103	安泰实业	无报关	委托	到付	2008-08-08	已处理

图4－13 订单查询页面

输入客户订单编号，单击【查询】，系统会为你查询是否存在此订单。

（八）产能查询

左边菜单栏单击【订单管理/产能查询】，出现如下活动页面（如图 4 - 14 所示）：

产能查询

产品编号：＿＿＿＿＿＿ 查 询　　返 回

产品编号	产品名称	规格型号	计划周产量	计划生产周次
0002060	美人豹	美人豹	150辆	第 1 周
0001055	自由舰	自由舰	150辆	第 1 周
000044	金刚系列	金刚系列	150辆	第 1 周
000043	美日之星	美日之星	150辆	第 1 周

图 4 - 14　产能查询页面

输入产品编号，单击【查询】，可以查看该产品的产能信息。

六、实验组织

学生单机操作，老师通过后台管理设置实验，分配实验任务，并对实验进行评定。

子任务二　需求管理单元实验

一、实验目的

1. 了解供应链制造商需求管理理念。
2. 熟悉 MRP（Material Requirement Planning）运算原理和具体操作。
3. 掌握供应链制造商需求管理的决策模式。
4. 熟练掌握供应链制造商需求管理的具体操作流程。

二、实验类型

单元实验

三、实验学时

2 学时

四、实验内容

根据一个固定时间段内的客户订单、销售预测、独立需求计划、需求变更的总体情况生成 MDS 主需求计划单；根据 MDS 主需求计划单生成 MPS 主生产计划单；根据 MPS 主生产计划单完成 MRP（Material Requirement Planning）运算，得出一定时间内制造商的物料需求详细列表，并生成对应生产订单（如图 4－15 所示）。

制造商需求管理流程

客户订单

独立需求计划

需求变更

销售预测

MDS主需求计划

MPS主生产计划管理

MRP物料需求运算

RCCP粗能力需求计划平衡

CRP能力需求平衡

物料需求通知

生产管理

物流公司

图 4－15　制造商需求管理流程图

五、实验步骤

（一）系统登录

第一步：在 IE 浏览器的地址栏中输入“http：//服务器 IP：800/NOSProject2009”，进入系统主页面（如图 4－3 所示），选择实验平台；

第二步：进入系统登录页面（如图 4－4 所示），输入用户名、密码（系统默认已设置好 10 个学生用户，用户名：s001～s010 中的任意一个，密码：000000），选择单元实验类型，登录系统；

第三步：在单元实验类型中选择需求管理实验，进入需求管理单元实验。

（二）MDS 主需求计划

左边菜单栏单击【需求管理/MDS 主需求计划】，出现如下活动页面（如图4－16 所示）：

图 4－16　主需求计划列表页面

（1）单击【新增计划】，跳转到下一页面（如图 4－17 所示），此页面列出了一个固定时间段内所有的客户订单、销售预测单、独立需求计划单和需求变更单。

注：本系统设计为假定第一个需求周期（前四周）内不考虑客户订单而制作需求，即仅按制造商的“销售预测”、“独立需求”、“需求变更”来制作需求，所以第一个需求周期的需求计划内无客户订单。

主需求计划

计划生成　返回

单号	单据类型	产品名称	产品编号	产品规格	数量
SPID200805090028	销售预测计划	美人豹	0002060	美人豹	110 辆
SPID200805090028	销售预测计划	自由舰	0001055	自由舰	150 辆
SPID200805090028	销售预测计划	美人豹	0002060	美人豹	110 辆
SPID200805090028	销售预测计划	自由舰	0001055	自由舰	150 辆
SPID200805090028	销售预测计划	美人豹	0002060	美人豹	110 辆
SPID200805090028	销售预测计划	自由舰	0001055	自由舰	150 辆
SPID200805090028	销售预测计划	自由舰	0001055	自由舰	150 辆
SPID200805090028	销售预测计划	美人豹	0002060	美人豹	110 辆
SPID200805090029	独立需求计划	自由舰	0001055	自由舰	150 辆
SPID200805090029	独立需求计划	自由舰	0001055	自由舰	150 辆
SPID200805090029	独立需求计划	自由舰	0001055	自由舰	150 辆
SPID200805090029	独立需求计划	自由舰	0001055	自由舰	150 辆
SPID200805090030	需求变更计划	美人豹	0002060	美人豹	110 辆
SPID200805090030	需求变更计划	美人豹	0002060	美人豹	110 辆
SPID200805090030	需求变更计划	美人豹	0002060	美人豹	110 辆

图 4－17　新增主需求计划页面

（2）单击【计划生成】，跳转至下一页面（如图 4－18 所示），填写相关信息，单击“保存”，MDS 主需求计划单生成完成。

注：针对一个固定时间段内所有的客户订单、销售预测单、独立需求计划单和需求变更单，系统只生成一张 MDS 主需求计划单。

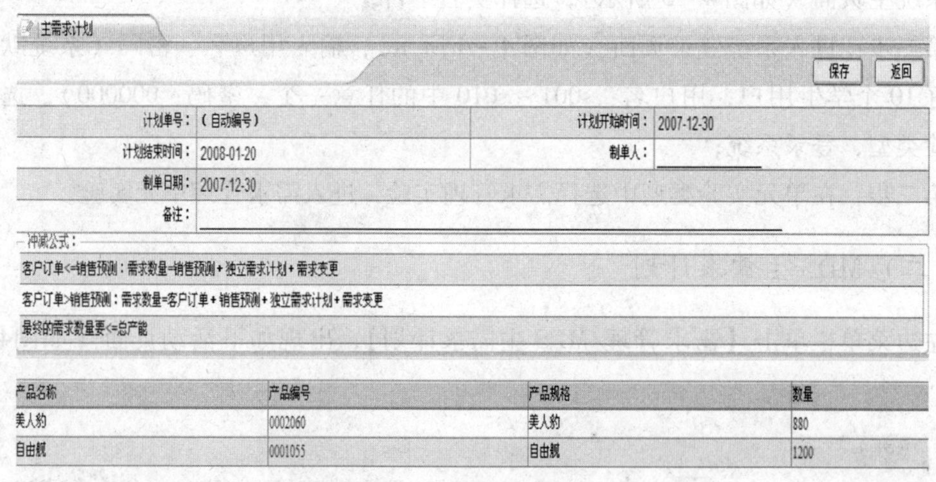
主需求计划

保存　返回

计划单号：	（自动编号）	计划开始时间：	2007-12-30
计划结束时间：	2008-01-20	制单人：	
制单日期：	2007-12-30		
备注：			

冲减公式：

客户订单<=销售预测：需求数量=销售预测+独立需求计划+需求变更

客户订单>销售预测：需求数量=客户订单+销售预测+独立需求计划+需求变更

最终的需求数量要<=总产能

产品名称	产品编号	产品规格	数量
美人豹	0002060	美人豹	880
自由舰	0001055	自由舰	1200

图 4－18　主需求计划明细页面

（3）返回主需求计划列表页面（如图 4－19 所示），选择刚才生成的 MDS 主需求计划单，单击【审核】，MDS 主需求计划单状态变更为“已审核”，表示审核操作成功。

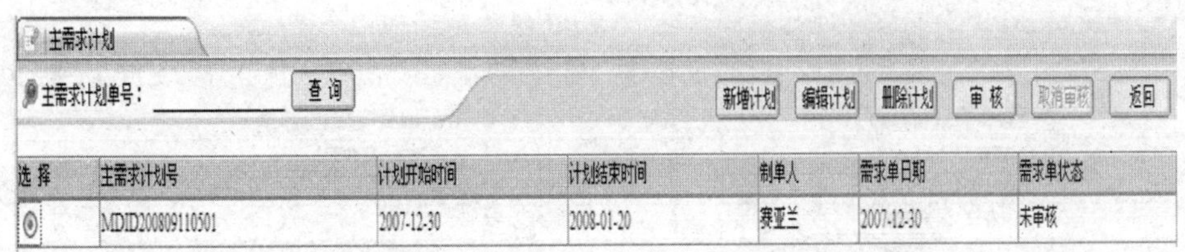

选 择	主需求计划号	计划开始时间	计划结束时间	制单人	需求单日期	需求单状态
◉	MDID200809110501	2007-12-30	2008-01-20	赛亚兰	2007-12-30	未审核

图 4－19 主需求计划列表页面

审核操作成功的 MDS 主需求计划单方可进入 MPS 主生产计划环节。

(三) MPS 主生产计划

左边菜单栏单击【需求管理/MPS 主生产计划】，出现如下活动页面（如图 4－20 所示）：

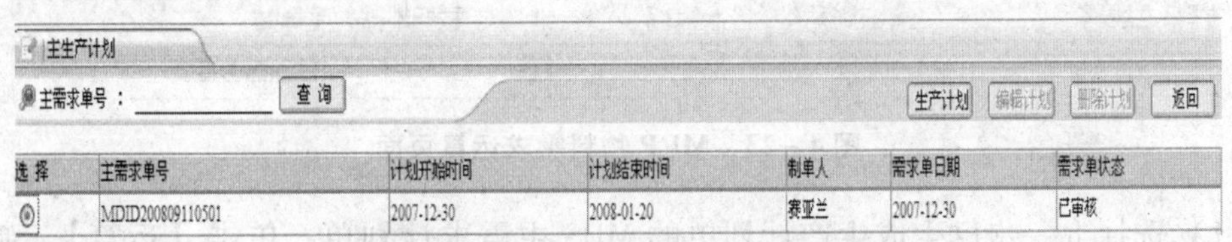

选 择	主需求单号	计划开始时间	计划结束时间	制单人	需求单日期	需求单状态
◉	MDID200809110501	2007-12-30	2008-01-20	赛亚兰	2007-12-30	已审核

图 4－20 主生产计划列表页面

(1) 选择上一步生成的 MDS 主需求计划单，单击【生产计划】，跳转至下一页面（如图 4－21 所示）：

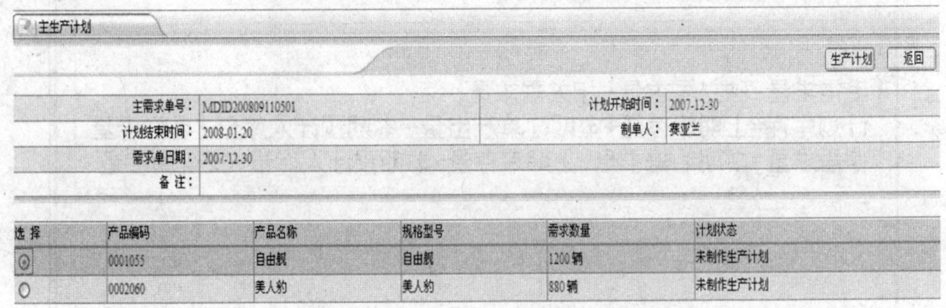

选 择	产品编码	产品名称	规格型号	需求数量	计划状态
◉	0001055	自由舰	自由舰	1200 辆	未制作生产计划
○	0002060	美人豹	美人豹	880 辆	未制作生产计划

图 4－21 主生产计划状态页面

(2) 选择产品，单击【生产计划】，进入生产计划单编辑页面（如图 4－22 所示）。

(3) 填写好相关信息，单击【保存】，生产计划单新增成功，对应 MDS 主需求计划单进入 MRP 物料需求运算环节。

(四) MRP 物料需求运算

左边菜单栏单击【需求管理/MRP 物料需求运算】，出现如下活动页面（如图 4－23所示）：

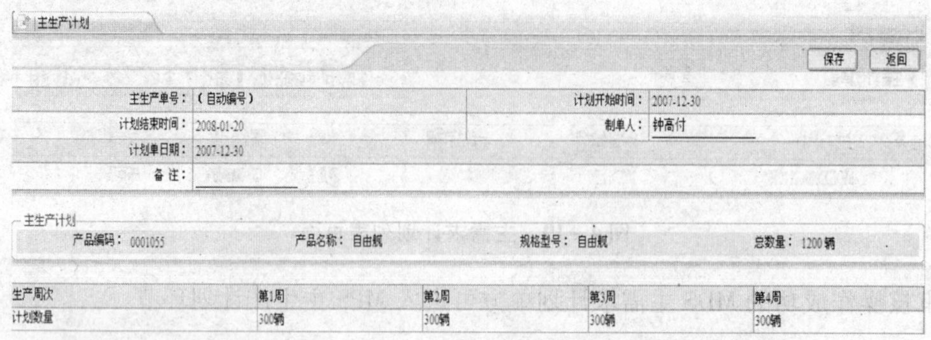

图 4－22　主生产计划编辑页面

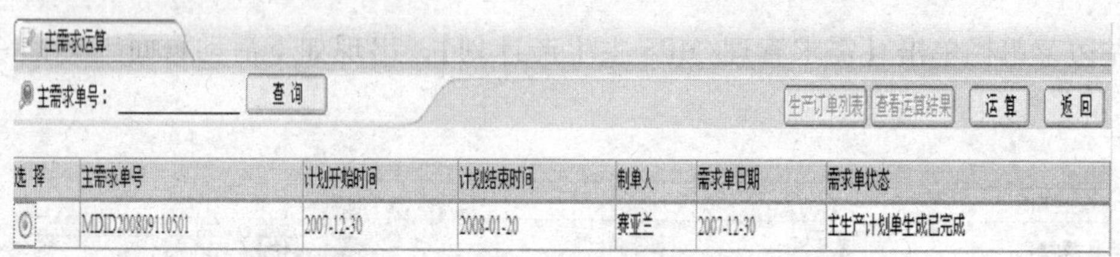

图 4－23　MRP 物料需求运算页面

（1）选择上一步已生成生产计划单的 MDS 主需求计划单，单击【运算】，弹出运算决策页面，如图 4－24 所示。

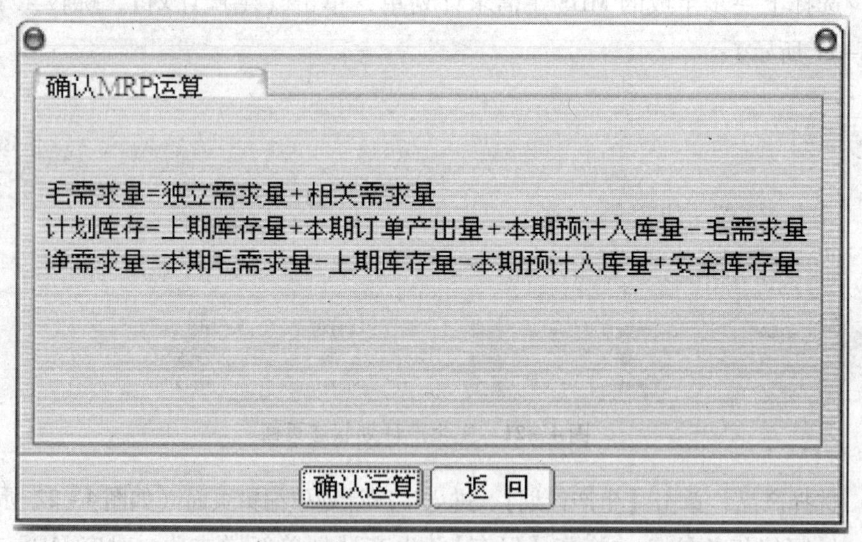

图 4－24　运算决策页面

（2）单击【确认运算】，跳转到下一页面（如图 4－25 所示），单击【返回】或是系统自动返回，可关闭此页面，MRP 物料需求运算成功。

运算操作的同时系统会根据 MPS 主生产计划环节生成的生产计划和制造商自身产能（本系统为周产能）产生生产订单，供制造商生产管理模块使用。

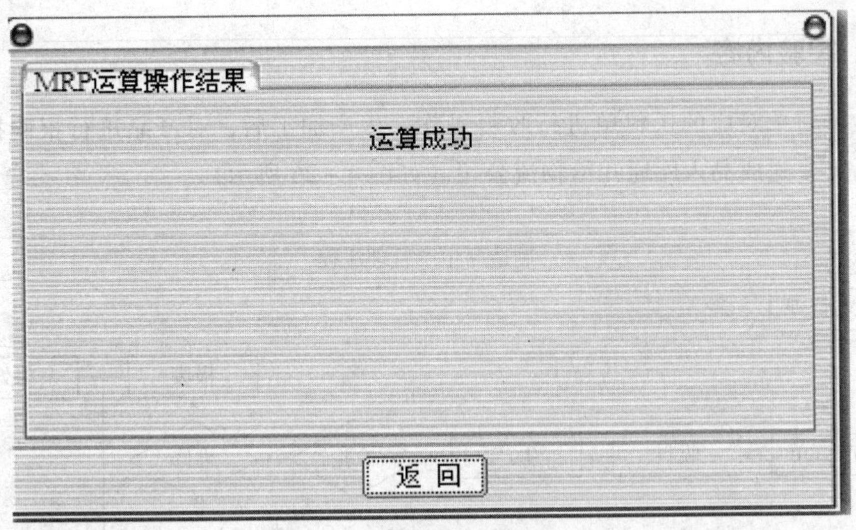

图 4-25 运算结果提示页面

（3）选择刚才 MRP 物料需求运算操作成功的 MDS 主需求计划单，单击【查看运算结果】；跳转至 MRP 物料需求运算结果页面，可查看具体的运算结果。

（4）选择 MRP 物料需求运算操作成功的 MDS 主需求计划单，单击【生产订单列表】；跳转至生产订单列表页面。可查看生成的生产订单。这些生产订单将作为制造商进行生产管理的依据。

六、实验组织

学生单机操作，老师通过后台管理设置实验，分配实验任务，并对实验进行评定。

子任务三 生产管理单元实验

一、实验目的

1. 了解供应链制造商生产管理理念。
2. 掌握供应链制造商生产管理的决策模式。
3. 熟练掌握供应链制造商生产管理的具体操作流程及流程间相互制约影响关系。

二、实验类型

单元实验

三、实验学时

2 学时

四、实验内容

对生产订单对应的送料单进行收料操作，生产加工后，对产品进行报验操作，生产完成后，发送成品入库通知给物流公司（如图 4－26 所示）。

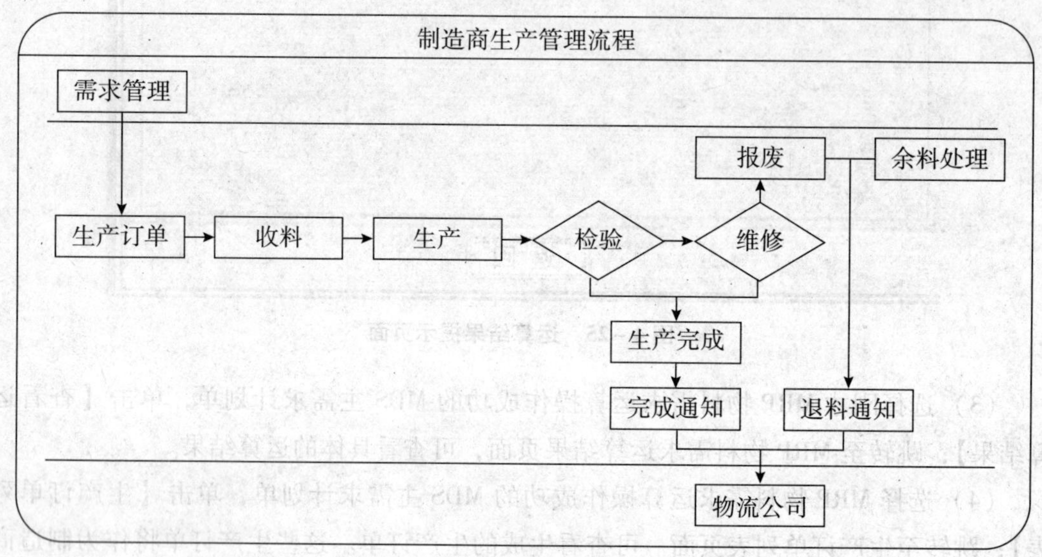

图 4－26 制造商生产管理流程图

五、实验步骤

（一）系统登录

第一步：在 IE 浏览器的地址栏中输入“http：//服务器 IP：800/NOSProject2009”，进入系统主页面（如图 4－3 所示），选择实验平台；

第二步：进入系统登录页面（如图 4－4 所示），输入用户名、密码（系统默认已设置好 10 个学生用户，用户名：s001 ~ s010 中的任意一个，密码：000000），选择单元实验类型，登录系统；

第三步：在单元实验类型中选择生产管理实验，进入生产管理单元实验。

（二）生产订单

左边菜单栏单击【生产管理/生产订单】，出现如下活动页面（如图 4－27 所示）。

生产订单是由需求计划模块的 MRP 物料需求运算环节产生，这里只作浏览和查询。

生产订单

生产订单号： 查询 返回

生产订单号	计划单编号	产品编码	产品名称	产品规格	订单数量	计划开始日期	计划结束日期	状态
POID200809110001	MPID200809110002	0002060	美人豹	美人豹	150辆	2007-12-31	2008-01-06	已审核
POID200809110002	MPID200809110002	0002060	美人豹	美人豹	150辆	2008-01-14	2008-01-20	已审核
POID200809110003	MPID200809110001	0001055	自由舰	自由舰	150辆	2008-01-14	2008-01-20	已审核
POID200809110004	MPID200809110001	0001055	自由舰	自由舰	150辆	2007-12-31	2008-01-06	已审核

图 4－27　生产订单页面

（三）生产收料

左边菜单栏单击【生产管理/生产收料】，出现如下活动页面（如图 4－28 所示）。

收料

送料单编号： 查询 收料 返回

选择	送料单编号	生产订单编号	送料数量	送料人	送料日期	后续送料状况	送料单状态
○	SOID200809110001	POID200809110001	150套	赛亚兰	2007-12-31	已发完	送料
○	SOID200809110002	POID200809110002	150套	赛亚兰	2008-01-14	已发完	送料
○	SOID200809110003	POID200809110003	150套	赛亚兰	2008-01-14	已发完	送料
○	SOID200809110004	POID200809110004	150套	赛亚兰	2007-12-31	已发完	送料

图 4－28　生产收料页面

（1）选择生产订单，单击【收料】，跳转到收料编辑页面（如图 4－29 所示），填写相关信息后，单击【签收】，完成对送料单的收料操作。

签收

签收 返回

生产订单号：	POID200809110001	送料单号：	SOID200809110001
签收人：	郑岚	成套数量：	150
签收日期：	2007-12-31	送料日期：	2007-12-31
送料人：	赛亚兰	条码：	
备注：	送料		

物料编号	物料名称	物料规格	数量	供应商编号
0002061	发动机	1.8L CVVT	150台	CUID200804170101
0002063	四通换向阀	DHF-34	150盒	CUID200804170101
0002062	变速箱	Z自动	150台	CUID200804170101

图 4－29　收料编辑页面

（2）收料操作成功后，送料单状态为“正在收料”或是“收料结束”，具体状态与“后续送料状况”紧密联系。

本系统对送料单的收料操作可分以下几种情况：

①一次完成生产订单对应所有送料单的收料操作。

②分批次完成生产订单对应所有送料单的收料操作。

③只完成部分生产订单对应部分送料单的收料操作。

（四）成品检验

左边菜单栏单击【生产管理/成品检验】，出现如下活动页面（如图 4－30 所示）：

图 4－30 成品检验页面

（1）单击【新增】，跳转至下一页面（如图 4－31 所示），该页面列出了当前实验中系统所有可以进行报检操作的生产订单。用户可以按生产订单对产品进行报检。

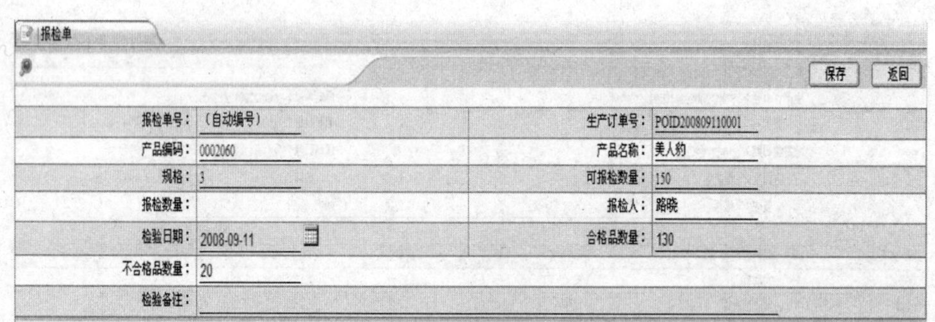
生产订单

生产订单号： 查询 报检 返回

选择	生产订单号	产品编码	产品名称	规格	订单日期	可报检数量
⊙	POID200809110001	0002060	美人豹	美人豹	2007-12-31	150(辆)
○	POID200809110002	0002060	美人豹	美人豹	2008-01-14	150(辆)
○	POID200809110003	0001055	自由舰	自由舰	2008-01-14	150(辆)
○	POID200809110004	0001055	自由舰	自由舰	2007-12-31	150(辆)

图 4－31 报检订单列表页面

（2）选择生产订单，单击【报检】，跳转至下一页面（如图 4－32 所示）。

报检单

保存 返回

报检单号：	（自动编号）	生产订单号：	POID200809110001
产品编码：	0002060	产品名称：	美人豹
规格：	3	可报检数量：	150
报检数量：		报检人：	路晓
检验日期：	2008-09-11	合格品数量：	130
不合格品数量：	20		
检验备注：			

图 4－32 报检信息明细页面

（3）填写相关信息，单击【保存】，即可完成对生产订单的报检操作。报检操作成功，系统会生成一张与生产订单对应的报检单；一张生产订单可对应多张报检单。

（4）选择刚才新增成功的报检单，单击【审核】，即可完成对该报检单的审核操作。

（五）成品报修

左边菜单栏单击【生产管理/成品报修】，出现如下活动页面（如图 4－33 所示）。

成品报修

维修单号： 查询 新增 删除 审核 取消审核 返回

选择	维修单号	生产订单号	产品编码	产品名称	规格型号	维修数量	维修人	状态
○	MAID200812170001	POID200812170005	0000002	Ideaceter Q台式电脑	ideaceter Q	20台	00	已审核
○	MAID200812170002	POID200812170006	0000002	Ideaceter Q台式电脑	ideaceter Q	30台	utyuyt	已审核
○	MAID200812170003	POID200812170008	0001001	6120c智能手机	6120c	5台	jghg	已审核
○	MAID200812170004	POID200812170008	0001001	6120c智能手机	6120c	1台	fdsf	已审核
○	MAID200812170005	POID200812170008	0001001	6120c智能手机	6120c	4台	bcbc	已审核
○	MAID200812170006	POID200812170009	0000001	F410A笔记本电脑	F410A	15台	gdgfd	已审核
○	MAID200812170007	POID200812170010	0000001	F410A笔记本电脑	F410A	35台	hffg	已审核

图 4－33　成品报修页面

（1）单击【新增】，跳转到下一页面（如图 4－34 所示），该页面列出了当前实验中系统所有可以进行报修操作的生产订单。用户可以按生产订单对检验不合格产品进行报修。

生产订单

生产订单号： 查找 报修 返回

选择	生产订单号	产品编号	产品名称	产品规格	订单日期	可维修数量
◉	POID200809110001	0002060	美人豹	美人豹	2007-12-31	20辆
○	POID200809110002	0002060	美人豹	美人豹	2008-01-14	20辆
○	POID200809110003	0001055	自由舰	自由舰	2008-01-14	20辆
○	POID200809110004	0001055	自由舰	自由舰	2007-12-31	20辆

图 4－34　报修订单列表页面

（2）单击【报修】，跳转到报修单编辑页面（如图 4－35 所示）。

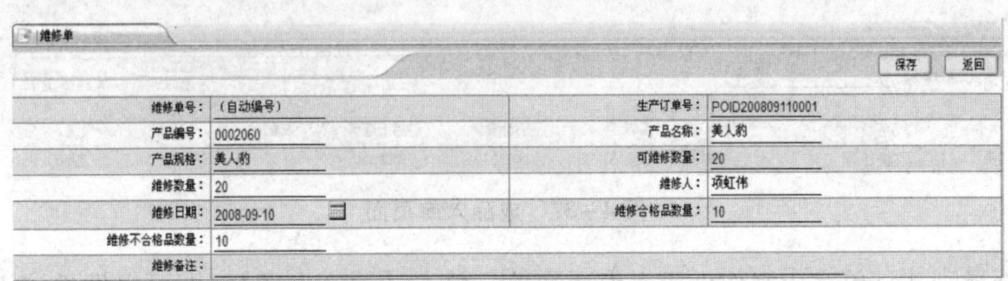

维修单

保存 返回

维修单号：	（自动编号）	生产订单号：	POID200809110001
产品编号：	0002060	产品名称：	美人豹
产品规格：	美人豹	可维修数量：	20
维修数量：	20	维修人：	项虹伟
维修日期：	2008-09-10	维修合格品数量：	10
维修不合格品数量：	10		
维修备注：			

图 4－35　报修单编辑页面

（3）填写相关信息，单击【保存】，即可完成对生产订单的报修操作。报检操作成功，系统会生成一张与生产订单对应的报修单；一张生产订单可对应多张报修单。

（4）选择刚才新增成功的报修单，单击【审核】，即可完成对该报修单的审核操作。报修单审核操作成功的对应生产订单会显示在成品报废环节并可被使用。

（六）生产完成

左边菜单栏单击【生产管理/生产完成】，出现如下活动页面（如图4－36所示）。

生产完成

取消完成 补料 生产完成 返回

全选

选 择	生产订单号	物料编码	物料名称	规格型号	生产合格数量	收料状态	生产状态	生产订单状态
□	POID200812170001	000001	F410A笔记本电脑	F410A	0台			已审核
□	POID200812170002	000001	F410A笔记本电脑	F410A	0台			已审核
□	POID200812170003	000002	Ideaceter Q台式电脑	ideaceter Q	0台			已审核
□	POID200812170004	000002	Ideaceter Q台式电脑	ideaceter Q	0台			已审核

图4－36　生产完成页面

选择一“生产合格数量”大于“收料数量”的生产订单，单击【补料】，完成对该生产订单的补料操作；选择补料完成的生产订单，单击【生产完成】，生产订单的“生产状态”被置为“生产完成”，生产订单“生产订单状态”变更为“订单完成”，订单完成操作成功。

订单完成操作成功的一批订单会对应生成一张入库通知单，供成品入库环节使用。

（七）成品入库

左边菜单栏单击【生产管理】→【成品入库】，出现如下活动页面（如图4－37所示）。

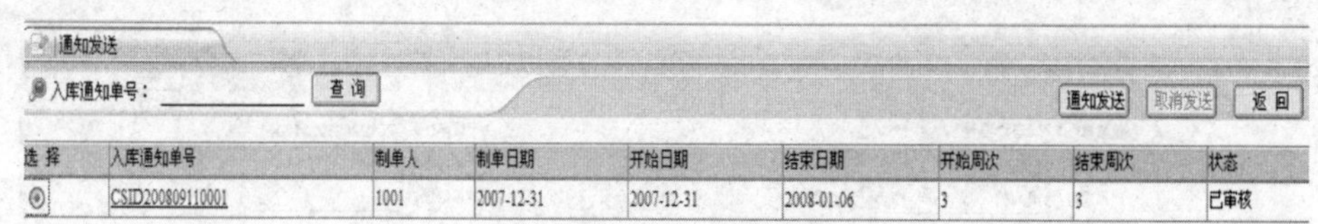

通知发送

入库通知单号： 查询

通知发送 取消发送 返回

选 择	入库通知单号	制单人	制单日期	开始日期	结束日期	开始周次	结束周次	状态
◉	CSID200809110001	1001	2007-12-31	2007-12-31	2008-01-06	3	3	已审核

图4－37　成品入库页面

选择刚才订单完成操作生成入库通知单，单击【通知发送】，即可以发送该入库通知单给物流公司。入库通知单包含了所有这批生产订单与入库有关的信息。入库通知单（对应物流公司成品到货的到货通知单）将发送给物流公司，物流公司将对到货通知单进行响应，直至将产品配送给零售商。

（八）余料处理

左边菜单栏单击【生产管理】→【余料处理】，出现如下活动页面（如图 4－38 所示）。

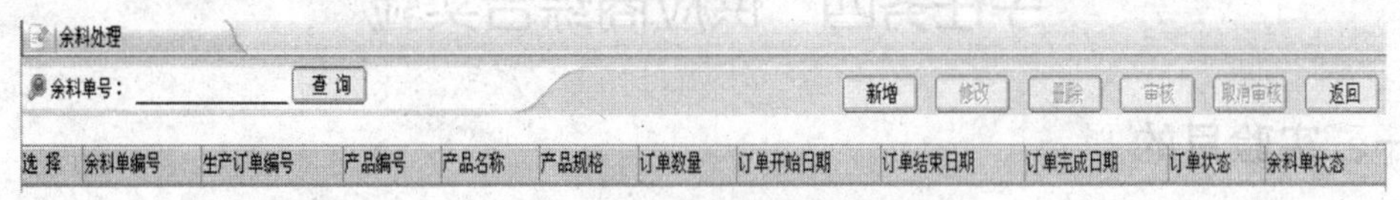

图 4－38 余料处理页面

（1）单击【新增】，跳转到下一页面（如图 4－39 所示），该页面列出了当前实验中系统所有可以进行余料处理操作的生产订单。用户可以按生产订单对余料进行处理。

生产订单

生产订单号： 查 询 余料处理 返回

选 择	生产订单编号	产品编号	产品名称	产品类型	订单数量	订单开始日期	订单结束日期	订单完成日期	订单状态
◉	POID200809110001	0002060	美人豹	美人豹	150	2007-12-31	2008-01-06	2008-01-06	订单完成
○	POID200809110002	0002060	美人豹	美人豹	150	2008-01-14	2008-01-20	2008-01-20	订单完成
○	POID200809110003	0001055	自由舰	自由舰	150	2008-01-14	2008-01-20	2008-01-20	订单完成
○	POID200809110004	0001055	自由舰	自由舰	150	2007-12-31	2008-01-06	2008-01-06	订单完成

图 4－39 余料处理订单列表

（2）单击【余料处理】，跳转到余料处理单编辑页面（如图 4－40 所示）。

余料处理

保存 返回

余料单号：	(自动编号)	产品编号：	0002060
产品名称：	美人豹	产品规格：	美人豹
订单数量：	150	制单人：	吴昊
制单日期：	2008-09-03		
备注：			

物料编号	物料名称	物料类型	耗损率	余料总数	已有坏品数量	坏品数量	好品数量
0002061	发动机	1.8L CVVT	0.00	0 台	0 台	0 台	0 台
0002062	变速箱	Z 自动	0.00	0 台	0 台	0 台	0 台
0002063	四通换向阀	DHF-34	0.00	0 盒	0 盒	0 盒	0 盒

图 4－40 余料处理单编辑页面

（3）填写相关信息，单击【保存】，即可完成对生产订单的余料处理操作；余料处理操作成功，系统会生成一张与生产订单对应的余料处理单。

（4）选择刚才新增成功的余料处理单，单击【审核】，即可完成对该余料处理的审核操作。

六、实验组织

学生单机操作，老师通过后台管理设置实验，分配实验任务，并对实验进行评定。

子任务四　供应商综合实验

一、实验目的

1. 了解供应链供应商销售管理理念。
2. 掌握供应链供应商销售管理的模式。
3. 熟练掌握供应链供应商销售管理的具体操作流程。

二、实验类型

单元实验

三、实验学时

2 学时

四、实验内容

供应商接收到物流公司发来的物料采购订单后，开始按照采购订单备货，备货完成后，供应商会发货给物流公司，这样供应商就完成了销售管理的整个流程。

五、实验步骤

（一）系统登录

第一步：在 IE 浏览器的地址栏中输入“http：//服务器 IP：800/NOSProject2009”，进入系统主页面（如图 4－3 所示），选择实验平台；

第二步：进入系统登录页面（如图 4－4 所示），输入用户名、密码（系统默认已设置好 10 个学生用户，用户名：s001～s010 中的任意一个，密码：000000），选择单元实验类型，登录系统；

第三步：在单元实验类型中选择供应商综合实验，进入供应商综合实验。

（二）订单接收

左边菜单栏单击【销售管理】→【订单接收】，出现如下活动页面（如图 4－41 所示）。

订单接收

订单单号： 查询 订单接收 取消接收 返回

选择	订单单号	客户编号	客户名称	需求日期	物料名称	规格型号	物料数量	状态
○	PONO200809110014	CUID200804170102	门吉利物流	2007-12-30	发动机	1.8L CVVT	300	未接收
○	PONO200809110013	CUID200804170102	门吉利物流	2007-12-30	发动机	1.8L CVVT	600	未接收
○	PONO200809110012	CUID200804170102	门吉利物流	2007-12-30	钢板缓冲块	6480	1800	未接收
○	PONO200809110011	CUID200804170102	门吉利物流	2007-12-30	刹车手泵	19X20mm	300	未接收
○	PONO200809110010	CUID200804170102	门吉利物流	2007-12-30	四通换向阀	DHF-34	300	未接收
○	PONO200809110009	CUID200804170102	门吉利物流	2007-12-30	变速箱	Z 自动	300	未接收
○	PONO200809110008	CUID200804170102	门吉利物流	2007-12-30	刹车踏片	BPW	300	未接收

图 4－41 订单接收页面

（1）选择一物流公司发送过来的采购订单，单击【订单接收】，跳转至下一页面（如图 4－42 所示）：

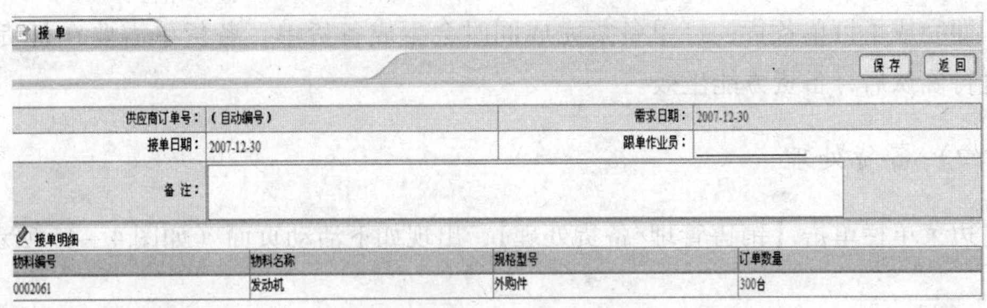

接单

保存 返回

供应商订单号：	（自动编号）	需求日期：	2007-12-30
接单日期：	2007-12-30	跟单作业员：	
备注：			

接单明细

物料编号	物料名称	规格型号	订单数量
0002061	发动机	外购件	300台

图 4－42 接单信息明细

（2）按照事先准备好的数据，对应填写各输入项，单击【保存】，返回跳转至前一页面，即完成了订单接收；订单接收成功后，供应商会把物流公司发来的采购订单整合为自身的供应商订单，这些订单将备供应商销售管理的订单备货环节使用。

（三）订单备货

左边菜单栏单击【销售管理/订单备货】，出现如下活动页面（如图4－43所示）。

订单备货

供应商订单号： 查询 订单备货 返回

选择	供应商订单号	客户编号	客户名称	需求日期	物料名称	规格型号	物料数量	状态
○	SODD200809110007	CUID200804170102	门吉利物流	2007-12-30	刹车踏片	BPW	300	已处理
○	SODD200809110006	CUID200804170102	门吉利物流	2007-12-30	变速箱	Z 自动	300	已处理
○	SODD200809110005	CUID200804170102	门吉利物流	2007-12-30	四通换向阀	DHF-34	300	已处理
○	SODD200809110004	CUID200804170102	门吉利物流	2007-12-30	刹车手泵	19X20mm	300	已处理
○	SODD200809110003	CUID200804170102	门吉利物流	2007-12-30	钢板缓冲块	6480	1800	已处理
○	SODD200809110002	CUID200804170102	门吉利物流	2007-12-30	发动机	1.8L CVVT	600	已处理
○	SODD200809110001	CUID200804170102	门吉利物流	2007-12-30	发动机	1.8L CVVT	300	已处理

图 4－43 订单备货页面

（1）选择供应商订单，单击【订单备货】，跳转至下一页面（如图4－44所示）。

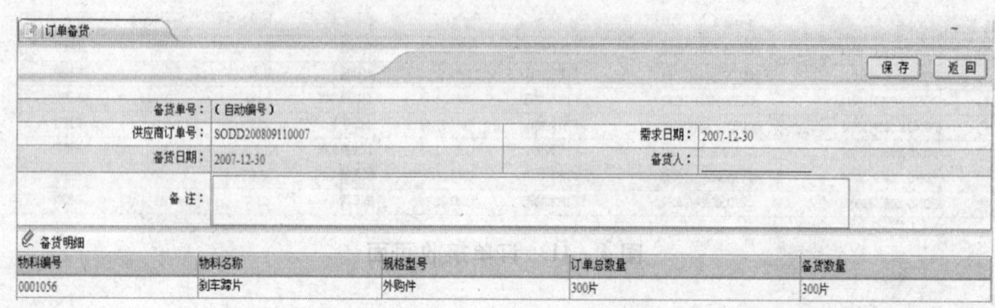

订单备货

保存 返回

备货单号：	（自动编号）		
供应商订单号：	SODD200809110007	需求日期：	2007-12-30
备货日期：	2007-12-30	备货人：	
备注：			

备货明细

物料编号	物料名称	规格型号	订单总数量	备货数量
0001056	刹车蹄片	外购件	300片	300片

图4－44 备货信息明细

（2）按照事先准备好的数据，对应填写各输入项，单击【保存】，返回跳转至前一页面，即完成了订单备货；订单备货完成同时会生成备货单，备货单需要在备货处理环节进行确认后，备货方能生效。

（四）备货处理

左边菜单栏单击【销售管理/备货处理】，出现如下活动页面（如图4－45所示）。

备货处理

备货单号： 查询 删除备货 审核 取消审核 返回

选择	备货单号	供应商订单号	客户名称	备货日期	备货人	物料名称	规格型号	备货数量	状态
○	ORDD200809110007	SODD200809110001	门吉利物流	2007-12-30	江宇浩	发动机	1.8L CVVT	300	未审核
○	ORDD200809110006	SODD200809110002	门吉利物流	2007-12-30	江宇浩	发动机	1.8L CVVT	600	未审核
○	ORDD200809110005	SODD200809110003	门吉利物流	2007-12-30	江宇浩	钢板缓冲块	6480	1800	未审核
○	ORDD200809110004	SODD200809110004	门吉利物流	2007-12-30	江宇浩	刹车手泵	19X20mm	300	未审核
○	ORDD200809110003	SODD200809110005	门吉利物流	2007-12-30	江宇浩	四通换向阀	DHF-34	300	未审核
○	ORDD200809110002	SODD200809110006	门吉利物流	2007-12-30	江宇浩	变速箱	Z自动	300	未审核
○	ORDD200809110001	SODD200809110007	门吉利物流	2007-12-30	江宇浩	刹车蹄片	BPW	300	未审核

图4－45 备货处理页面

选择备货单，单击【审核】，即完成了对备货单的备货确认；备货确认完成后，供应商就可以发送发货通知给物流公司了，这就是接下来的订单发货环节要完成的使命。

（五）订单发货

左边菜单栏单击【销售管理/订单发货】，出现如下活动页面（如图4－46所示）。

选择一备货单，单击【发货】，即把发货通知发送给了物流公司，物流公司将在采购管理模块的到货通知环节接收到供应商发来的发货通知。

至此，供应商完成了其销售管理的全过程；此时，物流公司收到供应商发来的物料后，就可以配送给制造商开始生产了。

订单发货

备货单号： 查询 发货 取消发货 返回

选择	备货单号	供应商订单号	客户名称	订单日期	备货日期	备货人	物料名称	规格型号	备货数量	状态
◉	ORDD200809110007	SODD200809110001	门吉利物流	2007-12-30	2007-12-30	江宇浩	发动机	1.8L CVVT	300	审核
○	ORDD200809110006	SODD200809110002	门吉利物流	2007-12-30	2007-12-30	江宇浩	发动机	1.8L CVVT	600	审核
○	ORDD200809110005	SODD200809110003	门吉利物流	2007-12-30	2007-12-30	江宇浩	钢板缓冲块	6480	1800	审核
○	ORDD200809110004	SODD200809110004	门吉利物流	2007-12-30	2007-12-30	江宇浩	刹车手泵	19X20mm	300	审核
○	ORDD200809110003	SODD200809110005	门吉利物流	2007-12-30	2007-12-30	江宇浩	四通换向阀	DHF-34	300	审核
○	ORDD200809110002	SODD200809110006	门吉利物流	2007-12-30	2007-12-30	江宇浩	变速箱	Z 自动	300	审核
○	ORDD200809110001	SODD200809110007	门吉利物流	2007-12-30	2007-12-30	江宇浩	刹车踏片	BPW	300	审核

图 4－46 订单发货页面

（六）订单查询

左边菜单栏单击【单据查询/订单查询】，出现如下活动页面（如图 4－47 所示）。

订单查询

采购订单号： 查询 返回

采购订单号	客户编号	客户名称	需求日期	物料名称	规格型号	订单数量	状态
PONO200812170014	CUID200804170001	捷欧自动化	2008-01-27	网卡	10-100M自适应	600张	已接收
PONO200812170013	CUID200804170001	捷欧自动化	2008-01-27	无线网卡	Intel 3945ABG 802.11a	300张	已接收
PONO200812170012	CUID200804170001	捷欧自动化	2008-01-27	处理器	Intel Core 2 Duo T5500	600盒	已接收
PONO200812170011	CUID200804170001	捷欧自动化	2008-01-27	调制解调器	56K Fax	600台	已接收
PONO200812170010	CUID200804170001	捷欧自动化	2008-01-27	电池	6芯锂离子	600块	已接收
PONO200812170009	CUID200804170001	捷欧自动化	2008-01-27	光驱	COMBO	600盒	已接收
PONO200812170008	CUID200804170001	捷欧自动化	2008-01-27	内存	35MB	300条	已接收
PONO200812170007	CUID200804170001	捷欧自动化	2008-01-27	数据线	DKE-2	300条	已接收
PONO200812170006	CUID200804170001	捷欧自动化	2008-01-27	硬盘	SATA 120G	600个	已接收
PONO200812170005	CUID200804170001	捷欧自动化	2008-01-27	CPU	ARM 11 主频369 MHz	300盒	已接收
PONO200812170004	CUID200804170001	捷欧自动化	2008-01-27	显示芯片	Nvidia Geforce 7300	600张	已接收
PONO200812170003	CUID200804170001	捷欧自动化	2008-01-27	芯片组	Intel 945 PM	600盒	已接收
PONO200812170002	CUID200804170001	捷欧自动化	2008-01-27	内存条	Kingston 1GB DDR2(533)	600条	已接收
PONO200812170001	CUID200804170001	捷欧自动化	2008-01-27	锂电池	890mAh	300块	已接收

图 4－47 订单查询页面

该环节可查看采购订单的处理状态，单击【采购订单号】超链接，可查看采购订单明细。

（七）发货查询

左边菜单栏单击【单据查询/发货查询】，出现如下活动页面（如图 4－48 所示）。

该环节可查看备货单号的处理状态，单击【备货单号】超链接，可查看备货单明细。

六、实验组织

学生单机操作，老师通过后台管理设置实验，分配实验任务，并对实验进行评定。

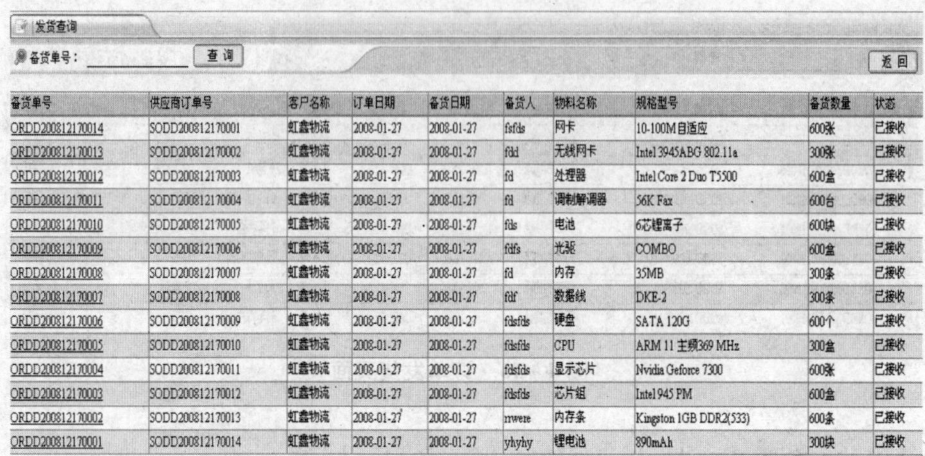

备货单号	供应商订单号	客户名称	订单日期	备货日期	备货人	物料名称	规格型号	备货数量	状态
ORDD200812170014	SODD200812170001	虹鑫物流	2008-01-27	2008-01-27	fsfds	网卡	10-100M自适应	600张	已接收
ORDD200812170013	SODD200812170002	虹鑫物流	2008-01-27	2008-01-27	fdd	无线网卡	Intel 3945ABG 802.11a	300张	已接收
ORDD200812170012	SODD200812170003	虹鑫物流	2008-01-27	2008-01-27	fd	处理器	Intel Core 2 Duo T5500	600盒	已接收
ORDD200812170011	SODD200812170004	虹鑫物流	2008-01-27	2008-01-27	fd	调制解调器	56K Fax	600台	已接收
ORDD200812170010	SODD200812170005	虹鑫物流	2008-01-27	2008-01-27	fds	电池	6芯锂离子	600块	已接收
ORDD200812170009	SODD200812170006	虹鑫物流	2008-01-27	2008-01-27	fdfs	光驱	COMBO	600盒	已接收
ORDD200812170008	SODD200812170007	虹鑫物流	2008-01-27	2008-01-27	fd	内存	35MB	300条	已接收
ORDD200812170007	SODD200812170008	虹鑫物流	2008-01-27	2008-01-27	fdf	数据线	DKE-2	300条	已接收
ORDD200812170006	SODD200812170009	虹鑫物流	2008-01-27	2008-01-27	fdsfds	硬盘	SATA 120G	600个	已接收
ORDD200812170005	SODD200812170010	虹鑫物流	2008-01-27	2008-01-27	fdsfds	CPU	ARM 11 主频369 MHz	300盒	已接收
ORDD200812170004	SODD200812170011	虹鑫物流	2008-01-27	2008-01-27	fdsfds	显示芯片	Nvidia Geforce 7300	600张	已接收
ORDD200812170003	SODD200812170012	虹鑫物流	2008-01-27	2008-01-27	fdsfds	芯片组	Intel 945 PM	600盒	已接收
ORDD200812170002	SODD200812170013	虹鑫物流	2008-01-27	2008-01-27	rrwere	内存条	Kingston 1GB DDR2(533)	600条	已接收
ORDD200812170001	SODD200812170014	虹鑫物流	2008-01-27	2008-01-27	yhyhy	锂电池	890mAh	300块	已接收

图 4－48　发货查询页面

子任务五　物流公司成品综合实验

一、实验目的

1. 了解供应链中物流公司成品配送、仓储管理的理念。
2. 掌握供应链物流公司成品配送、仓储管理的具体模式。
3. 熟练掌握供应链物流公司成品配送、仓储管理的具体操作流程。

二、实验类型

单元实验

三、实验学时

2 学时

四、实验流程

配送通知→成品到货→配送指令→配送计划→入库指令→装卸验货→入库上架→入库完成→成品出库→出库拣货→出库完成→成品理货→配送运输→配送完成→ABC 产品控制→EOQ 管理→产品库存→产品盘点

五、实验步骤

（一）系统登录

第一步：在 IE 浏览器的地址栏中输入“http：//服务器 IP：800/NOSProject2009”，

进入系统主页面（如图 4－3 所示），选择实验平台；

第二步：进入系统登录页面（如图 4－4 所示），输入用户名、密码（系统默认已设置好 10 个学生用户，用户名：s001～s010 中的任意一个，密码：000000），选择单元实验类型，登录系统；

第三步：在单元实验类型中选择物流公司成品综合实验，进入物流公司成品综合实验。

（二）配送通知

左边菜单栏单击【接单管理/配送通知】，出现如下活动页面（如图 4－49 所示）：

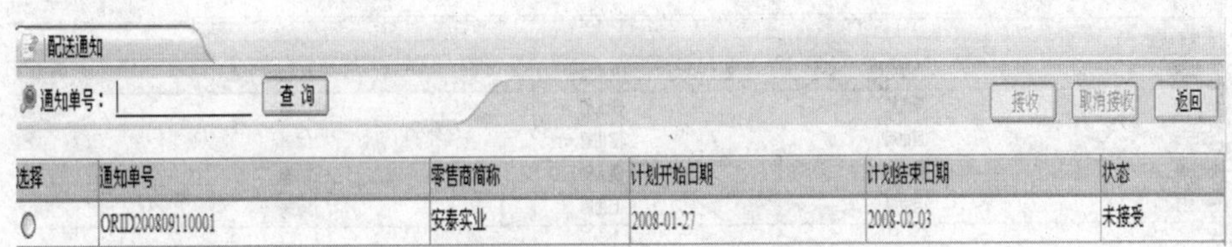

选择	通知单号	零售商简称	计划开始日期	计划结束日期	状态
○	ORID200809110001	安泰实业	2008-01-27	2008-02-03	未接受

图 4－49　配送通知页面

（1）选择一配送通知单，单击【接收】，跳转至下一页面，此页面列出了该零售商订单所订购产品的供货明细（如图 4－50 所示）。

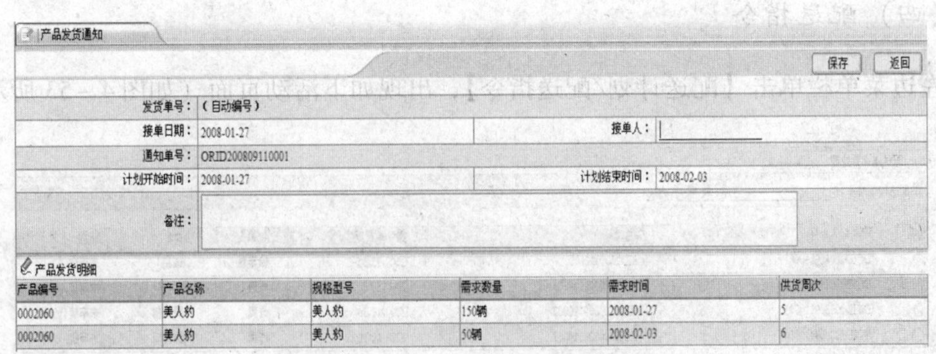

产品编号	产品名称	规格型号	需求数量	需求时间	供货周次
0002060	美人豹	美人豹	150辆	2008-01-27	5
0002060	美人豹	美人豹	50辆	2008-02-03	6

图 4－50　供货信息明细

（2）按照事先准备好的数据，对应填写各输入项，单击【保存】，返回跳转至上一页面，配送通知接收成功。此处接收到的供货明细将在物流公司配送过程中使用。

（三）成品到货

左边菜单栏单击【接单管理/成品到货】，出现如下活动页面（如图 4－51 所示）。

（1）选择一成品到货通知单，单击【到货接单】，跳转至下一页面，此页面列出了制造商在一个固定时间段内（本系统为四周）生产的所有成品（如图 4－52 所示）。

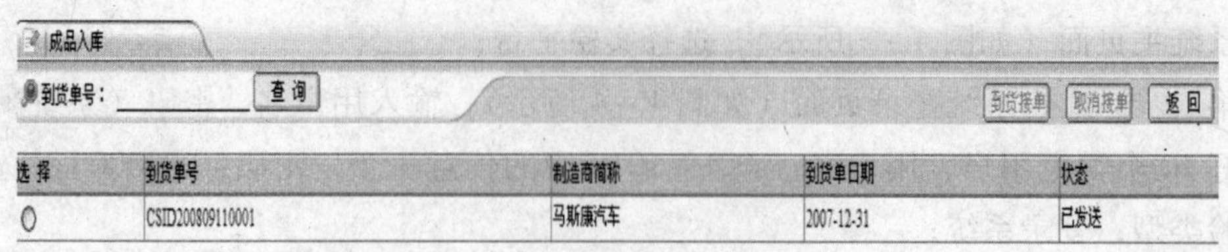

成品入库

到货单号： 查询 到货接单 取消接单 返回

选择	到货单号	制造商简称	到货单日期	状态
○	CSID200809110001	马斯康汽车	2007-12-31	已发送

图 4－51　成品到货页面

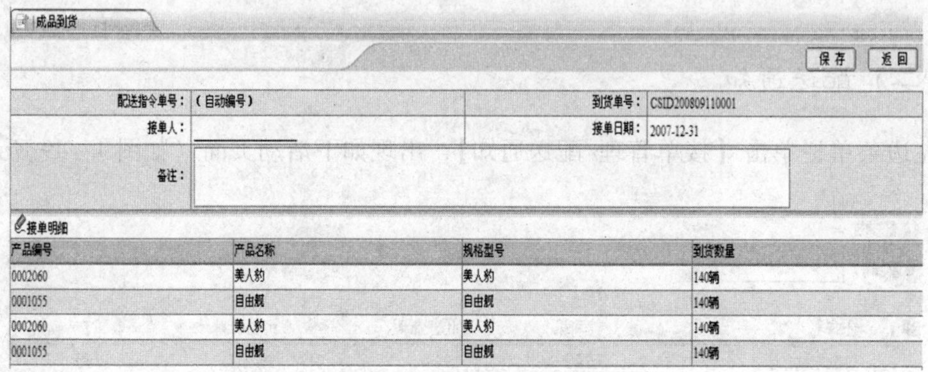

成品到货

保存 返回

配送指令单号：	（自动编号）	到货单号：	CSID200809110001
接单人：		接单日期：	2007-12-31
备注：			

接单明细

产品编号	产品名称	规格型号	到货数量
0002060	美人豹	美人豹	140辆
0001055	自由舰	自由舰	140辆
0002060	美人豹	美人豹	140辆
0001055	自由舰	自由舰	140辆

图 4－52　到货接单列表

（2）按照事先准备好的数据，对应填写各输入项，单击【保存】，返回跳转至上一页面，成品入库通知接收成功。物流公司方可以进行对成品的配送。

（四）配送指令

左边菜单栏单击【配送计划/配送指令】，出现如下活动页面（如图 4－53 所示）：

配送指令单处理

配送指令单号： 查询 入库指令 配送计划 返回

选择	配送指令单号	送货单号	指令单日期	接单人	类型	状态
○	DCID200809110001	CSID200809110001	2007-12-31	徐半夏	成品	未审核
○	DCID200809110002	ORDD200809110001	2007-12-30	许夷	原材料	未审核
○	DCID200809110003	ORDD200809110002	2007-12-30	许夷	原材料	未审核
○	DCID200809110004	ORDD200809110003	2007-12-30	许夷	原材料	未审核
○	DCID200809110005	ORDD200809110004	2007-12-30	许夷	原材料	未审核
○	DCID200809110006	ORDD200809110005	2007-12-30	许夷	原材料	未审核
○	DCID200809110007	ORDD200809110006	2007-12-30	许夷	原材料	未审核
○	DCID200809110008	ORDD200809110007	2007-12-30	许夷	原材料	未审核

图 4－53　配送指令页面

（1）选择一配送指令单，单击【配送计划】，跳转至下一页面（如图 4－54 所示）。

注：选择一配送指令单，单击【入库指令】，配送指令单进入入库管理模块；其中，“入库指令”和“配送计划”是相排斥的两个功能，即是一条配送指令在一次操作中，要么做“入库指令”，要么做“配送计划”。若一配送计划未能配送完对应配送

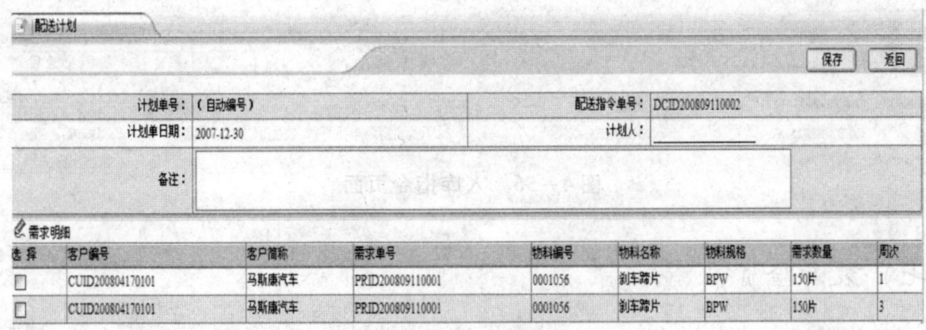

选择	客户编号	客户简称	需求单号	物料编号	物料名称	物料规格	需求数量	周次
□	CUID200804170101	马斯康汽车	PRID200809110001	0001056	刹车蹄片	BPW	150片	1
□	CUID200804170101	马斯康汽车	PRID200809110001	0001056	刹车蹄片	BPW	150片	3

图 4－54　配送计划页面

指令单的所有物品，系统会在产生配送计划单的同时，对剩余物品产生入库指令单。

（2）按照事先准备好的数据，对应填写各输入项，单击【保存】，返回跳转至上一页面，对所选择记录进行配送计划操作成功。

（五）配送计划

左边菜单栏单击【配送计划】，选择一配送计划单，单击【审核】，完成对配送计划单的审核确认（如图 4－55 所示）；完成配送计划后的对应物品方可在配送管理模块进行配送。

配送计划

计划单号：＿＿＿＿　查询　　删除　审核　取消审核　返回

选择	计划单号	计划日期	计划人	类型	状态
○	DPID200809110001	2007-12-30	康浩垒	原材料	未审核
○	DPID200809110002	2007-12-30	康浩垒	原材料	未审核
○	DPID200809110003	2007-12-30	康浩垒	原材料	未审核
○	DPID200809110004	2007-12-30	康浩垒	原材料	未审核
○	DPID200809110005	2007-12-30	康浩垒	原材料	未审核
○	DPID200809110006	2007-12-30	康浩垒	原材料	未审核
○	DPID200809110007	2007-12-30	康浩垒	原材料	未审核
○	DPID200809110008	2007-12-30	康浩垒	原材料	未审核
○	DPID200809110009	2007-12-30	康浩垒	原材料	未审核
○	DPID200809110010	2007-12-30	康浩垒	原材料	未审核
○	DPID200809110011	2007-12-30	康浩垒	原材料	未审核
○	DPID200809110012	2007-12-30	康浩垒	原材料	未审核
○	DPID200809110013	2007-12-30	康浩垒	原材料	未审核
○	DPID200809110014	2007-12-30	康浩垒	原材料	未审核

图 4－55　配送计划列表

（六）入库指令

左边菜单栏单击【入库管理】→【入库指令】，选择一入库指令单，单击【审核】，完成对入库指令单的审核确认（如图 4－56 所示）；审核后的入库指令单会进入装卸验货环节，等待装卸验货。

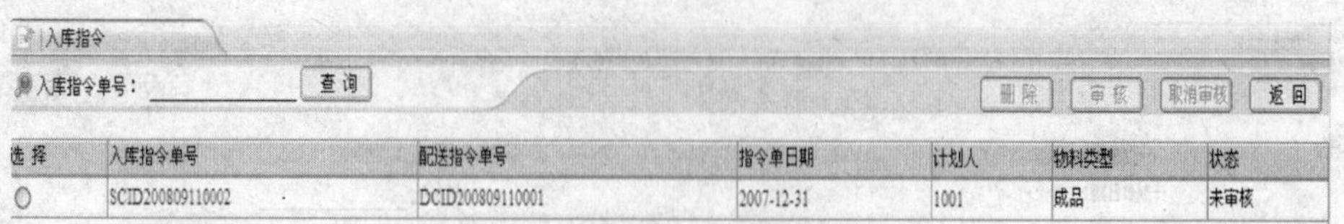

图 4－56　入库指令页面

（七）装卸验货

左边菜单栏单击【入库管理】→【装卸验货】，出现如下活动页面（如图 4－57 所示）：

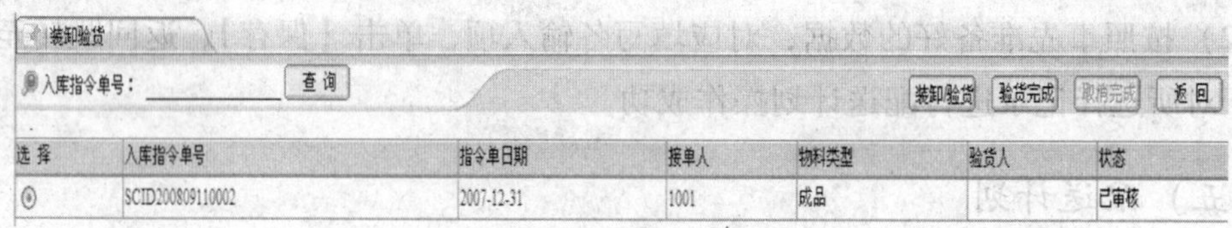

图 4－57　装卸验货页面

（1）选择一条入库指令单，单击【装卸验货】，跳转至下一页面（如图 4－58 所示）。

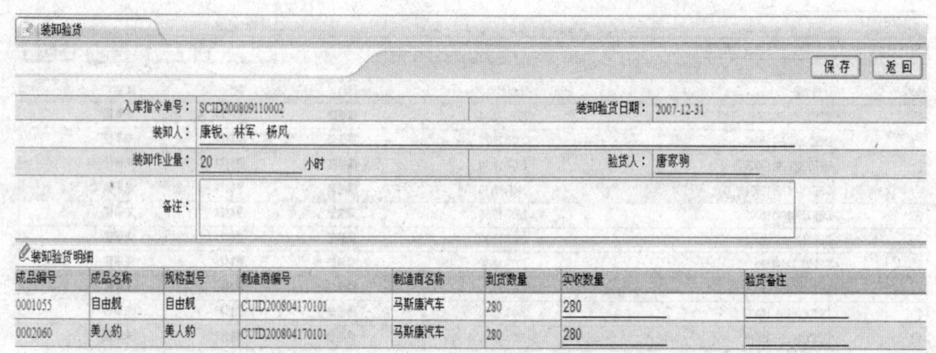

图 4－58　装卸验货信息明细

（2）按照事先准备好的数据，对应填写各输入项，单击【保存】，返回跳转至前一页面，即完成装卸验货操作；再选择刚才装卸验货完毕的入库指令单，单击【验货完成】，即完成任务了对装卸验货的确认。此时，入库指令单进入入库上架环节，等待入库上架的操作。

（八）入库上架

入库上架分为自动上架和手动上架两种方式。自动上架有多种策略，例如：按物料唯一性上架，按供应商上架，按物料类别上架等策略。用户可以选择任一方式对物品进行上架操作。

左边菜单栏单击【入库管理】→【入库上架】，出现如下活动页面（如图4－59所示）：

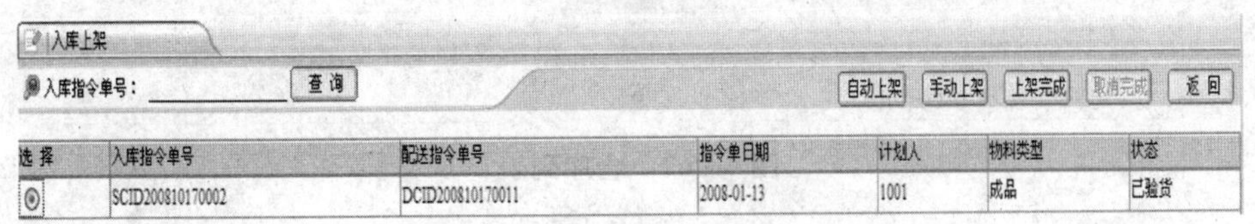

图4－59 入库上架页面

1. 自动上架

（1）选择一条入库指令单，单击【自动上架】，跳转至下一页面（如图4－60所示）。

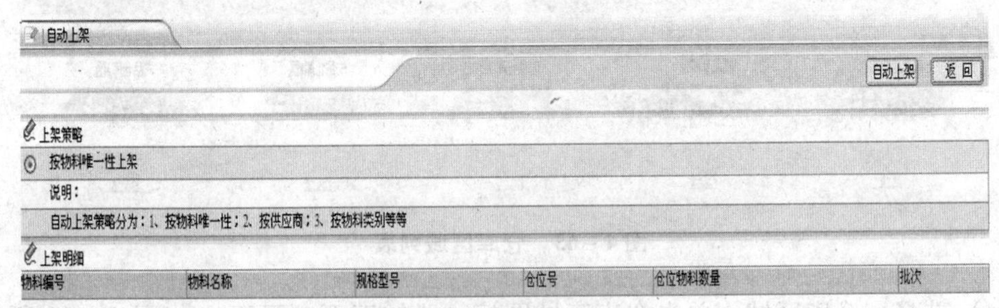

图4－60 自动上架页面

（2）单击【自动上架】，按选中策略进行自动上架，上架结束后，已上架物料的明细会列于页面下方，单击【返回】，返回跳转至入库上架主页面；选择刚才上架结束的入库指令单，单击【上架完成】，对入库上架进行审核确认。

2. 手动上架

（1）选择一条入库指令单，单击【手动上架】，跳转至下一页面（如图4－61所示）。

入库上架

返 回

上架明细

物料编号	物料名称	规格型号	供应商编号	供应商名称	待上架数量	已上架数量	上架
0001055	自由舰	自由舰	CUID200804170101	北京马斯康汽车制造有限公司	280	0	上架
0002060	美人豹	美人豹	CUID200804170101	北京马斯康汽车制造有限公司	280	0	上架

上架仓位

物料编号	物料名称	规格型号	仓位号	仓位物料数量	取消上架

图4－61 手动上架页面

（2）单击欲上架的货物后的【上架】链接，跳转至仓库列表页面（如图4－62所示）。

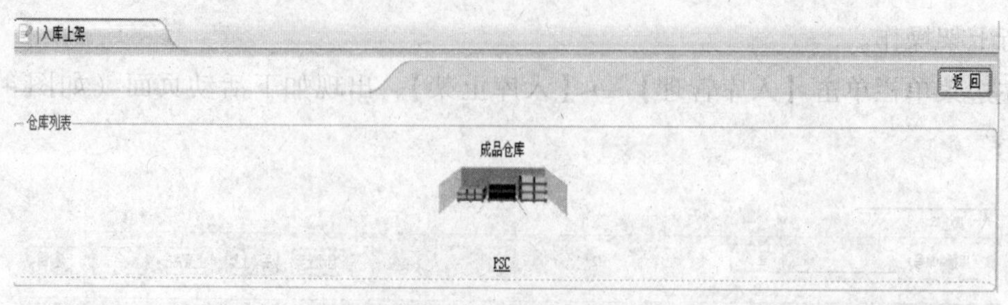

图 4－62　仓库列表

（3）选择一仓库，单击仓库图标，跳转至仓库区域列表页面（如图 4－63 所示）。此页面列出了所选择仓库下属的所有仓库区域。

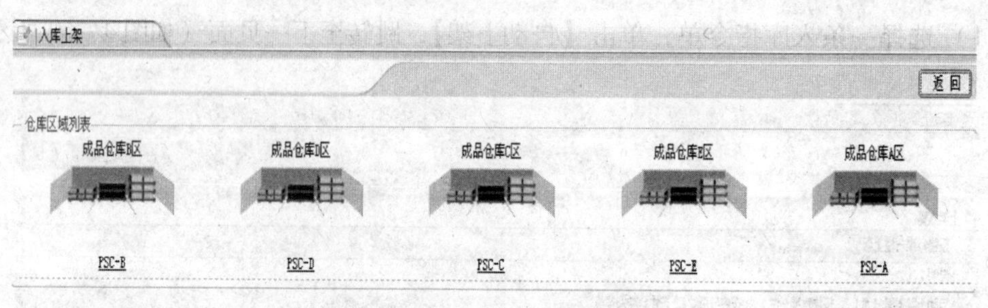

图 4－63　仓库区域列表

（4）选择一仓库区域，单击仓库区域图标，跳转至下一页面（如图 4－64 所示）。此页面列出了所选择仓库区域下属的所有仓位。

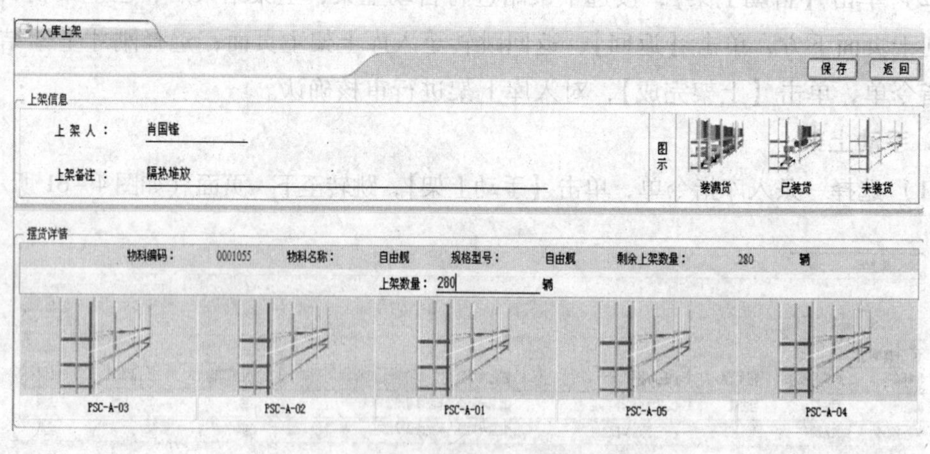

图 4－64　仓位列表

（5）按照事先准备好的数据，对应填写各输入项，选择仓位，单击【保存】，返回跳转至前一页面，即完成上架操作；返回至入库上架主页面，择刚才上架结束的入库指令单，单击【上架完成】，对上架进行审核确认。

（九）入库完成

左边菜单栏单击【入库管理】→【入库完成】，出现如下活动页面（如图4－65所示）。

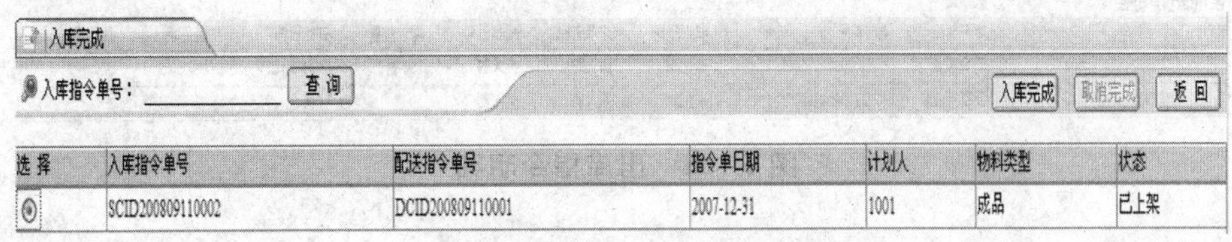

图4－65 入库完成页面

选择刚才在入库上架环节完成的入库指令单，单击【入库完成】，跳转至下一页面（如图4－66所示）。在此页面用户可设置入库指令单的入库完成日期。至此，入库管理流程结束，可进入出库管理流程的操作。

图4－66 入库完成明细

（十）成品出库

左边菜单栏单击【出库管理】→【成品出库】，出现如下活动页面（如图4－67所示）。

图4－67 成品出库页面

单击【新增】，跳转至下一页面（如图4－68所示），按照事先准备好的数据，对应填写各输入项，选择欲出库的成品，单击【保存】，返回到前一页面，一条成品出库指令单已新增成功。

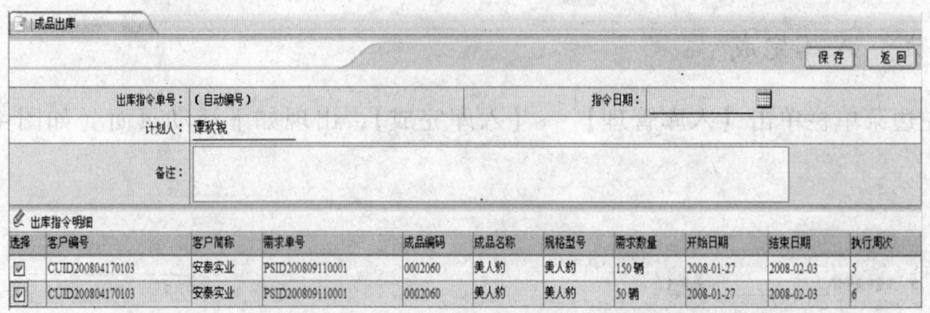

成品出库

保存 返回

出库指令单号：	（自动编号）	指令日期：	
计划人：	谭秋锐		
备注：			

出库指令明细

选择	客户编号	客户简称	需求单号	成品编码	成品名称	规格型号	需求数量	开始日期	结束日期	执行周次
☑	CUID200804170103	安泰实业	PSID200809110001	0002060	美人豹	美人豹	150辆	2008-01-27	2008-02-03	5
☑	CUID200804170103	安泰实业	PSID200809110001	0002060	美人豹	美人豹	50辆	2008-01-27	2008-02-03	6

图4－68　出库指令明细

（十一）出库拣货

出库拣货分为自动拣货和手动拣货两种方式。自动拣货有多种策略，例如：按入库批次先进先出，按入库批次先进后出，按数量升序，按数量降序等策略。

左边菜单栏单击【出库管理】→【出库拣货】，出现如下活动页面（如图4－69所示）。

出库拣货

指令单号： 查询

自动拣货 手动拣货 拣货完成 取消完成 返回

选择	指令单号	指令单日期	状态
◉	OSDD200810200005	2008-10-21	已审核
○	OSDD200810200006	2008-10-15	已审核
○	OSDD200810200007	2008-10-21	已审核

图4－69　出库拣货页面

1. 自动拣货

（1）选择一出库指令单，单击【自动拣货】，跳转至下一页面（如图4－70所示）。

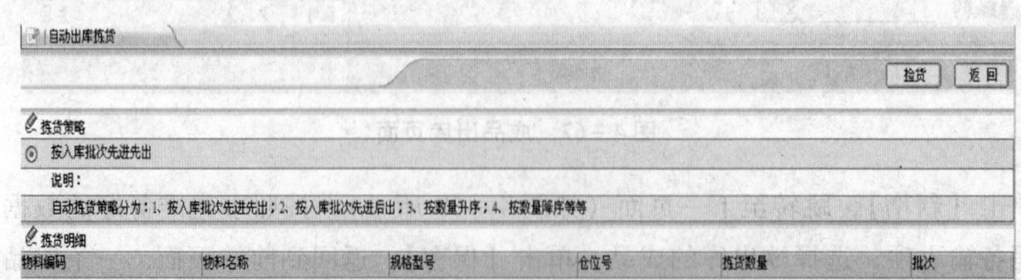

图4－70　自动出库拣货页面

（2）单击【拣货】，按选中策略进行自动拣货，拣货结束后，已拣货物料的明细会列于页面下方，单击【返回】，返回跳转至出库拣货主页面；选择刚才拣货结束的出库指令单，单击【拣货完成】，对拣货进行审核确认。

2. 手动拣货

（1）选择一出库指令单，单击【手动拣货】，跳转至下一页面（如图4－71 所示）。

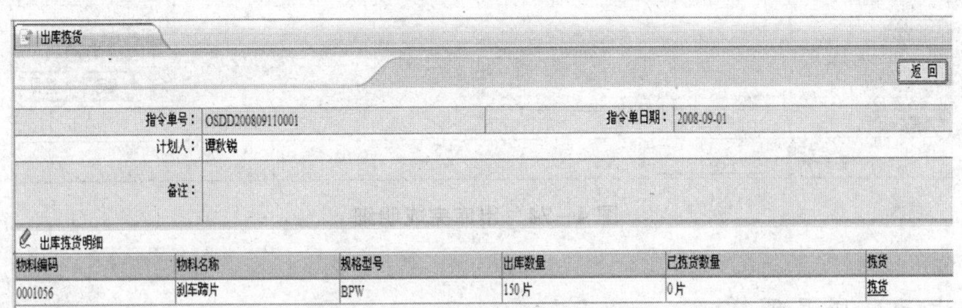

图4－71　手动出库拣货页面

（2）单击欲拣货的货物后的【拣货】链接，跳转至下一页面（如图4－72 所示）。

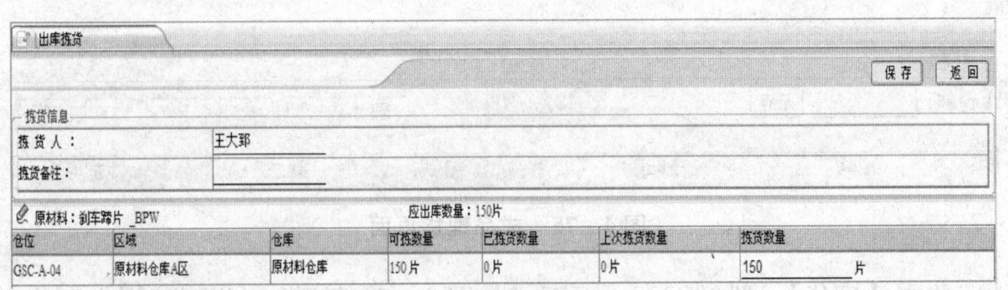

图4－72　拣货信息明细

（3）按照事先准备好的数据，对应填写各输入项，单击【保存】，返回到前一页面，完成拣货操作。

（4）选择刚才拣货结束的出库指令单，单击【拣货完成】，确认拣货操作，拣货完成后，方可进行出库完成操作。

（十二）出库完成

左边菜单栏单击【出库管理】→【出库完成】，出现如下活动页面（如图4－73 所示）。

出库结束

作业单号：＿＿＿＿ 查询　　出库完成　取消完成　返回

选择	作业单号	出库日期	作业单日期	出库人	状态
◉	OSDD200809110001	2008-09-01		谭秋锐	已拣货
○	OSDD200809110003	2008-09-02		谭秋锐	已拣货

图4－73　出库完成页面

选择刚才在出库拣货环节完成的出库作业单，单击【出库完成】，跳转至下一页面（如图4－74所示），在此页面用户可设置出库作业单的出库完成日期。至此，出库管理流程结束，可进入配送管理流程的操作，开始成品理货。

图4－74　出库完成明细

（十三）成品理货

左边菜单栏单击【配送管理】→【成品理货】，出现如下活动页面（如图4－75所示）。

图4－75　成品理货页面

（1）单击【理货】，跳转至下一页面（如图4－76所示），此页面列出了待配送的成品发货需求单。

成品理货

订单单号：　查询　　确定　返回

选择	订单单号	零售商简称	开始日期	结束日期	状态
○	PSID200809110003	伟冠集团	2008-01-27	2008-02-03	未审核

图4－76　待配送的成品发货需求单列表

（2）选择一客户订单，单击【确定】，跳转至下一页面（如图4－77所示），此页面列出了待配送的成品发货需求单明细。

成品理货

确定　返回

选择	产品编号	产品名称	规格型号	需求数量	执行周次
□	0001055	自由桅	自由桅	150辆	5
□	0001055	自由桅	自由桅	50辆	6

图4－77　待配送的成品发货需求单明细

(3) 选择欲配送的明细，单击【确定】，保存所做选择，跳转至上一页面（如图4－78所示）。

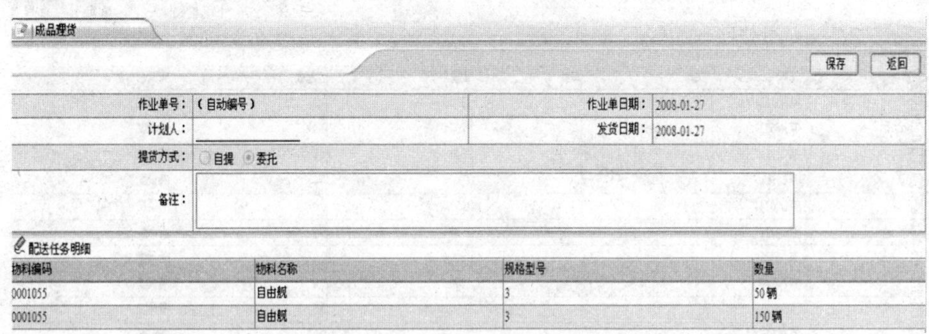

成品理货

保存　返回

作业单号：	(自动编号)	作业单日期：	2008-01-27
计划人：		发货日期：	2008-01-27
提货方式：	○自提 ◉委托		
备注：			

配送任务明细

物料编码	物料名称	规格型号	数量
0001055	自由舰	3	50辆
0001055	自由舰	3	150辆

图4－78　配送任务明细

(4) 按照事先准备好的数据，对应填写各输入项，单击【保存】，返回至前一页面，生成一配送作业单。选择刚才理货操作后生成的配送作业单，单击【审核】，确认理货操作完成。配送作业单可以进入配送运输环节。

(十四) 配送运输

左边菜单栏单击【配送管理】→【配送运输】，出现如下活动页面（如图4－79所示）。

配送作业

配送作业单号：　查询　　配载　配载完成　取消完成　出车　取消出车　返回

选择	配送作业单号	作业单日期	发货日期	状态
◉	DOID200809110001	2007-12-30	2007-12-30	已审核

图4－79　配送作业页面

(1) 选择一配送作业单，单击【配载】，跳转至下一页面（如图4－80所示）。

配送作业

增加车辆　配载　返回

待配物料明细

物料编码	物料名称	规格型号	已配数量	待配数量
0002063	四通换向阀	DHF-34	0盒	150
0002062	变速箱	Z自动	0台	150
0002061	发动机	1.8L CVVT	0台	150

车辆明细

选择	车牌	型号	载重	已配载	可配载

已配明细

车牌	物料编码	物料名称	规格型号	已配数量	取消配载

图4－80　配送作业单明细

（2）单击【增加车辆】，跳转至下一页面（如图 4－81 所示）。

配送作业

确定　返回

车辆明细

选择	车牌	车型	载重	已配载	可配载
☑	京B87124		1000.0	0.0	待调度
☐	京A65237		1000.0	0.0	待调度
☐	京C53412		1000.0	0.0	待调度
☐	京E53886		1000.0	0.0	待调度
☐	京D00144		1000.0	0.0	待调度
☐	京B42944		1000.0	0.0	待调度
☐	京A53250		1000.0	0.0	待调度
☐	京C41494		1000.0	0.0	待调度
☐	京E40001		1000.0	0.0	待调度
☐	京E05782		1000.0	0.0	待调度

图 4－81　车辆明细

（3）选择车辆，单击【确定】，返回跳转至上一页面（如图 4－82 所示），所选择车辆在车辆明细列表中列出，备配载使用。

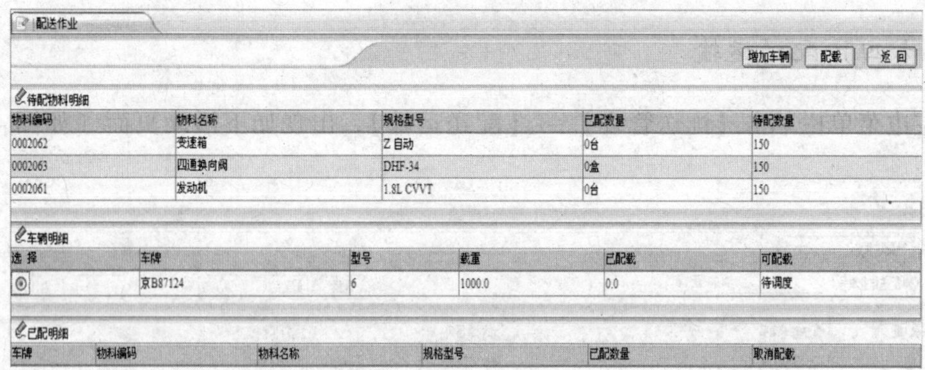

配送作业

增加车辆　配载　返回

待配物料明细

物料编码	物料名称	规格型号	已配数量	待配数量
0002062	变速箱	Z 自动	0台	150
0002063	四通换向阀	DHF-34	0盒	150
0002061	发动机	1.8L CVVT	0台	150

车辆明细

选择	车牌	型号	载重	已配载	可配载
◉	京B87124	6	1000.0	0.0	待调度

已配明细

车牌	物料编码	物料名称	规格型号	已配数量	取消配载

图 4－82　增加车辆明细的配送作业单

（4）选择车辆，单击【配载】，跳转至下一页面（如图 4－83 所示），该页面列出了所选配送作业单下的所有需配送货物。

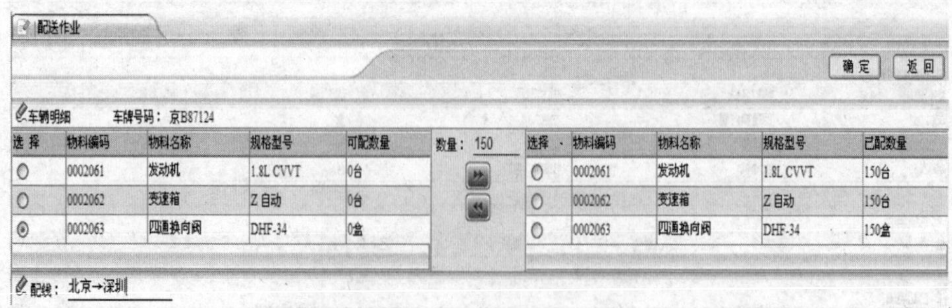

配送作业

确定　返回

车辆明细　车牌号码：京B87124

选择	物料编码	物料名称	规格型号	可配数量
○	0002061	发动机	1.8L CVVT	0台
○	0002062	变速箱	Z 自动	0台
◉	0002063	四通换向阀	DHF-34	0盒

数量：150

选择	物料编码	物料名称	规格型号	已配数量
○	0002061	发动机	1.8L CVVT	150台
○	0002062	变速箱	Z 自动	150台
○	0002063	四通换向阀	DHF-34	150盒

配线：北京→深圳

图 4－83　配载作业页面

（5）选择货物，单击【向右箭头】，进行配载作业，所列货物可以一次配载，也可以分次配载。输入配线的内容，单击【确定】，保存返回至上一页面。至此，配载操作结束。返回至配送作业主页面，选择刚才配载操作结束的配送作业单，单击【配载完成】，确认配载操作。配载完成后，方可进行出车操作。

（6）选择刚才配载完成的配送作业单，单击【出车】，开始运输过程。

（十五）ABC 产品控制

左边菜单栏单击【仓库管理/ABC 产品控制】，出现如下活动页面（如图4－84所示）。

ABC产品控制

产品编码：______ 查 询　　ABC控制　返回

选 择	产品编码	产品名称	规格型号	ABC类别
◉	0002001	IXUS 970 IS 数码相机	IXUS 970 IS	A
○	0000001	F410A笔记本电脑	F410A	b
○	0001001	6120c智能手机	6120c	b
○	0000002	ideaceter Q台式电脑	ideaceter Q	C

图 4－84　ABC 产品控制页面

选择产品，单击【ABC 控制】，跳转至下一页面（如图 4－85 所示），选择类别，单击【保存】，返回跳转至前一页面，即完成了 ABC 分类。

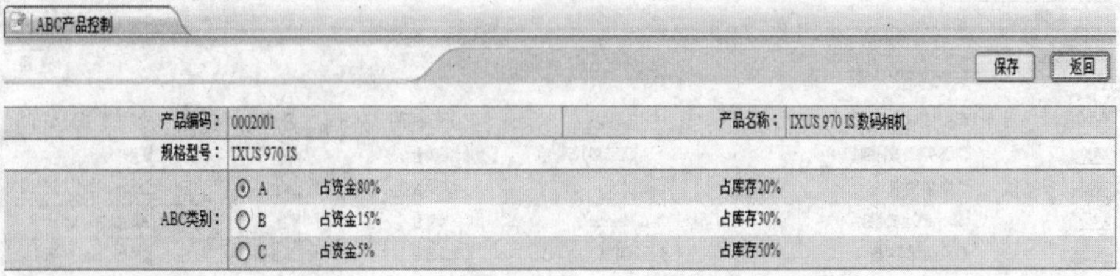

ABC产品控制

保存　返回

产品编码：	0002001	产品名称：	IXUS 970 IS 数码相机
规格型号：	IXUS 970 IS		
ABC类别：	◉ A　占资金80%	占库存20%	
	○ B　占资金15%	占库存30%	
	○ C　占资金5%	占库存50%	

图 4－85　ABC 分类

（十六）EOQ 管理

左边菜单栏单击【仓库管理/EOQ 管理】，出现如下活动页面（如图 4－86 所示）。

选择 MRP 运算结果单，单击【EOQ 计算】，跳转至下一页面（如图 4－87 所示），单击【EOQ 计算】，待计算出“订货点”和“经济订货量”，则完成了一次 EOQ 计算。

（十七）产品库存

左边菜单栏单击【仓库管理/产品库存】，出现如下活动页面（如图 4－88 所示）。

EOQ管理

需求单号： 查询 EOQ计算 返回

选择	需求单号	开始日期	结束日期
	MRID200810130001	2007-12-30	2008-01-20
	MRID200810130002	2007-12-30	2008-01-20
	MRID200810130003	2008-01-27	2008-02-17
	MRID200810130004	2008-01-27	2008-02-17
	MRID200810130005	2008-01-27	2008-02-17
	MRID200810170001	2008-02-24	2008-03-16
	MRID200810200001	2008-03-23	2008-04-13
	MRID200810200002	2008-03-23	2008-04-13
	MRID200810200003	2008-03-23	2008-04-13
	MRID200810200004	2008-03-23	2008-04-13

图 4－86　EOQ 管理页面

EOQ管理

EOQ计算 返回

物料编码	物料名称	规格型号	日期	订货点	经济订货量
0000012	处理器	Intel Core 2 Duo T5500	2008-10-13	31盒	78盒
0000009	调制解调器	56K Fax	2008-10-13	261台	78台
0000003	内存条	Kingston 1GB DDR2(533)	2008-10-13	111条	78条
0000004	芯片组	Intel 945 PM	2008-10-13	61盒	78盒
0000005	光驱	COMBO	2008-10-13	31盒	78盒
0000007	硬盘	SATA 120G	2008-10-13	511个	78个
0000008	网卡	10-100M自适应	2008-10-13	1011张	78张
0000010	显示芯片	Nvidia Geforce 7300	2008-10-13	761张	78张
0000011	电池	6芯锂离子	2008-10-13	261块	78块

图 4－87　EOQ 计算

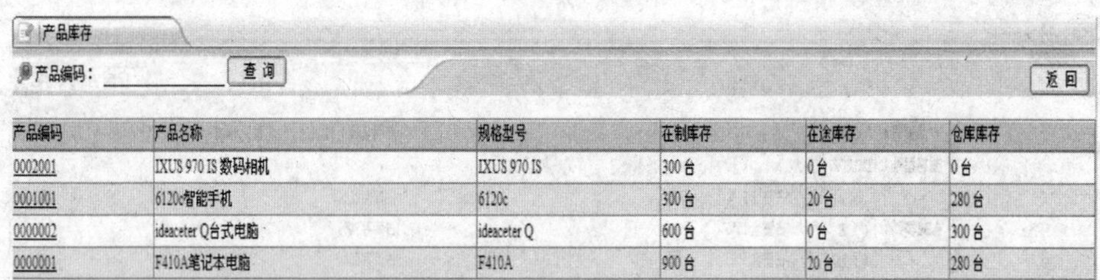
产品库存

产品编码： 查询 返回

产品编码	产品名称	规格型号	在制库存	在途库存	仓库库存
0002001	IXUS 970 IS 数码相机	IXUS 970 IS	300 台	0 台	0 台
0001001	6120c智能手机	6120c	300 台	20 台	280 台
0000002	ideaceter Q台式电脑	ideaceter Q	600 台	0 台	300 台
0000001	F410A笔记本电脑	F410A	900 台	20 台	280 台

图 4－88　产品库存页面

此页面可查看产品的库存状态及数量。

（十八）产品盘点

左边菜单栏单击【仓库管理/产品盘点】，出现如下活动页面（如图 4－89 所示）。

（1）单击【新增】，跳转至下一页面（如图 4－90 所示）。

（2）选择产品，单击【确定】，跳转至下一页面（如图 4－91 所示），按照事先准备好的数据，对应填写各输入项，单击【保存】，返回跳转至前一页面，即完成了一次盘点，产品盘点主页面生成一张盘点单。

图 4－89　产品盘点页面

图 4－90　新增产品盘点

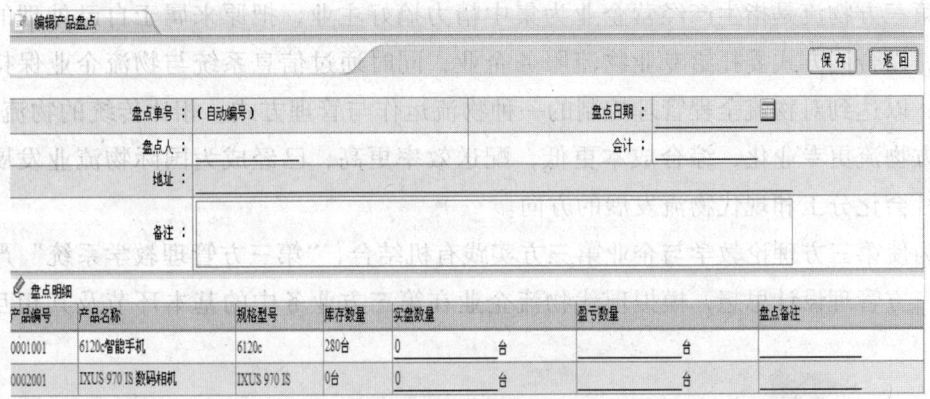

图 4－91　盘点明细信息

至此，物流公司成品综合实验结束。

六、实验组织

学生单机操作，老师通过后台管理设置实验，分配实验任务，并对实验进行评定。

任务五　第三方物流管理系统操作技术

学习目标

1. 掌握第三方物流管理的具体流程；
2. 深刻体会物流几大行业业务运作模式的流程。

第三方物流是指生产经营企业为集中精力搞好主业，把原来属于自己处理的物流活动，以合同方式委托给专业物流服务企业，同时通过信息系统与物流企业保持密切联系，以达到对物流全程管理控制的一种物流运作与管理方式。相比传统的物流公司，第三方物流更专业化，综合成本更低，配送效率更高，已经成为国际物流业发展的趋势、社会化分工和现代物流发展的方向。

为使第三方理论教学与企业第三方实践有机结合，“第三方管理教学系统”严格按照第三方管理设计思想，模拟现代物流企业在第三方业务中的基本环节及其相互关系

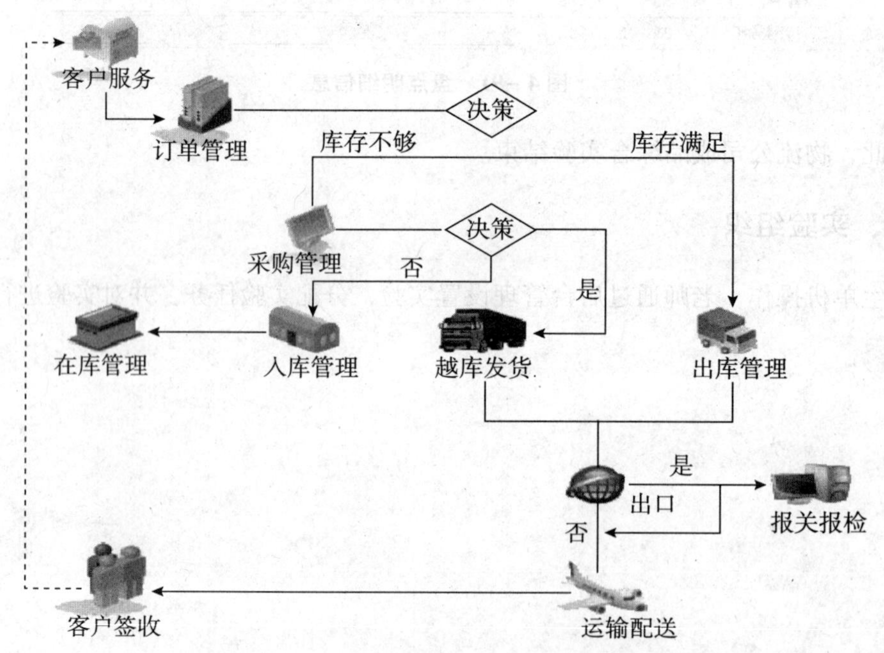

图 5－1　“第三方物流管理系统”操作流程

(如图5-1所示)。本系统实验方式可分为两种：单人综合实验和多人综合实验，单人综合实验是指单个学生完成整个系统的所有操作，而多人综合实验则是多个学生分别扮演不同的角色，共同完成整个实验。通过实验能让学生充分了解到第三方物流的核心及其操作流程，提高发现问题、分析问题和解决问题的能力，为学生参与未来第三方管理领域复杂、庞大、越发激烈的竞争打下扎实基础。

本项实训任务分两项子任务，建议学时为4学时。

子任务一　连锁实验

一、实验目的

通过进行客户订单、物流公司订单处理、物流公司物料采购、供应商发货、物流公司物料采购到货、物流公司物料入库出库管理、物流公司货物配送、客户签收等操作，了解并掌握连锁行业中第三方物流的运作流程。

二、实验类型

单元实验

三、实验学时

2学时

四、实验步骤

(一) 系统登录

第一步：打开IE浏览器，输入“http://IP:8090/coreflow”，其中的IP是指系统服务器地址；

第二步：点击“客户管理综合平台”，输入用户名和密码（任课教师预先设定），然后进行登录；

第三步：登录后，在实验任务中选择连锁行业相关多人综合或单人综合实验，如是多人综合实验，“角色”选择“订单管理员”或“综合管理员”，然后点击【确定】进入；如是单人综合实验则直接进行实验（如图5-2所示）。

(二) 客户订单

第一步：点击【订单录入】进入；

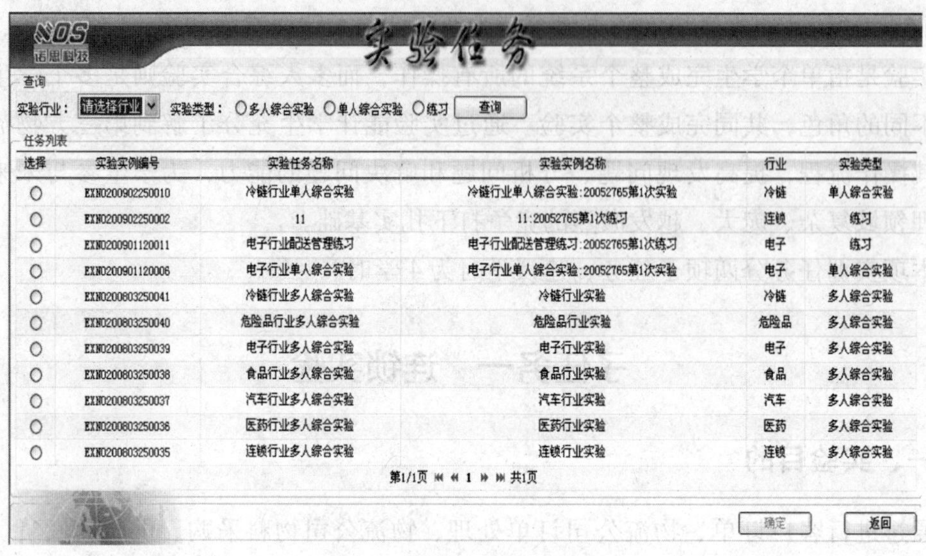

图5－2 实验任务选择界面

第二步：点击【新增】进行增加新的订单；

第三步：输入订单相关信息，其中订单类型固定为：国内，提货方式固定为：送货，报关固定为：无，付款方式：到付、预付任选其一，然后输入相关的联系人及订单的一些要求；

第四步；增加物料明细。点击【增加】，在生成的页面内，点击【选择】选择物料；

第五步：输入需要订购物料的数量，然后点击保存；

第六步：按照后台数据进行实验后，结果（如表5－1所示）。

表5－1　　客户订单实验数据

订单编号	客户名称	订单类型	提货方式	付款方式	报关	联系人
××××××	成都易初莲花超市	国内	送货	预付	无	王生
物料编号	名称	规格	重量（kg）	单位	数量	
64039901	电话机	CC10753－121	2	部	200	

（三）物流公司订单处理

第一步：点击【客户服务】下的【订单接收】进入；

第二步：选中客户记录【成都易初莲花超市】，点击【查看订单】进入；

第三步：选中订单记录，点击【接收订单】，将跳出一对话框【是否收受订单】，点击【是】，接收订单完成；

第四步：点击【订单处理】，选中要处理的订单记录，然后点击【处理】，将会跳出一对话框，对话框中将显示物料的相关信息，包括：物料的编号、规格、订单数量、库存数量，如果库存数量满足订单要求，那么可以点击【直接出库】，如果库存不满足，那么点击【采购申请】。这里点击【采购申请】；

第五步：处理订单结束，进入物料采购环节。

（四）物流公司物料采购

第一步：点击【采购管理】→【采购申请】进入；

第二步：选中采购申请单记录，点击【审核】。这里需注意的是，如果在后台中设置了物料的安全库存量，而库存中物料数量未达到安全库存量，那么系统就会自动生成一条采购申请单，而采购的数量为：订单数量+安全库存还差的数量。本实验中，安全库存还差的数量为：100，订单数量为：200，那么采购的数量即为：100+200=300，那么采购申请单的结果（如表5-2所示）；

表5-2 采购申请单

采购申请单编号	物料编号	名称	规格	重量（kg）	单位	采购数量
×××××	64039901	电话机	CC10753-121	2	部	300

第三步：点击【采购订单】进入后，再点击【新增】进入；

第四步：进入后，选择供应商：四川娇子电子厂（后台设置），完善日期和采购员，选中采购订单记录，然后点击【保存】；

第五步："采购订单"页面将生成如下记录（如表5-3所示）；

表5-3 采购订单

采购订单	供应商	采购日期	采购员	状态
×××××	四川娇子电子厂	/ / /	××××	未审核

第六步：点击【审核】；

第七步：点击【订单发送】进入，选中"采购订单"记录后，点击【发送】，订单将自动发送到供应商那里，这里的供应商为：四川娇子电子厂；

第八步：发送订单完毕，等待供应商处理。

（五）供应商发货

第一步：点击【订单接收】，物流公司发送的订单将自动显示（如表5-4所示）；

表 5－4　物流公司订单

采购订单	供应商	客户	采购日期	状态
×××××	四川娇子电子厂	四川通四方物流公司	/ / /	发送

第二步：选中记录，点击【接收】；

第三步：点击【备货】，选中记录，点击【备货】，将生成一个备货界面，自动生成备货编号，完善资料后，点击【保存】（如表 5－5 所示）；

表 5－5　备货单

物料编号	名称	规格	采购订单	采购数量	备货数量
64039901	电话机	CC10753－121	×××××	300	300 部

第四步：点击【备货处理】，选中记录，点击【审核】；

第五步：点击【发货】，选中记录，点击【发货】。

（六）物料采购到货

第一步：点击【采购管理】→【到货接单】进入，选中记录，点击【到货接单】按钮；

第二步：在生成的到货接单页面内完善相关资料后，点击【保存】；

第三步：点击【接单处理】，选中记录，点击【审核】，审核结果（如表 5－6 所示）。

表 5－6　审核到货单

到货单号	送货人	到货日期	状态
×××××	×××	/ / /	审核

（七）物料入库、出库管理

1. 入库管理

第一步：点击【入库接单】，选中记录，点击【到货明细】可查看到货物料的详细资料，点击【入库接单】进入接单界面；

第二步：完善相关信息，如仓管员，入库日期，装卸要求等，然后点击【保存】（如表 5－7 所示）；

表 5－7　入库作业单信息

入库作业单	仓管员	装卸人	状态	装卸要求
×××××	×××	×××	装卸	×××××××

第三步：点击【接单处理】，选中记录，点击【审核】；

第四步：点击【入库装卸】，选中记录，点击【装卸】，进入装卸作业页面；

第五步：输入装卸方式，货物相关的体积重量等信息后，点击【保存】；

第六步：选中记录，点击【审核】（如表5－8所示）；

表5－8 入库装卸确认

入库作业单	仓管员	装卸人	状态	装卸要求
×××××	×××	×××	装卸确认	×××××××

第七步；点击【入库验货】，选中记录后，点击【验货】进入；

第八步：输入相关资料，验货人，点选所验货物是否合格，输入验货数量后，点击【保存】；

第九步；返回，选中记录，点击【验货确认】；

第十步：点击【摆货作业】，选中记录后，点击【摆货】进入；

第十一步：在生成的“摆货信息”页面里，选中物料记录，点击【仓库分配】进入；

第十二步：点击要存放货物的仓库，区域，仓位，在仓位中输入摆货数量，然后保存，此实验的结果（如表5－9所示）；

表5－9 摆货作业信息

物料编码	仓位物料	物料规格	仓位号	仓位物料数量
64039901	电话机	CC10753－121	CK001A0101	300部

第十三步：选中记录，点击【审核】；

第十四步：点击【入库确认】，选中记录，点击【入库确认】按钮进行确认，入库便完成。

2. 出库管理

第一步：点击【出库接单】模块，进入【出库接单】页面，点击【新增】，客户订单将自动显示出来；

第二步：选中订单记录，点击【出库】；

第三步：完善相关资料，输入出库时间，仓管员，装卸要求，并在物料明细中输入出库数量，然后点击【保存】；

第四步：系统将自动返回到“出库接单”页面，然后单击【审核】（如表5－10所示）；

表 5－10　　审核出库作业单

出库作业单	出库时间	仓管员	状态	出库类型
××××	／／／	×××	已审核	仓位发货

第五步：点击【出库拣选】，进入拣货作业页面；

第六步：选中出库记录，点击【拣货】进入；

第七步：选中物料记录，点击【仓位拣货】进入物料存储页面，依次点击物料所在的仓库、区域、仓位进入物料的具体位置；

第八步；输入拣货人，拣货数量，然后单击【确认】，实验生成结果（如表 5－11 所示）；

表 5－11　　出库拣选明细

仓位编号	物料编号	物料名称	拣货数量
CK001A0101	64039901	电话机	200

第九步：返回到“拣货作业”页面，选中记录，点击【审核】；

第十步：点击【出库装卸】，进入出库装卸页面；

第十一步：选中记录，点击【装卸】，进入装卸作业页面，完善相关资料，如装卸方式，人员等，然后保存；

第十二步：保存后，返回到审核页面，选中记录，点击【审核】；

第十三步：点击【出库确认】模块进入，选中记录，再点击【出库确认】按钮，进行确认，实验结果（如表 5－12 所示）。

表 5－12　　出库确认信息

出库作业单	仓管员	状态
×××××	×××	已出库

（八）物流公司货物配送

第一步：点击【配送任务】，进入配送作业单页面；

第二步：点击【新增】进入，完善相关资料后，点击【新增】，选择要配送的“出库单”，然后【保存】；

第三步：返回到审核页面，选中记录，进行“审核”；

第四步：点击【车辆调度】进入，选中记录，然后点击【调度配载】进入；

第五步：从左边的“订单待配物料明细”中选择物料；

第六步：点击【向右移】按钮；

第七步：点选车辆；

第八步：点击【保存】按钮；

第九步：最后选择当前“配送任务单”，再点击【审核】按钮，实验结果（如表5－13所示）；

表5－13 配载确认信息

配送任务单	配送员	状态
×××××	×××	配载确认

第十步：点击【配线管理】；

第十一步：点击当前“配送任务单”的配载车辆，再点击【配线】按钮，进入“配线操作”页面；

第十二步：选择“配送任务单”，输入“里程”和“单价”信息；

第十三步：再点击【保存】按钮；

第十四步：最后再点选当前【调度车辆】，点击【审核】按钮，实验结果（如表5－14所示）；

表5－14 配送任务单信息明细

车牌号	车型	车队编号	车队名称	状态
川 A0888	5T	L001	第一队	配线确认

第十五步：点击【出车管理】；

第十六步：点选当前“配送任务单”，再点击【出车】按钮；

第十七步：在出车页面输入“出车时间”和“随车人员”，点击【保存】按钮；

第十八步：最后选择当前“配送任务单”，再点击【审核】按钮，实验结果（如表5－15 所示）；

表5－15 配送任务单确认信息

配送任务单	配送员	状态
×××××	×××	出车确认

第十九步：点击【回车管理】，点选“配送任务单”，再点击【回车】按钮；

第二十步：在出车页面输入“回车时间”，点击【保存】按钮；

第二十一步：最后选择“配送任务单”，再点击【审核】按钮；

第二十二步：点击【配送签核】，点选“配送任务单”，再点击【配送签核】按钮。

（九）客户签收

第一步：点击“客户服务”主模块下的子模块“客户签收”；

第二步：选中记录，点击【签收】，进行签收确认，实验结果（如表5－16所示）。

表5－16　　　　客户签收确认信息

订单编号	订单日期	订单状态
××××	/ / /	已签收

五、实验组织

学生单机操作，老师通过后台管理设置实验，分配实验任务，并对实验进行评定。

子任务二　汽车行业实验

一、实验目的

通过进行客户订单、物流公司订单处理、物流公司物料采购、供应商发货、物流公司越库发货、物流公司货物配送、报关报检处理、客户签收等操作，了解并掌握汽车行业中第三方物流的运作流程。

二、实验类型

单元实验

三、实验学时

2学时

四、实验步骤

（一）系统登录

第一步：打开IE浏览器，输入“http：//IP：8090/coreflow”，其中的IP是指系统服务器地址；

第二步：点击“客户管理综合平台”，输入用户名和密码（任课教师预先设定），然后进行登录；

第三步：登录后，在实验任务中选择汽车行业相关多人综合或单人综合实验，如是多人综合实验，“角色”选择“订单管理员”或“综合管理员”，然后点击【确定】进入；如是单人综合实验，直接进行操作。

（二）客户订单

第一步：点击【订单录入】进入；

第二步：点击【新增】进行增加新的订单；

第三步：输入订单相关信息，其中订单类型为：国外，提货方式为：送货，报关方式为：委托，付款方式：到付、预付任选其一，然后输入相关的联系人及订单的一些要求；

第四步；增加物料明细。点击【增加】，在生成的页面内，点击【选择】选择物料；

第五步：输入需要订购物料的数量，然后点击保存；

第六步：按照后台数据进行实验后，结果（如表 5－17 所示）；

表 5－17 客户订单实验数据

订单编号	客户名称	订单类型	提货方式	付款方式	报关	联系人
××××××	宝马汽车销售有限公司	国外	送货	预付	委托	刘雨

物料编号	名称	规格	重量（kg）	单位	数量
CAR0004	宝马汽车	GE－5698	2150	辆	3

（三）物流公司订单处理

第一步：点击【客户服务】→【订单接收】进入；

第二步：选中客户记录“宝马汽车销售有限公司”，点击【查看订单】进入；

第三步：选中订单记录，点击【接收订单】，将跳出一个对话框“是否收受订单”，点击【是】，接收订单完成；

第四步：点击【订单处理】，选中要处理的订单记录，然后点击【处理】，将会跳出一个对话框，对话框中将显示物料的相关信息，包括：物料的编号、规格、订单数量、库存数量，点击【采购申请】；

第五步：处理订单结束，进入物料采购环节。

（四）物流公司物料采购

第一步：点击【采购管理】→【采购申请】进入；

第二步：选中采购申请单记录，点击【审核】，实验结果（如表5－18所示）；

表5－18　　采购申请单信息明细

采购申请单编号	物料编号	名称	规格	重量（kg）	单位	采购数量
×××××	CAR0004	宝马汽车	GE－5698	2150	辆	3

第三步：点击【采购订单】进入后，再点击【新增】进入；

第四步：进入后，选择供应商：宝马汽车集团（后台设置），完善日期和采购员，选中采购订单记录，然后点击【保存】；

第五步："采购订单"页面将生成如下记录（如表5－19所示）；

表5－19　　未审核的采购订单

采购订单	供应商	采购日期	采购员	状态
×××××	宝马汽车集团	/ / /	××××	未审核

第六步：点击【审核】；

第七步：点击【订单发送】进入，选中"采购订单"记录后，点击【发送】，订单将自动发送到供应商那里，这里的供应商为：宝马汽车集团，实验结果（如表5－20所示）；

表5－20　　已发送订单信息

采购订单	供应商	采购日期	采购员	状态
×××××	宝马汽车集团	/ / /	××××	发送

第八步：发送订单完毕，等待供应商处理。

（五）供应商发货

第一步：点击【订单接收】，物流公司发送的订单将自动显示（如表5－21所示）；

表5－21　　供应商接收订单信息

采购订单	供应商	客户	采购日期	状态
×××××	宝马汽车集团	南京物流发展有限公司	/ / /	发送

第二步：选中记录，点击【接收】；

第三步：点击【备货】，选中记录，点击【备货】按钮，将生成一个备货界面，自动生成备货编号，完善资料后，点击保存，实验结果（如表5－22所示）；

表 5－22　　备货信息

物料编号	名称	规格	采购订单	采购数量	备货数量
CAR0004	宝马汽车	GE－5698	××××	3	3 辆

第四步：点击【备货处理】，选中记录，点击【审核】；

第五步：点击【发货】，选中记录，点击【发货】，实验结果（如表5－23所示）。

表 5－23　　备货单发送状态信息

备货单	采购订单	供应商	采购日期	状态
×××××	×××××	宝马汽车集团	／／／	发送

（六）物流公司越库发货

第一步：点击【出库接单】；

第二步：点击【新增】，进入“出库作业单”页面；

第三步：选择在“采购管理”模块里生成的已到货的订单，并点击【出库】、并完善相关信息；

第四步：选择“出库订单”，点击【审核】，实验结果（如表 5－24 所示）；

表 5－24　　出库作业单出库类型信息

出库作业单	出库时间	仓管员	状态	出库类型
××××	／／／	×××	已审核	越库发货

第五步：点击【越库发货】，选择“出库作业单”，点击【越库发货】；

第六步：选择要发货的“采购订单”，点击【越库发货】；

第七步：根据“出库明细”，完善“采购明细”里的内容，即选择出库数量，然后点击【保存】；

第八步：返回，点击【审核】，实验结果（如表 5－25 所示）；

表 5－25　　越库发货审核信息

出库作业单	出库时间	仓管员	状态
××××	／／／	×××	越库发货审核

第九步：点击【出库确认】，选择“出库作业单”，点击【出库确认】。

（七）物流公司货物配送

第一步：点击【配送任务】，进入配送作业单页面；

第二步：点击【新增】进入，完善相关资料后，点击【新增】，选择要配送的"出库单"，然后点击【保存】；

第三步：返回到审核页面，选中记录，进行"审核"；

第四步：点击【车辆调度】进入，选中记录，然后点击【调度配载】进入；

第五步：从左边的"订单待配物料明细"中选择物料；

第六步：点击【向右移】按钮；

第七步：点选车辆；

第八步：点击【保存】按钮；

第九步：最后选择当前"配送任务单"，再点击【审核】按钮；

第十步：点击【配线管理】；

第十一步：点击当前【配送任务单】的配载车辆，再点击【配线】按钮，进入"配线操作"页面；

第十二步：选择"配送任务单"，输入"里程"和"单价"信息；

第十三步：再点击【保存】按钮；

第十四步：最后再点选当前"调度车辆"，点击【审核】按钮，实验结果（如表5－26所示）；

表5－26　　配送任务单信息明细

车牌号	车型	车队编号	车队名称	状态
粤B9000	10T	L004	第一队	配线确认

第十五步：点击【出车管理】；

第十六步：点选当前【配送任务单】，再点击【出车】按钮；

第十七步：在出车页面输入"出车时间"和"随车人员"，点击【保存】按钮；

第十八步：最后选择当前"配送任务单"，再点击【审核】按钮；

第十九步：点击【回车管理】，点选"配送任务单"，再点击【回车】按钮；

第二十步：在出车页面输入"回车时间"，点击【保存】按钮；

第二十一步：最后选择"配送任务单"，再点击【审核】按钮；

第二十二步：点击【配送签核】，点选"配送任务单"，再点击【配送签核】按钮。

（八）报关报检处理

第一步：点击【报关单】；
第二步：点击【新增】按钮，进入待报关“订单列表”页面；
第三步：点选订单；
第四步：点击【报关】按钮；
第五步：根据报关单页面提示输入数据；
第六步：点击【保存】按钮；
第七步：点击【报检单】；
第八步：点击【新增】按钮，进入待报检“订单列表”页面；
第九步：点选已做过“报关”的订单；
第十步：点击【报检】按钮；
第十一步：根据报检单页面提示输入数据；
第十二步：点击【保存】按钮；
第十三步：点击【报关报检确认】；
第十四步：点选已做过“报关、报检”的订单；
第十五步：点击【审核】按钮，实验结果（如表5－27所示）。

表5－27　订单报关报检确认信息

订单编号	订单日期	订单状态
×××××	×××	报关、报检完成

（九）客户签收

第一步：点击“客户服务”主模块下的子模块“客户签收”；
第二步：选中记录，点击【签收】，进行签收确认。

五、实验组织

学生单机操作，老师通过后台管理设置实验，分配实验任务，并对实验进行评定。

任务六　国际货代管理系统操作技术

学习目标

1. 掌握国际货运代理管理的具体流程；

2. 熟悉国际货运代理公司的运作模式；

3. 切身体会到国际货运代理各个环节中不同当事人面临的具体工作以及他们之间的互动和制约关系；

4. 深刻体会国际货运代理管理控制成本以达到利润最大化的思想。

进入21世纪，沿海港口城市物流业务发展迅速，行业竞争越来越激烈，物流公司服务质量的好坏和内部管理水平的高低已成为能否赢得市场的重要因素。能否快速处理物流供应链当中大量烦琐的数据，做到信息处理的自动化、规范化，越来越成为货运代理企业的核心竞争能力。

为使国际货运代理理论教学与企业仓储实践有机结合，我院购入了深圳中诺思开发的“HOTSHOT货代管理信息系统”，HOTSHOT货代管理信息系统是针对货代行业的特点，基于业务运作和财务管理的基本流程，结合企业的发展方向和运作模式，将基础数据、客户管理、单证管理等功能，优化为规范、精确的操作流程，利用信息技术、自动化技术、网络技术、电子商务技术整合成为完整的电子商务环境下货代企业信息化解决方案。

学生以实验的方式模拟国际货运代理管理的实践过程，可以使学生熟悉国际货运代理的具体操作流程，增强感性认识，并可从中进一步了解、巩固与深化所学的国际货运代理管理理论知识，提高发现问题、分析问题和解决问题的能力，为学生参与未来国际货运代理管理领域复杂、庞大、越发激烈的竞争打下扎实基础。

本项实训任务分四项子任务，建议学时为8学时。

子任务一　基础数据维护

一、实验目的

基础数据的维护是进行业务操作的前提基础，是为业务操作准备基本的数据和资料。系统中包含了平常需用的基础数据，用户可直接使用，同时可以根据自身的需求进行增加、删除及修改操作。通过该项实验使学生了解并掌握软件中基础数据的维护，在线学习国际货代知识。

二、实验类型

单元实验

三、实验学时

2 学时

四、实验步骤

（一）系统登录

第一步：打开 IE 浏览器，输入“http：//IP：889”，其中的 IP 是指系统服务器地址，进入到登录页面（如图 6－1 所示）；

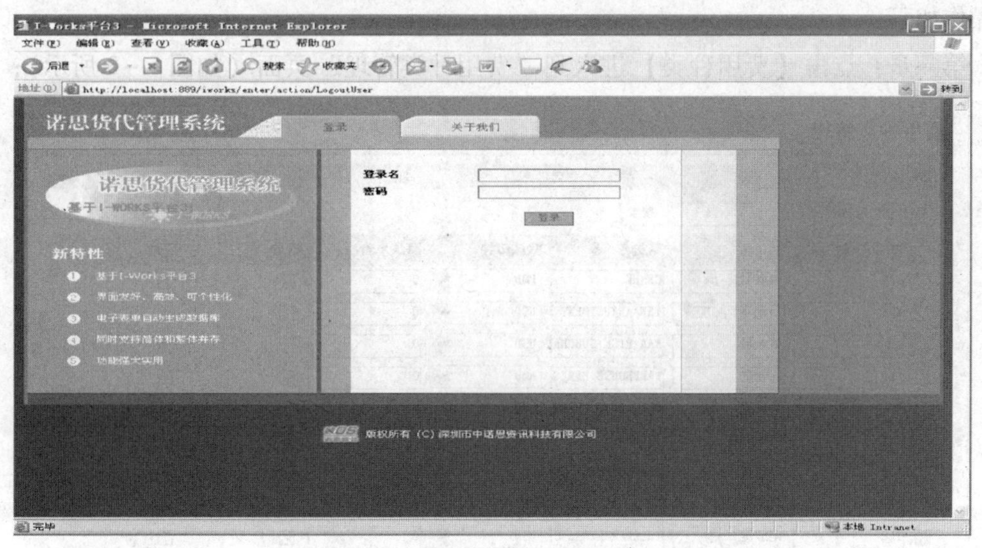

图 6－1　国际货代管理系统登录界面

第二步：输入“登录名”和“密码”进行登录；

第三步：进入系统，如图 6－2 如示（因不同用户所设置的功能权限不同，系统所显示的功能模块会有差异）；

第四步：点击左部页面的【基础数据】进行相应的基础数据的维护。

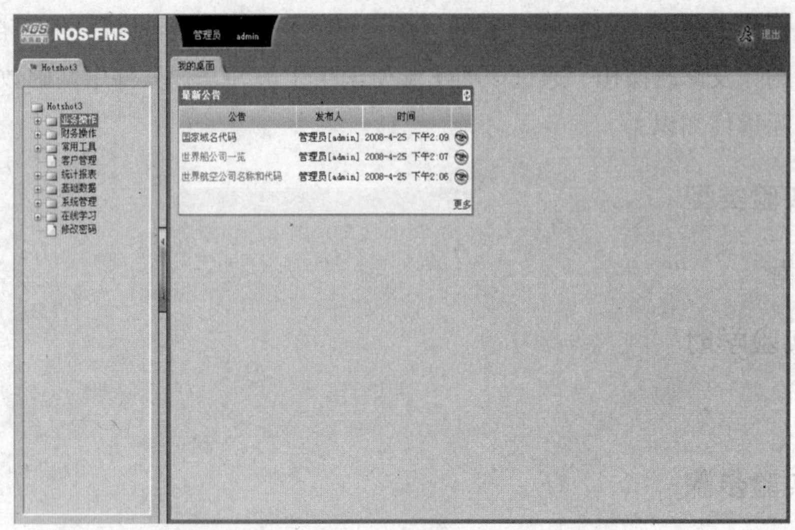

图 6－2　国际货代管理系统功能模块列表

（二）费用种类信息维护

费用种类是指在业务过程中将涉及的费用类型，如仓储费、报关费等一系列费用，其操作如下：

第一步：点击【费用种类】进入到“费用种类管理”页面（如图 6－3 所示）；

费用种类管理

搜索

费用中文名　搜索

费用代码	中文名	英文名	默认币种	默认单价	应收	应付
Z/G	中灌运费	CN-HK	RMB	0	☑	☑
YAS	日元调节附加费	YEN ADJUSTMENT	USD	0	☑	☑
WRS	战争险	WAR RISK SURCHA	USD	0	☑	☑
WEF	入仓费	WAREHOUSE ENREG	RMB	0	☑	☑
ULD	卸货费	UNLOADING CHARG	USD	0	☑	☑
TYF	实退佣费	REFUND	USD	0	☑	☑
TSC	转运费	TRANSHIPMENT CH	USD	0	☑	☑
TRV	码头收柜费	TERMINAL RECEIV	USD	0	☑	☑
TRC	电放费	TELEX RELEASE C	USD	0	☑	☑
TOC	终端码头操作费	TERMINAL OPERAT	RMB	0	☑	☑

列表操作　(1 - 100) of 108

图 6－3　费用种类管理页面

第二步：页面左下部分别是增加、删除、保存和刷新功能按钮，如需要增加新的费用，可直接点击【增加】按钮，在页面的最下部将出现一个空白记录供用户进行增加（如图 6－4 所示）；

费用种类管理

搜索

费用中文名 搜索

费用代码	中文名	英文名	默认币种	默认单价	应收	应付	佣金	销售隐藏
CCV	改船费	CHARGE OF CHANG	USD	0	☑	☑	☐	☐
CAF	货币调节费	CURRENCY ADJUSTI	USD	0	☑	☑	☐	☑
C/O	产地证	CERTIFICATE OF (	RMB	0	☑	☑	☐	☐
C/C	报关费	CUSTOMS CLEARAN	RMB	0	☑	☑	☐	☐
BRC	驳船费	BARGE CHARGE	USD	0	☑	☑	☐	☐
BKC	银行手续费	BANK CHARGE	USD	0	☑	☑	☐	☐
BFC	换证费	BARTER FOR CERTI	RMB	0	☑	☑	☐	☐
BDF	并单费	COMBINE CHARGE	RMB	0	☑	☑	☐	☐
BAF	燃油附加费	BUNKER ADJUSTME	USD	0	☑	☑	☐	☐
			RMB	0	☐	☐	☐	☐

列表操作 (1 - 100) of 108

图 6－4 新增费用种类信息

第三步：填写需增加的费用资料，同时用户可根据自身的需要，设置费用的相关信息，如是否选择应收、应付、佣金等；

第四步：保存。如要进行修改可在进入第一步后直接修改，然后点击【保存】即可；如要删除，选中记录前的方框，然后点击【删除】即可。

（三）国家信息维护

该模块是维护在业务过程将会涉及的交易方所在的国家，系统中已维护有绝大多数国家，用户可直接使用，如要进行增加、修改等操作，其操作方式是：

第一步：点击【国家】进入到维护界面（如图 6－5 所示）；

增加 删除 保存 刷新

国家

	国家编码	中文名	英文名	中英文名	州
219	US	美国	United States	美利坚合众国 United States of America	北美 North A..
220	UM	美国本土外小岛屿	United States Minor o...	美国本土外小岛屿 United States Minor ...	
221	UG	乌干达	Uganda	乌干达共和国 Republic of Uganda	东非 East Af..
222	UA	乌克兰	Ukraine	乌克兰 Ukraine	东欧 Eastern..
223	UY	乌拉圭	Uruguay	乌拉圭东岸共和国 Oriental Republic of...	南美洲 South..
224	UZ	乌兹别克斯坦	Uzbekistan	乌兹别克斯坦 Republic of Uzbekistan	中亚 Central..
225	GB	英国	United Kingdom	大不列颠及北爱尔兰联合王国 United Kin...	西欧 Western..
226	VA	梵蒂冈	Vatican	梵蒂冈城国 Vatican City State	南欧 Souther..
227	VI	美属维尔京群岛	Virgin Islands, U.S.	美属维尔京群岛 Virgin Islands of the ...	加勒比海地区..
228	VU	瓦努阿图	Vanuatu	瓦努阿图共和国 Republic of Vanuatu	大洋洲 Oceania
229	VE	委内瑞拉	Venezuela	委内瑞拉共和国 Republic of Venezuela	南美洲 South..
230	VG	英属维尔京群岛	Virgin Islands, British	英属维尔京群岛 British Virgin Islands	加勒比海地区..
231	VN	越南	Viet Nam	越南社会主义共和国 Socialist Republic...	东南亚 South..
232	WF	瓦利斯和富图纳	Wallis and Futuna	瓦利斯和富图纳 Wallis and Futuna	大洋洲 Oceania
233	EH	西撒哈拉	Western Sahara	西撒哈拉 Western Sahara	西非 West Af..
234	YE	也门	Yemen	也门共和国 Republic of Yemen	西亚 West Asia
235	ZW	津巴布韦	Zimbabwe	津巴布韦共和国 Republic of Zimbabwe	南非洲 South..
236	ZM	赞比亚	Zambia	赞比亚共和国 Republic of Zambia	南非洲 South..

图 6－5 国家信息列表

第二步：页面上部有增加、删除、保存、刷新等功能按钮，如要增加，点击【增加】按钮，在页面的最下部将出现一个空白记录供用户进行增加（如图 6 - 6 所示）；

增加 删除 保存 刷新

国家

	国家编码	中文名	英文名	中英文名	州
220	UM	美国本土外小岛屿	United States Minor o...	美国本土外小岛屿 United States Minor ...	
221	UG	乌干达	Uganda	乌干达共和国 Republic of Uganda	东非 East Af..
222	UA	乌克兰	Ukraine	乌克兰 Ukraine	东欧 Eastern..
223	UY	乌拉圭	Uruguay	乌拉圭东岸共和国 Oriental Republic of...	南美洲 South..
224	UZ	乌兹别克斯坦	Uzbekistan	乌兹别克斯坦 Republic of Uzbekistan	中亚 Central..
225	GB	英国	United Kingdom	大不列颠及北爱尔兰联合王国 United Kin...	西欧 Western..
226	VA	梵蒂冈	Vatican	梵蒂冈城国 Vatican City State	南欧 Souther..
227	VI	美属维尔京群岛	Virgin Islands, U.S.	美属维尔京群岛 Virgin Islands of the ...	加勒比海地区..
228	VU	瓦努阿图	Vanuatu	瓦努阿图共和国 Republic of Vanuatu	大洋洲 Oceania
229	VE	委内瑞拉	Venezuela	委内瑞拉共和国 Republic of Venezuela	南美洲 South..
230	VG	英属维尔京群岛	Virgin Islands, British	英属维尔京群岛 British Virgin Islands	加勒比海地区..
231	VN	越南	Viet Nam	越南社会主义共和国 Socialist Republic...	东南亚 South..
232	WF	瓦利斯和富图纳	Wallis and Futuna	瓦利斯和富图纳 Wallis and Futuna	大洋洲 Oceania
233	EH	西撒哈拉	Western Sahara	西撒哈拉 Western Sahara	西非 West Af..
234	YE	也门	Yemen	也门共和国 Republic of Yemen	西亚 West Asia
235	ZW	津巴布韦	Zimbabwe	津巴布韦共和国 Republic of Zimbabwe	南非洲 South..
236	ZM	赞比亚	Zambia	赞比亚共和国 Republic of Zambia	南非洲 South..
237					

图 6 - 6　新增国家信息

第三步：填写资料后进行保存即可；如要进行修改可在进入第一步后直接修改，然后点击【保存】即可；如要删除，只需选中记录，然后点击【删除】即可。

（四）港口信息维护

港口基础数据包含港口和航线，航线的作用是，可以设置哪些港口属于哪些航线，这样以后统计分析中可以根据航线来统计。系统中已设置有部分港口航线，用户可根据需要进行维护。

第一步：点击【港口】进入到维护界面（如图 6 - 7 所示）；

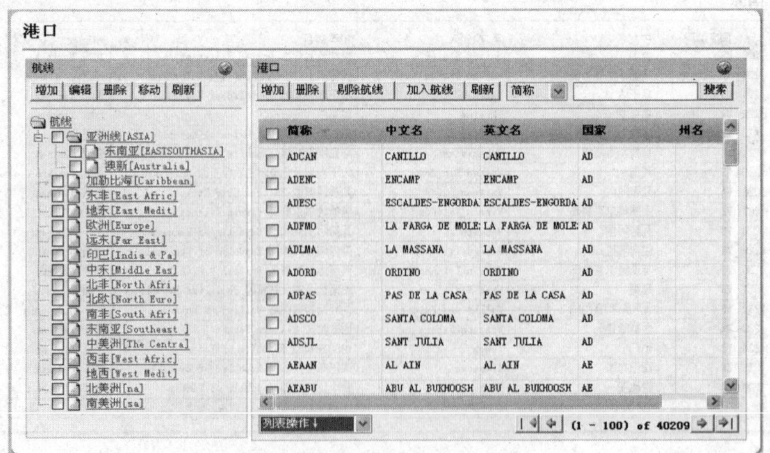

图 6 - 7　港口信息维护界面

第二步：页面的左半部是对航线的设置，页面的右半部是对港口的设置，其中：航线进行维护的功能有增加、编辑、删除、移动及刷新；港口进行维护的功能有增加、删除、剔除航线、加入航线及刷新等；

第三步：航线的增加方法是，如要增加主航线，其操作方式是直接点击【增加】按钮，如增加一条欧洲航线（如图 6－8 所示）；

图 6－8 新增主航线信息

第四步：保存（如图 6－9 所示）；

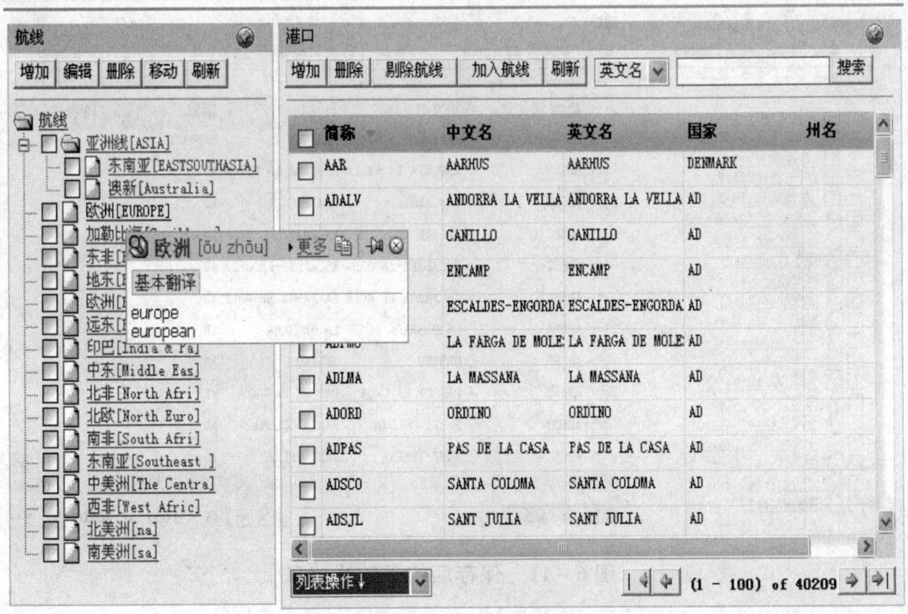

图 6－9 主航线信息列表

第五步：如要增加主航线下的子航线，其操作方式是：勾选中主航线，然后点击【增加】输入子航线资料即可，如增加欧洲主航线下的一条德国航线（如图 6－10 所示）；

港口

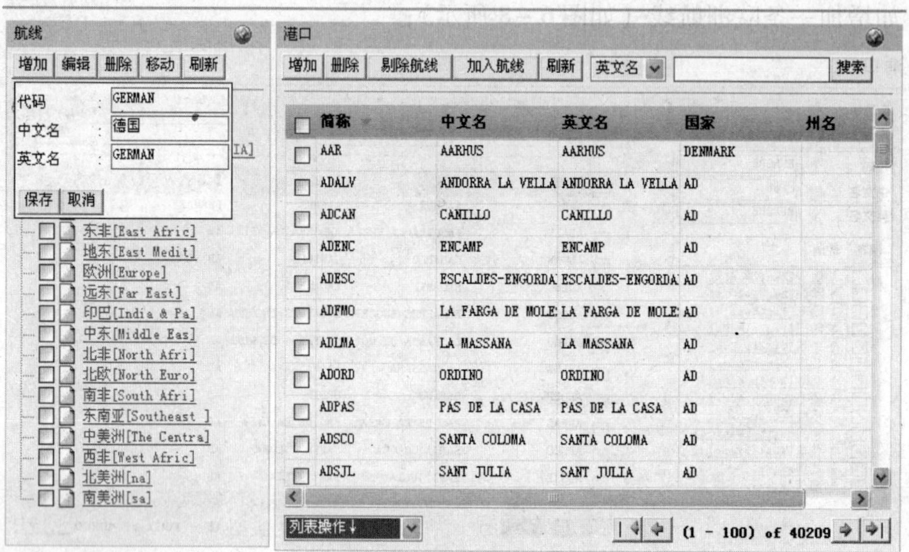

图 6－10　新增子航线信息

第六步：保存（如图 6－11 所示）；

港口

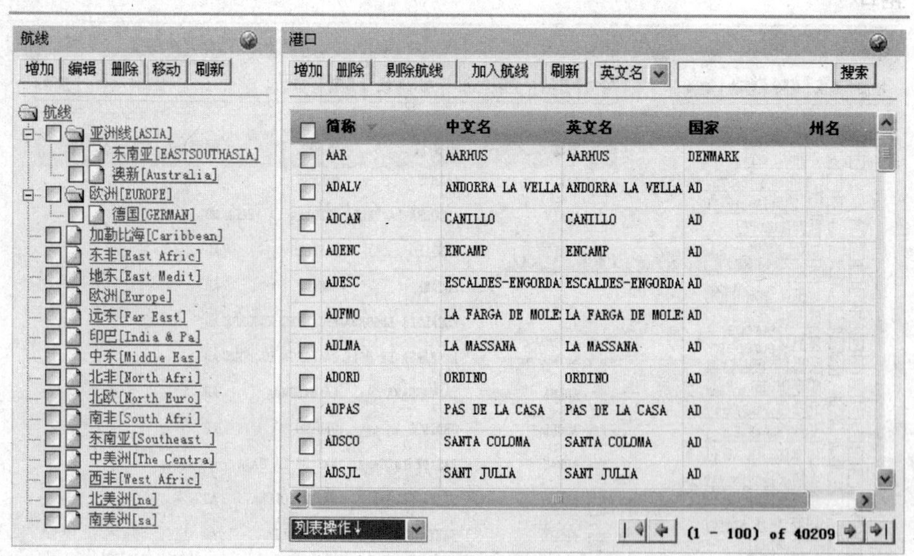

图 6－11　保存后的子航线信息

第七步：如航线的位置放得不正确，可进行“移动”，移动到正确的航线下，其操作方式是：勾选要移动的航线，点击【移动】按钮，然后在“移动到”页面里勾选要移动到的位置，然后保存即可，如把德国航线移动到北欧航线（如图6－12、图6－13、图6－14所示）；

（1）勾选中欧洲航线下的德国航线，然后点击【移动】。

图6－12 选择需移动的子航线信息

（2）在“移动到”页面里勾选项中北欧。

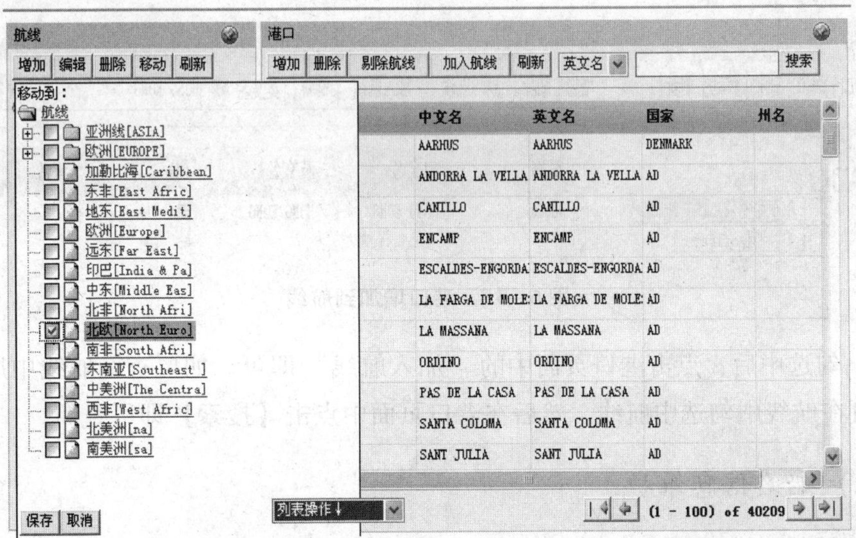

图6－13 选择需移动到的主航线信息

(3) 点击【保存】。

港口

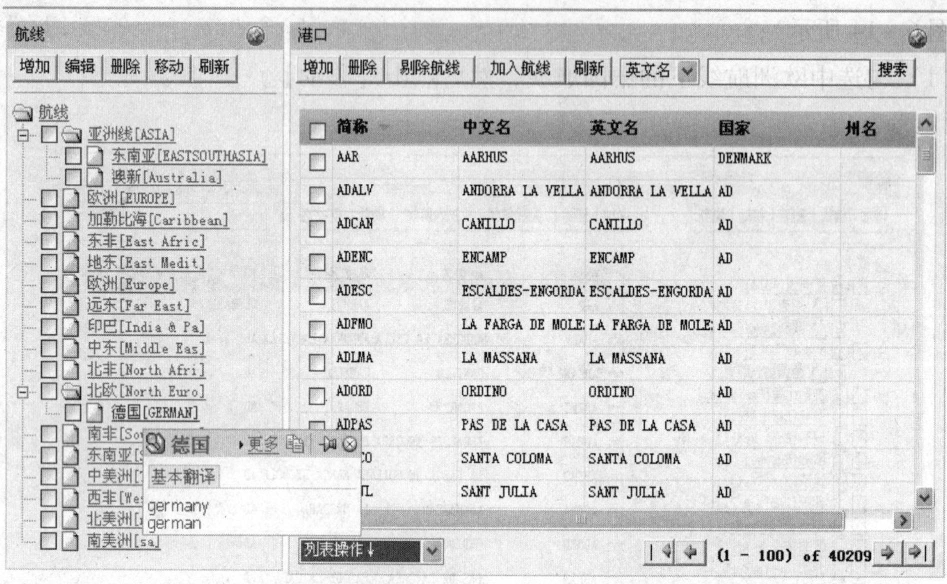

图 6-14　保存已移动的子航线信息

第八步：港口维护，这里用实例说明港口与航线的设置，而港口的增加用户可根据点击【增加】按钮进行操作。如港口“HONG KONG”增加到航线“东南亚”，其操作方式是：

(1) 在港口页面里查找到港口“HONG KONG”，然后勾选中；在航线页面里勾选中航线“东南亚”(如图 6-15 所示)。

图 6-15　港口增加到航线

(2) 勾选中后，点击港口页面中的“加入航线”即可。如要查询航线中所包含的港口，可在航线中勾选中航线，然后在港口页面中点击【搜索】即可查询。

(五) 船名信息维护

该模块中包含了船名和船期的设置。

第一步：点击【船名】进入到设置页面（如图 6－16 所示）；

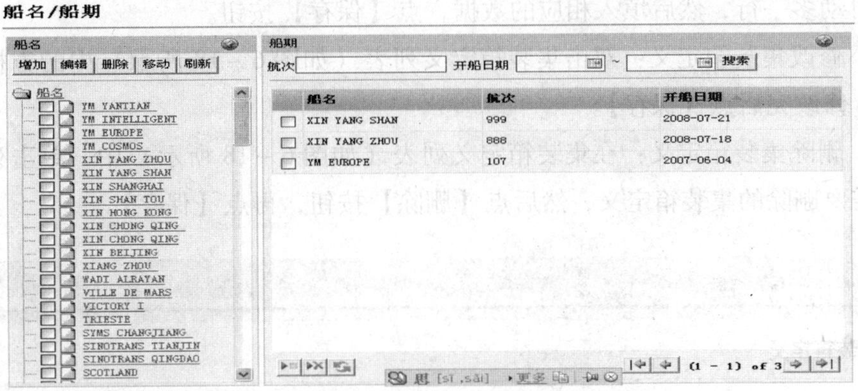

图 6－16 船名设置页面

其中：船名页面上部含有的操作功能按钮：增加、编辑、删除、移动和刷新；船期页面下部含有操作功能图标：增加、删除和刷新。

第二步：如要增加船名，点击【增加】，在跳出来的页面中填写相关信息，然后保存即可；如要增加船只的船期，则需选中船名，然后在船期页面中点击【增加】（如图 6－17 所示）；

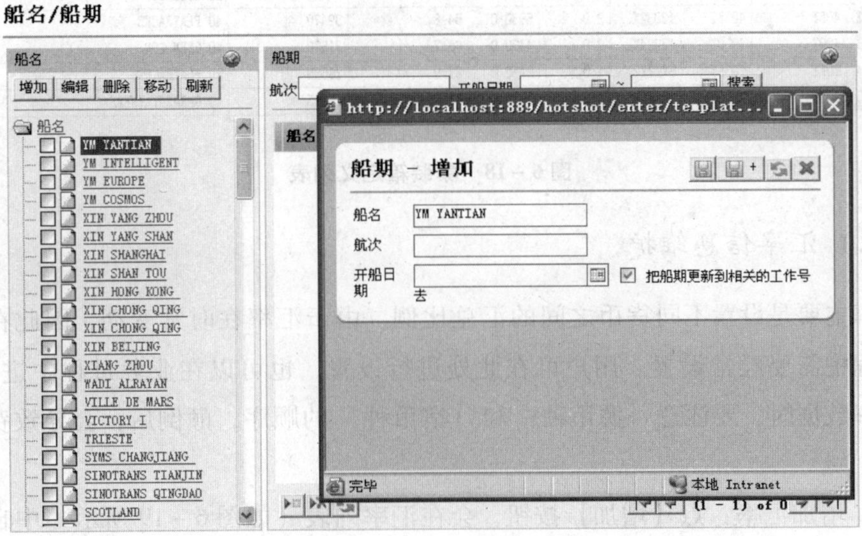

图 6－17 增加船期信息

第三步：输入船期信息，然后点击【保存】即可。

（六）集装箱信息维护

该模块主要是维护集装箱信息，用户可自行进行增加、删除、保存等操作。

(1) 增加集装箱定义：点【增加】按钮，会在集装箱定义列表（如图 6－18 所示）中自动多一行，然后填入相应的数据，点【保存】按钮。

(2) 修改集装箱定义：双击集装箱定义列表（如图 6－18 所示）中的方框直接进行修改，修改完后点【保存】。

(3) 删除集装箱定义：在集装箱定义列表（如图 6－18 所示）中，单击列表的数据选中需要删除的集装箱定义，然后点【删除】按钮，再点【保存】。

增加 删除 保存 刷新

集装箱定义

	箱型代码	箱型	尺寸	TEU	皮重(...	最大体积	最大重量	描述
1	20GP	20'GP	5898X2...	1.0	2280.0	33.2	21720	20 GENERAL PURPOSE
2	20GP RF	20'GP RF	5455X2...	1.0	2950.0	27.4	21050	20 REFRIGERATED
3	40GP	40'GP	12040X...	2.0	3830.0	67.70	26650.00	40 GENERAL PURPOSE
4	40HC	40'HC	12031X...	2.0	3980.0	76.3	26500	40 HIGH CUBE
5	45HC	45'HC	13544X...	2.0	4800.0	86	25680	45 HIGH CUBE
6	40GP RF	40'GP RF	11559X...	2.0	4545.0	64.8	27455	40 REFRIGERATED
7	40HC RF	40'HC RF	11569X...	2.0	4430.0	64.8	31570	40 REFRIGERATED
8	20HT	20'HT		1.0	0.0			
9	40HT	40'HT		2.0	0.0			
10	20GT	20'GT	5900X2...	1.0	2240.0	33.2	21760	20 GARMENTAINERS
11	20OT	20'OT	5902X2...	1.0	2440.0	32	21560	20 OPEN TOP
12	40FT	40'FT	12032X...	2.0	5530.0	54.8	39470	40 FLATRACKS
13	40OT	40'OT	12024X...	2.0	4430.0	66.7	31570	40 OPEN TOP
14	20FT	20'FT	5727X2...	1.0	2950.0	27.9	26650	20 FLATRACKS
15	40GT	40'GT	12024X...	2.0	3885.0	67.7	26595	40 GARMENTAINERS

图 6－18 集装箱定义列表

(七) 汇率信息维护

汇率主要是设置不同货币之间的汇兑比例。由于汇率在时常变动，因此在实际的业务过程中需要经常设置。用户可在此处进行设置，也可以在业务过程中进行设置。设置汇率数据时，要注意｛源币种｝和｛宿币种｝的顺序，颠倒后，会导致费用兑换错误。

(1) 增加汇率：点【增加】按钮，会在汇率列表（如图 6－19 所示）中自动多一行，然后填入相应的数据，点【保存】按钮。

(2) 修改汇率：在汇率列表（如图 6－19 所示）中的方框中直接进行修改，修改完后点【保存】。

(3) 删除汇率：在汇率列表（如图 6－19 所示）中，在需要删除的汇率最左边的方框打勾，然后点【删除】按钮，再点【保存】。

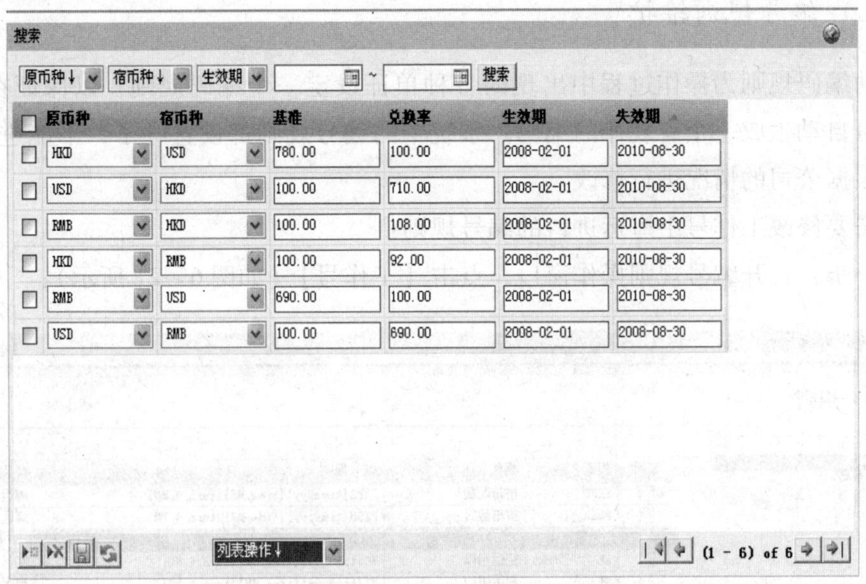

图 6－19 汇率列表

（八）电子词典数据维护

使用电子词典窗口维护操作中用到的各种电子词典代码，电子词典代码包含的内容是操作时各文本框下拉列表中的内容。

如需要增加电子词典中的包装类型的内容，打开电子词典的操作窗口（如图 6－20 所示），单击【包装类型】，在包装类型右边会出来相应关于包装类型的数据，便可对包装类型中的数据进行增加、删除、修改操作，修改完点击【保存】。

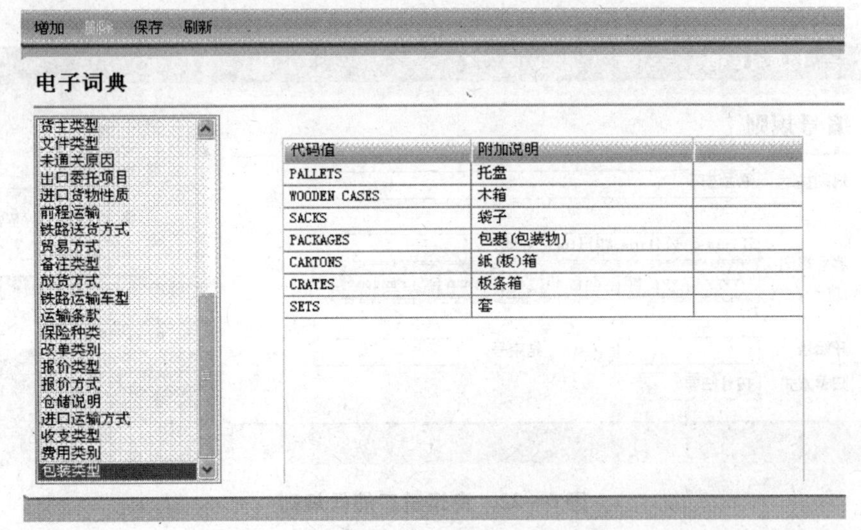

图 6－20 电子词典的操作窗口

（九）编号规则维护

自动编码规则为操作过程中出现的各种单证设定一个编码规则，以保证在制作此单证时可自动生成一个有规律的编码。系统中的编号规则都设置好了，不能进行增加，只可以根据公司的情况进行修改。

如需要修改工作号中海运进口的编号规则：

第一步：打开编号规则操作窗口，点击【工作号】（如图 6－21 所示）；

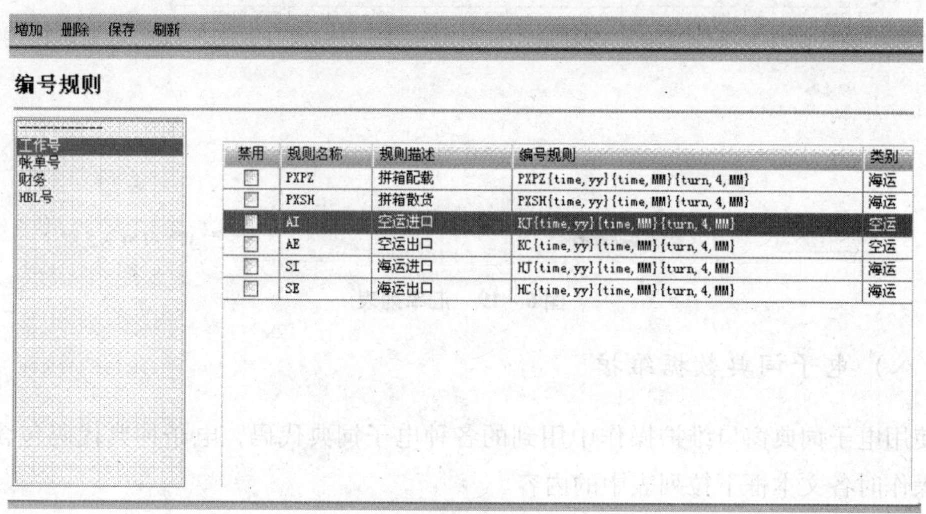

图 6－21　编号规则工作号列表

第二步：如需修改，双击海运进口编号规则的内容，便可跳出修改页面（如图 6－22 所示）；

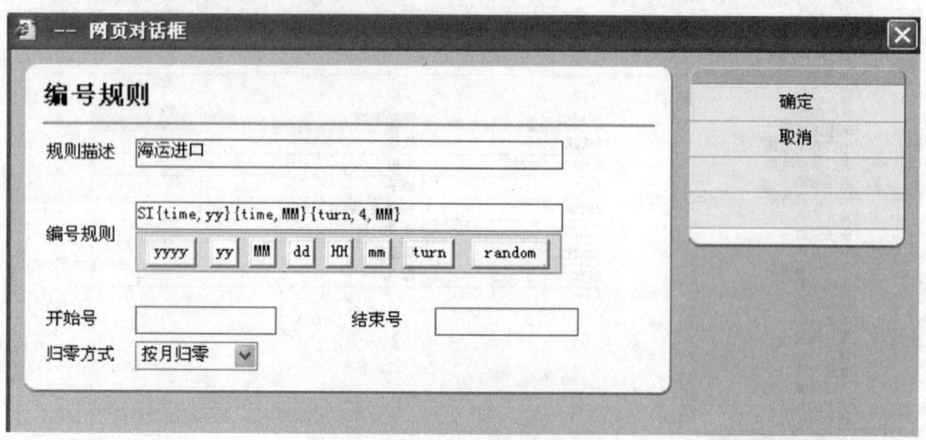

图 6－22　海运进口编号规则

第三步：修改后点击【确定】。

注：编号规则中的 HC {time，yy} {time，MM} {turn，4，MM}，HC 是公司自已设置工作号显示的前缀，{time，yy} 表示显示两位年份，{time，MM} 表示显法两位月份，{turn，4，MM} 表示显示 4 位顺序号。归零方式：按月归零一般是指到月初时工作号的顺序号从 1 开始计数。

（十）单证管理

公司各种海运提单，账单的模板设置，系统中默认安装了一些船公司和航空公司的订舱单，还有其他一些标准的账单、拖车单等。其界面如图 6－23 所示。

图 6－23　单证模板列表

用户也可自行设计模板，其操作方式是：

第一步：点击【增加单证模板】进入单证新增页面（如图 6－24 所示），输入模板名称，然后点击【保存】即可；

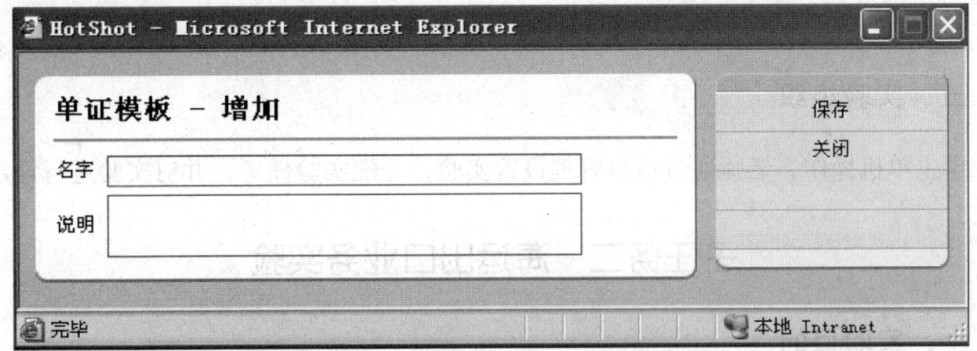

图 6－24　新增单证模板名称

第二步：选中增加的模板（如图 6－25 所示）；

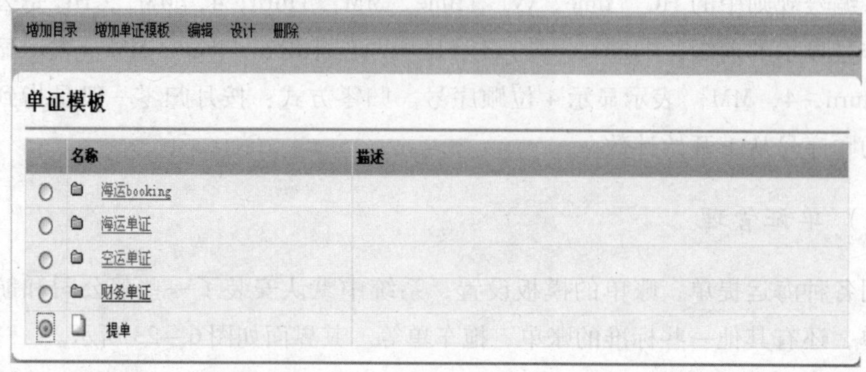

图 6－25 保存后的单证模板列表

第三步：点击【设计】进入单证模板设计页面（如图 6－26 所示），此时用户可通过扫描的方式，将扫描件导入进来，也可在编辑项里或右击鼠标选择“增加元素”进行全新自我设计。

图 6－26 单证模板设计页面

五、实验组织

学生单机操作，老师通过后台管理设置实验，分配实验任务，并对实验进行评定。

子任务二 海运出口业务实验

一、实验目的

了解并掌握海运出口业务和操作。

二、实验类型

单元实验

三、实验学时

2 学时

四、实验流程

海运出口操作提供对出口货物的一系列服务，包括海运服务及其海运出口涉及的其他委托服务，操作流程（如图 6－27 所示）：

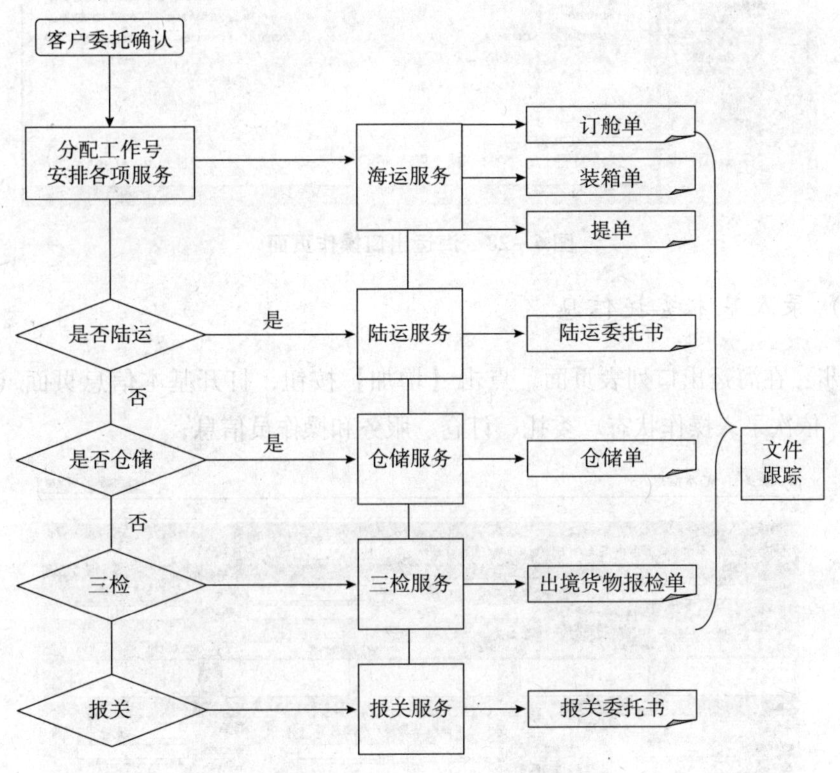

图 6－27　海运出口操作流程

五、实验步骤

（一）系统登录

第一步：打开 IE 浏览器，输入“http：//IP：889”，其中的 IP 是指系统服务器地址，进入到登录页面（如图 6－1 所示）；

第二步：输入“登录名”和“密码”进行登录；

第三步：进入系统，如图 6－2 如示（因不同用户所设置的功能权限不同，系统所显示的功能模块会有差异）；

第四步：点击左部页面的“业务操作”中的“海运出口”进入到海运出口页面（如图 6－28 所示）。

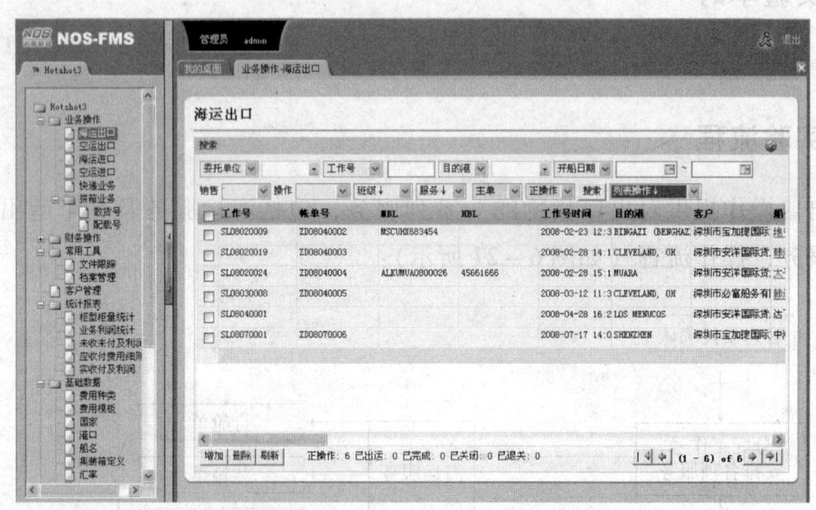

图 6－28　海运出口操作页面

（二）录入基本委托信息

第一步：在海运出口列表页面，点击【增加】按钮，打开基本信息页面（如图 6－29 所示），依次录入操作状态、委托、订仓、服务和操作员信息；

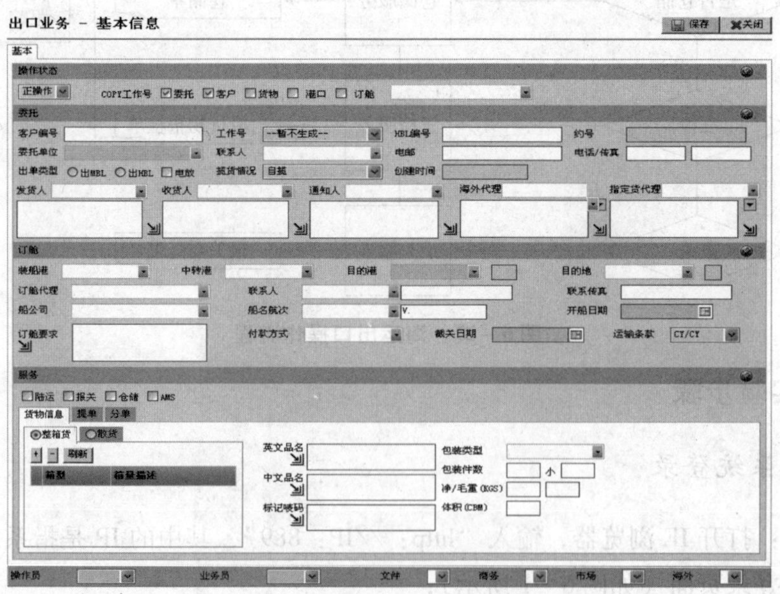

图 6－29　海运出口业务基本信息页面

说明：

（1）黄色区域是必填项，如委托单位、目的港、开船日期、截关日期、业务员，操作员将根据登录人员进行自动生成，因本实验用的是系统管理员的身份，所以不能自动生成。

（2）操作状态下的copy工作号等一串内容是指如果这次订舱内容中的委托信息，客户信息等和原来的工作号相同，可以用基本页面中的copy工作号，选取要copy的内容，然后选取原来的工作号，点【确定】，就可以copy选中的内容，避免重复录入。

（3）客户编号是指客户在业务中的编号，用户可自行设定。

（4）工作号：工作号中的暂不生成，是指这次委托有可能客户要取消订舱，工作号在没有产生费用时先不生成，直到确定，才选取工作号下拉框中的工作号类别生成工作号。

（5）委托单位的信息从客户资料选取，选取后相应的联系人，发货人，收货人，通知人中的提单内容可以自动生成，收货人和发货人，通知人，如修改了里面的数据，系统会自动比较，如发现修改的内容不一致，会自动往系统中插入一条数据。

（6）服务下的内容可由货代完成，也可由客户自行完，因此这里是可选项，根据客户的需求进行选择，其中的AMS主要是针对出口加拿大和美国两个国家，如果是海运出口加拿大和美国就必须选中该项，其他国家不需要，而AMS的作用就是补料，也就是将货物的实际收发货人的详细信息进补充。

第二步：录入所有信息后，点击【保存】，保存后页面上半部多了一此功能按钮如订舱、装箱等（如图6－30所示）。

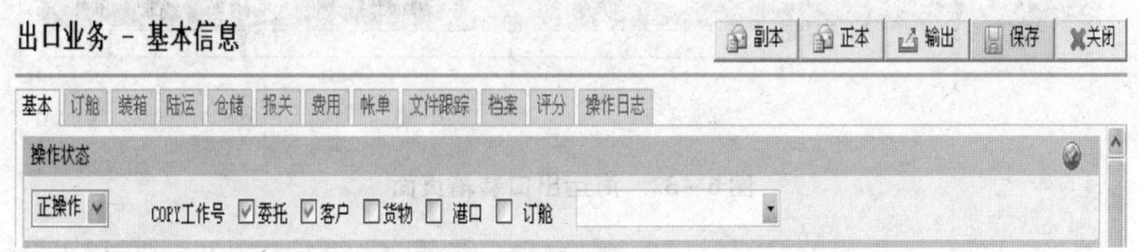

图6－30 保存后增加的功能按钮

（三）录入船公司订舱信息

点击【订舱】进入订舱操作页面（如图6－31所示），这里的订舱是货代向船公司订舱，在订舱号里输入从船公司那里取得的订舱号，然后点击【保存】即可。

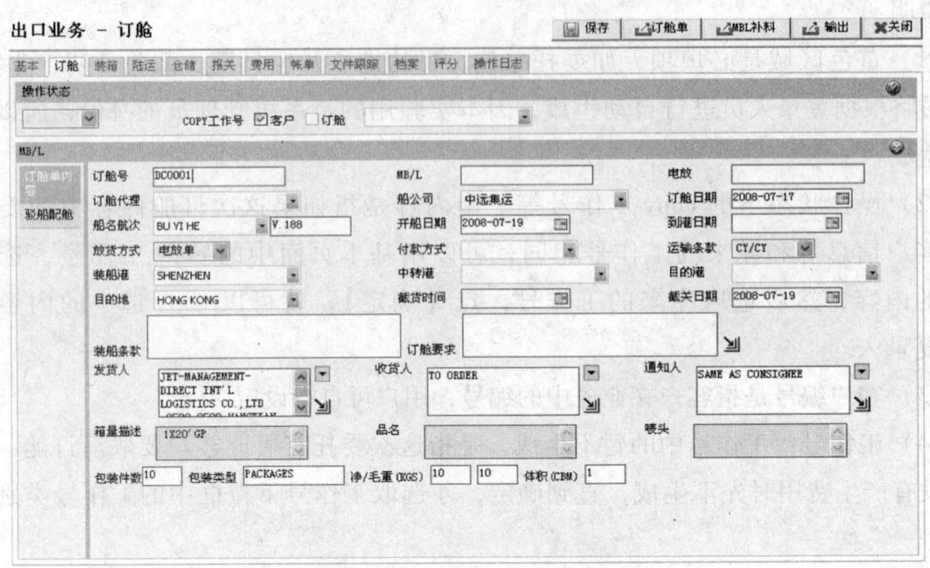

图6-31　海运出口订舱页面

（四）录入装箱信息

点击【装箱】进入装箱操作页面（如图6-32所示），就是对货物指定一个固定的集装箱，点击【拷贝基本资料】可将货物信息复制到下面方框里，并填写好箱号和封条号，然后进行保存即可。

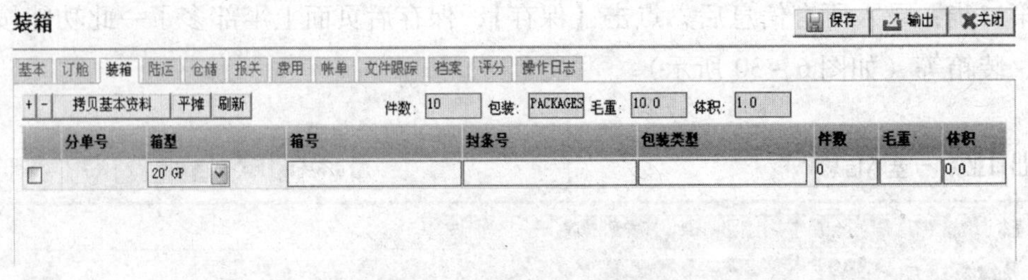

图6-32　海运出口装箱页面

（五）录入陆运信息

第一步：点击【陆运】进入陆运操作页面（如图6-33所示），是指货代派车到客户处取货。根据客户提供的资料（装柜时间、地址、联系人，电话等），把资料录入到陆运中；

第二步：录入信息后点击【保存】，然后点击【派车单】生成一张派车单（如图6-34所示）。

出口业务 － 陆运

保存(S) 输出(E) 派车单 关闭

基本 订舱 装箱 陆运 仓储 报关 费用 帐单 文件跟踪 档案 评分 操作日志

操作状态

公司名称	深圳市宝加捷国际货代有限	联系人	FAN 4567778	联系传真	33445667
中转港	SHENZHEN SHENZHEN	目的港	HONG KONG HONG KONG	船公司	中远集运
船名/航次	BU YI HE V.188	截关日期	2008-07-19	订舱号	DC0001
工作号	SL08070002	MBL			
拖车行	深圳市振华运输有限公司	联系人	张三	联系人电话	16453154
工厂	******制造厂	地点	深圳******	装柜时间	2008-07-17 18:15
联系人	李四	电话	123456456	备注	
卸货港代码		港区			

箱号/封条号	箱量描述	品名	唛头
COSU8001215 / FENG0001	1X20' GP	tea	DB35/T9119-1999

包装件数 10 包装类型 PACKAGES 净/毛重(KGS) 10 10 体积(CBM) 1

图 6－33 海运出口陆运页面

派 车 委 托 书

公司名称：＿＿＿＿＿＿ 联系人：＿＿＿＿

货物名称：茶 件数：10 包装：PACKAGE 体积：1

重量：10 (★请表明重量.TKS!)

柜数： COSU8001215/FENG0001

我司工作号：SL08070002 (对账时请备注此号码)

订舱号：DC0001 截关日：2008-07-19

起运港：SHENZHEN 目的港：HONG KONG 船公司：COSCO CONTAINER LINE

装柜时间：

工厂(仓库)名称：

地点：

联系人： 电话：

是否带司机本：□

请安排： 转关 报关

或将重柜纸交到： 报关行

拖车费： 报关费： 转关费：

注意事项：1. 对柜子有特殊要求：无异味，柜子干净，无油渍杂物之类的.切记 !!

2. 请务必准时到厂，谢谢!赶紧打单!

盖公章：

委托日期：2008-07-17

图 6－34 派车单样本

（六）录入仓储信息

点击【仓储】进入仓储操作页面（如图 6－35 所示），这主要是针对从客户那里取回来暂不走的货物，完善其信息后，保存即可。

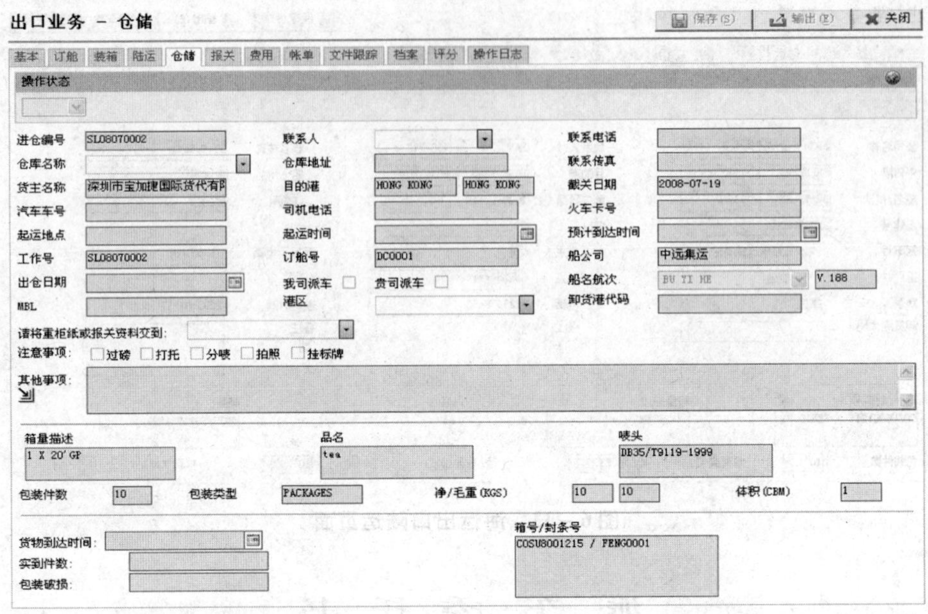

图 6-35　海运出口仓储页面

（七）录入报关信息

点击【报关】进入报关操作页面（如图 6-36 所示），完善报关信息，并在文件跟踪中录入报关时事动态。

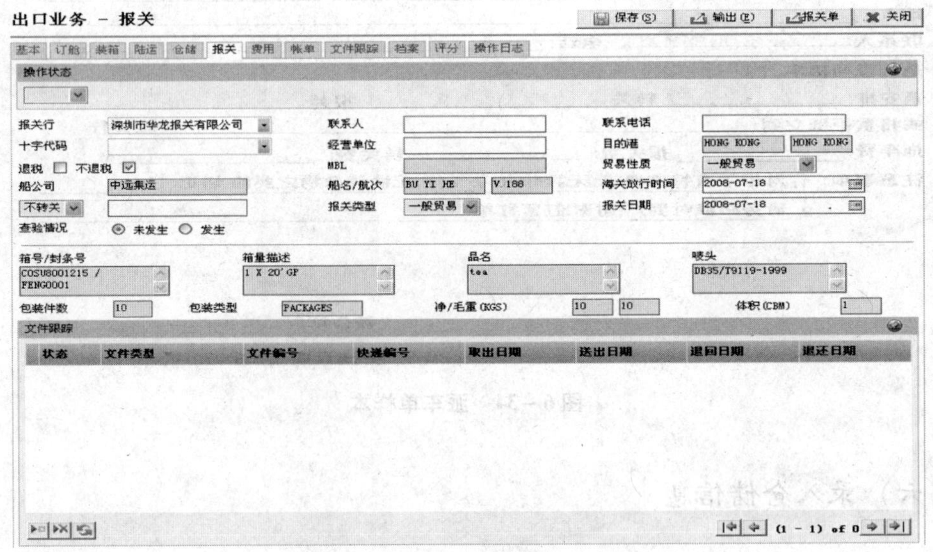

图 6-36　海运出口报关页面

（八）应收应付费用维护

点击【费用】进入费用维护页面（如图 6－37 所示），对业务发生过程中或发生后的应收应付费用进行维护。

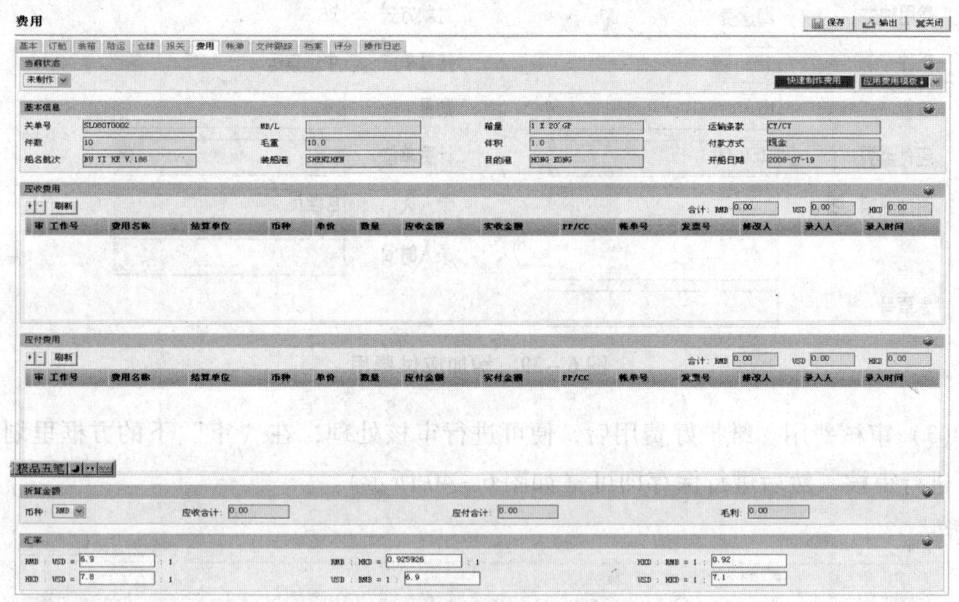

图 6－37　海运出口费用维护页面

（1）应收费用维护。点击应收费用下的“＋”号可逐一增加费用，如增加海运费，点击“＋”进入，在跳出的对话框中完善其信息，然后保存即可（如图 6－38 所示）；如有多种费用，可在保存时点击【保存后继续添加】重复增加费用。

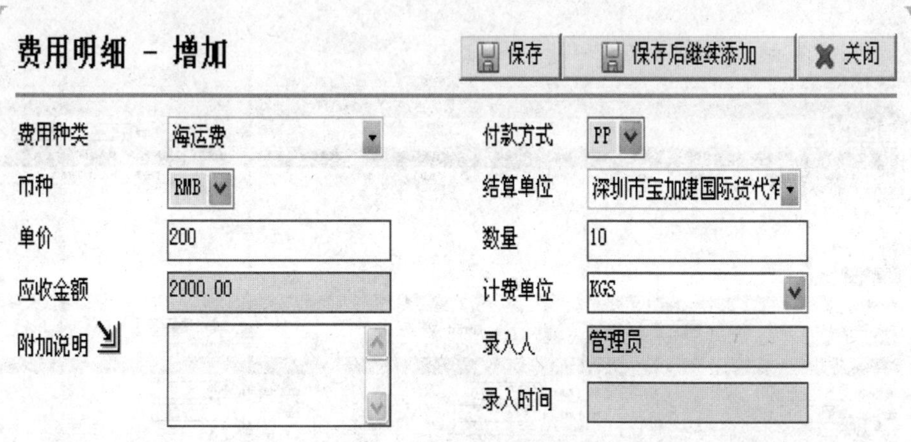

图 6－38　增加应收费用

（2）应付费用维护。同应收费用维护操作方式一样（如图 6－39 所示），但应付金额应为负数。

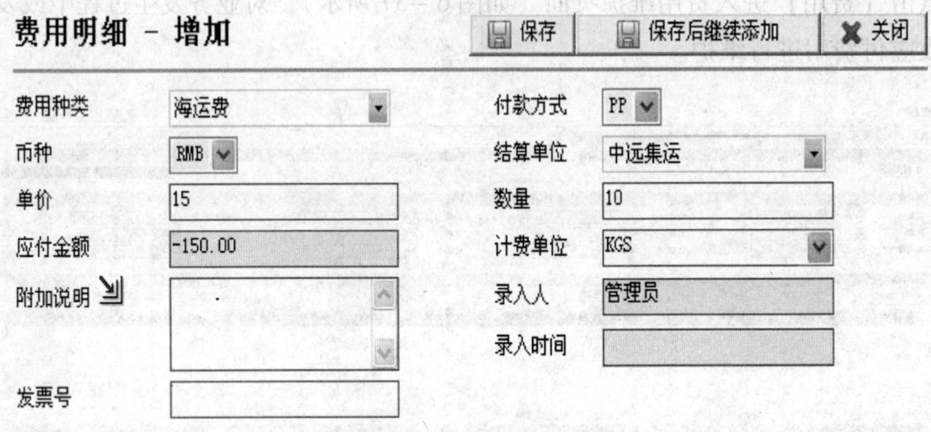

图 6－39　增加应付费用

（3）审核费用。维护好费用后，便可进行审核处理，在“审”下的方框里划上勾就可进行审核，然后进行保存即可（如图 6－40 所示）。

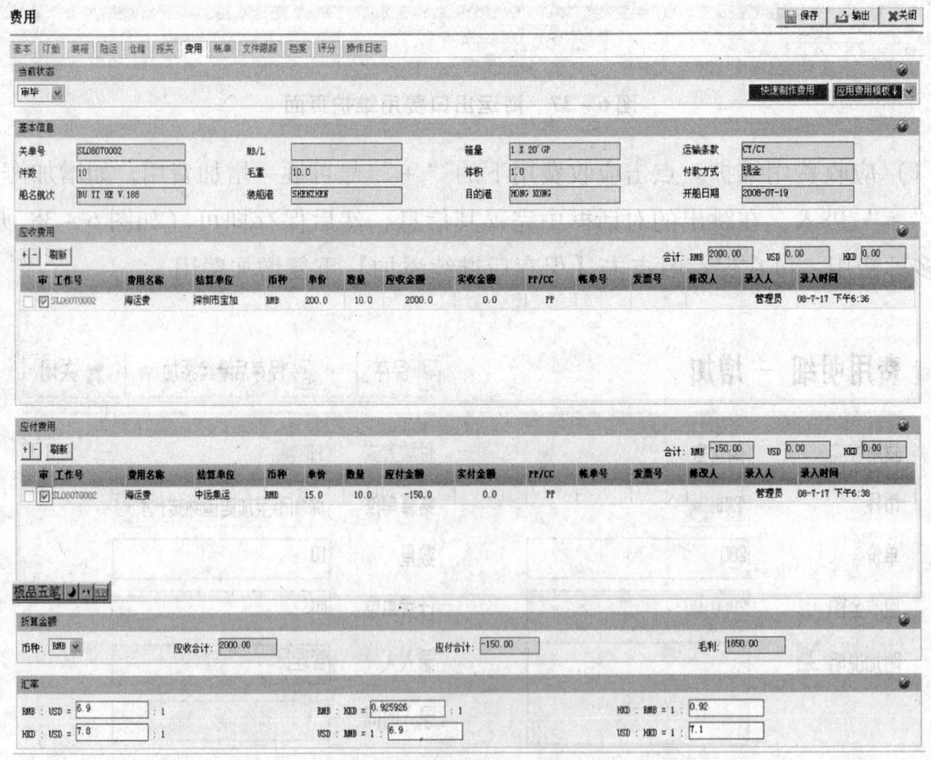

图 6－40　审核增加的费用信息

这里也可进行汇率的维护，维护后只对该票起作用，不影响其他的汇率。

（九）生成对账单

第一步：点击【账单】进入账单管理页面（如图6－41所示），主要应用于和应付客户进行对账；

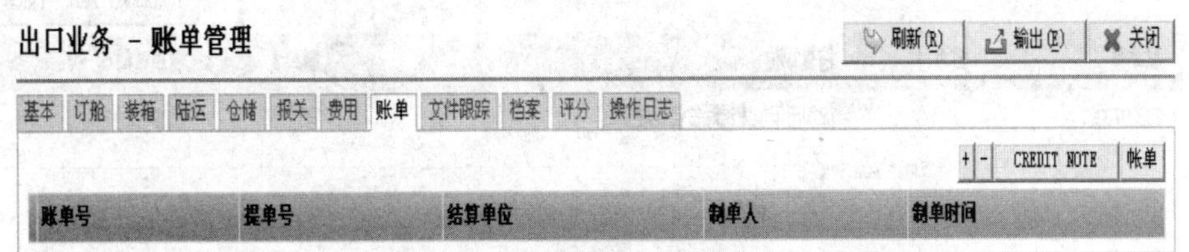

图6－41 海运出口账单管理页面

第二步：点击“＋”号弹出账单制作窗口（如图6－42所示），用户下页面下部勾选中应收的客户，其信息便自动生成在基本资料里，如用户使用外币支付，同时可计算出外币支付的数量；

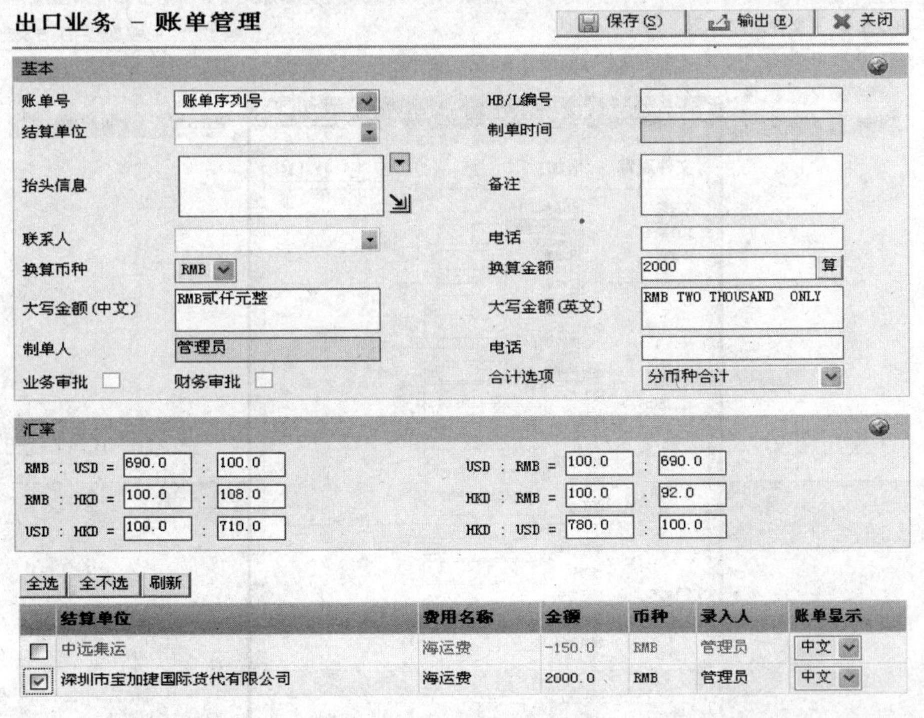

图6－42 账单制作页面

第三步：录入账单信息完毕后点击【保存】，通过“输出”可打印出单据，然后发送给客户进行对账；

第四步：关闭账单制作窗口，点击【刷新】按钮，账单页面中便有一新增记录（如图 6－43 所示）。

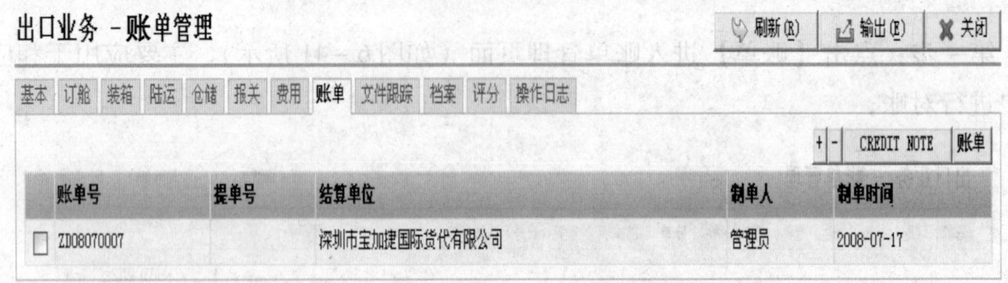

图 6－43　新增账单列表

（十）文件跟踪

点击【文件跟踪】进入文件跟踪操作页面（如图 6－44 所示），是指对业务过程中的文件资料进行跟踪。点【增加】，选择文件类型，输入文件的相关信息，保存即可。

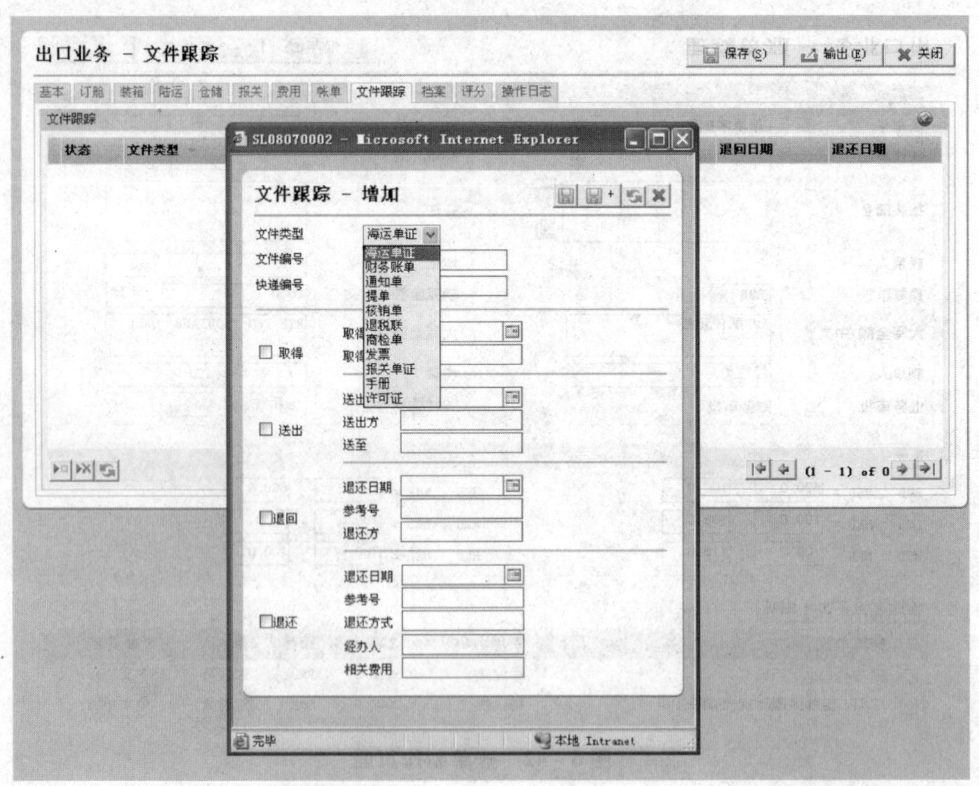

图 6－44　海运出口文件跟踪页面

（十一）档案管理

点击【档案】进入档案管理页面（如图6－45所示），在业务操作中，能输出单据的都能生成档案，保存后都可在这里进行查询，并下载。

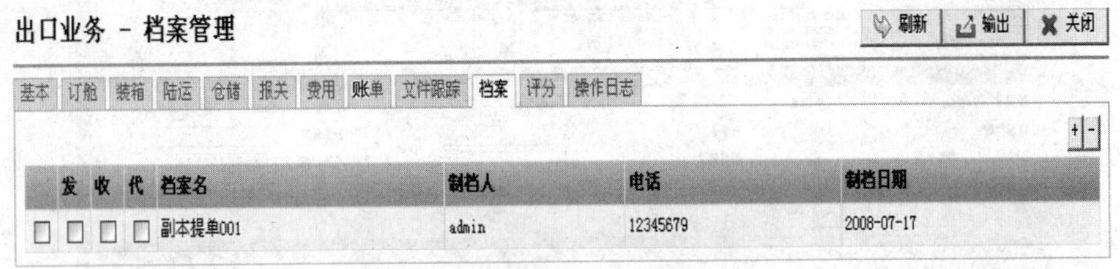

图6－45　海运出口档案管理页面

六、实验组织

学生单机操作，老师通过后台管理设置实验，分配实验任务，并对实验进行评定。

（一）教师评分

评分是老师对学生的业务操作情况进行综合评定。因此，老师在评分时需查看学生的业务数据，而本系统的对评分的设计是针对每一宗业务数据，因而评分是在业务操作模块中，老师查看学生业务数据的方法如下：

第一步：点击【海运出口】进入到查询页面（如图6－46所示），通过查询的方式，搜出需要评分的用户的业务操作数据；

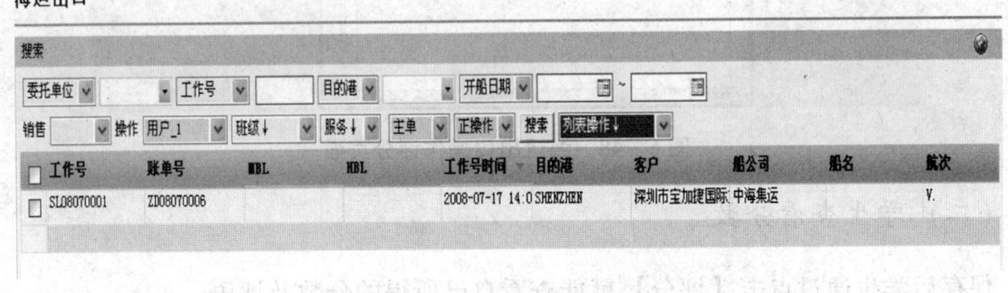

图6－46　海运出口操作查询页面

第二步：双击【记录】，老师便可查看学生业务操作数据资料（如图6－47所示）；通过查看基本、订舱、装箱等数据，老师便可通过这些进行打分。

第三步：点击第二步中的【评分】进行评分，点击“＋”号进入评分编辑（如图6－48所示），最后点击【保存】。

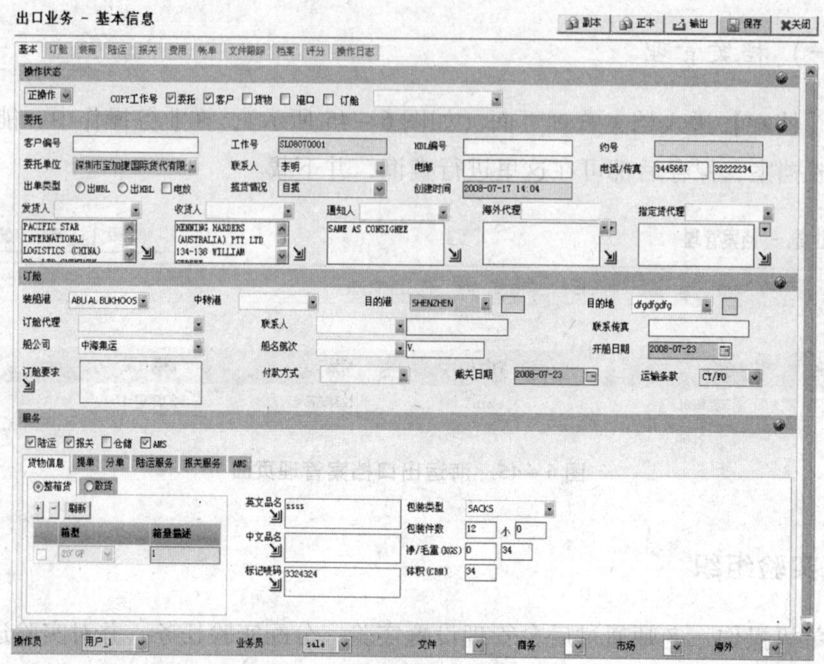

图 6－47　海运出口操作数据明细

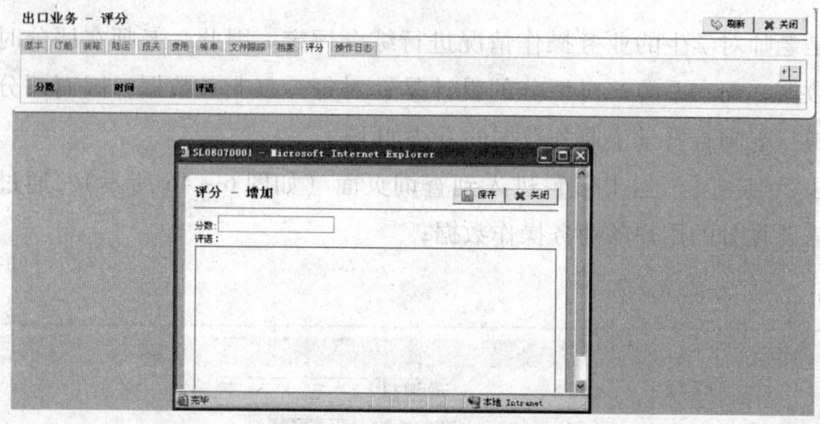

图 6－48　海运出口操作评分页面

（二）学生查看分数

保存后学生通过点击【评分】就能查看自己所得的分数及评语。

子任务三　海运进口业务实验

一、实验目的

了解并掌握海运进口流程及业务操作。

二、实验类型

单元实验

三、实验学时

2 学时

四、实验内容

海运进口操作提供对进口货物的一系列服务，包括海运服务及其海运进口涉及的其他委托服务，操作流程在设计上与海运出口大体相似，学生在实验过程中注意区分两者的相同和不同之处。

五、实验步骤

（一）系统登录

第一步：打开 IE 浏览器，输入“http：//IP：889”，其中的 IP 是指系统服务器地址，进入到登录页面；

第二步：输入“登录名”和“密码”进行登录；

第三步：进入系统，点击左部页面的【业务操作】→【海运进口】进入到海运进口页面（如图 6－49 所示）。

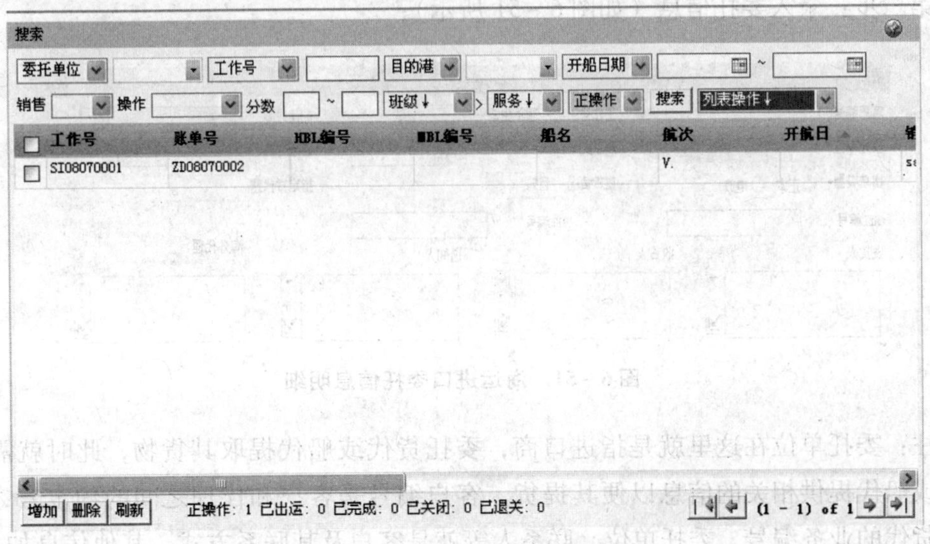

图 6－49　海运进口操作页面

（二）录入基本委托信息

第一步：点击左下角的【增加】按钮进入到新业务基本信息录入页面，基本信息包含如下几大部分：委托、订舱、服务（如图6－50所示）；

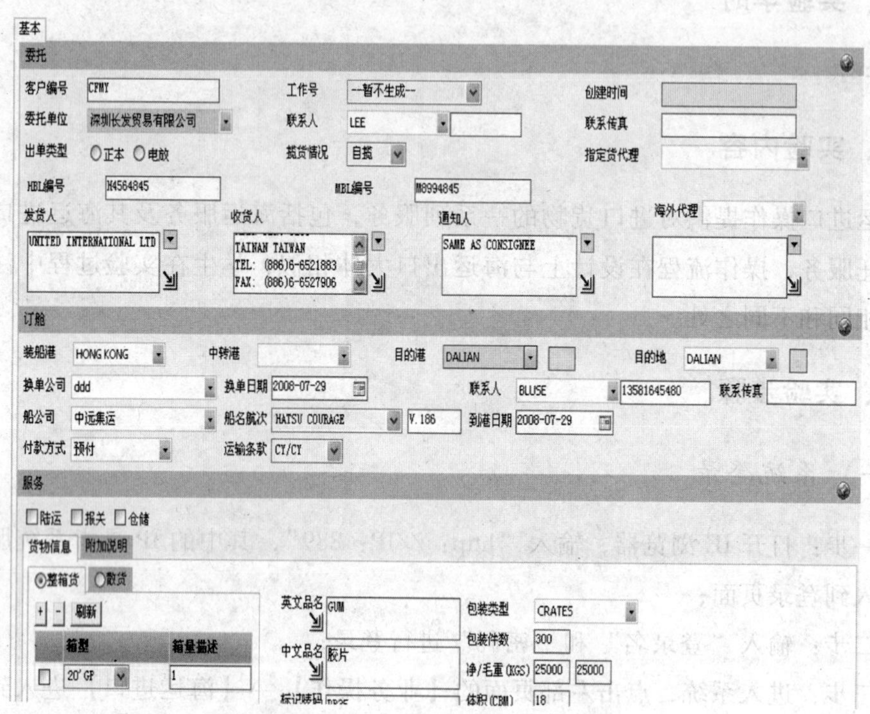

图6－50　海运进口业务基本信息页面

第二步：录入委托信息（如图6－51所示）；

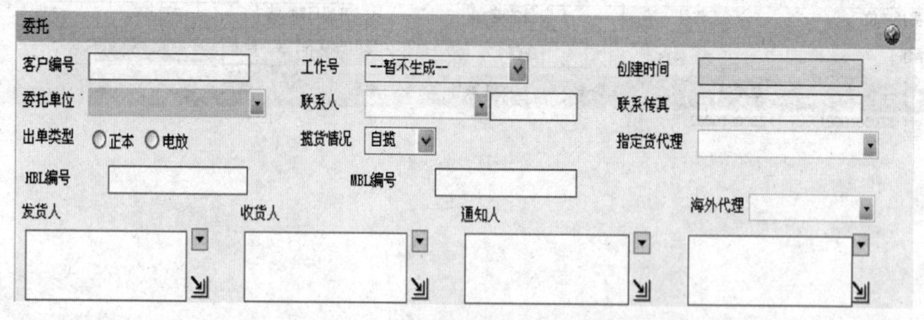

图6－51　海运进口委托信息明细

注：委托单位在这里就是指进口商，委托货代或船代提取其货物，此时就需要向货代或船代提供相关的信息以便其提货。客户编号是客户和代理之间的约定号，工作号是货代的业务编号，委托单位、联系人等就是客户及其联系方式，其他信息如MBL、HBL、收发货人等就是出口商所提供的信息。

第三步：录入订舱信息（如图 6－52 所示）。这里的订舱就是指进口商的货物所在船的船名航次，目的地和到港日期；

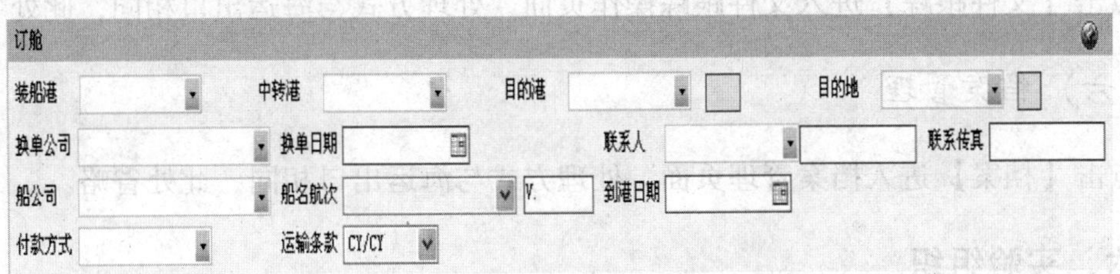

图 6－52　海运进口订舱信息明细

第四步：录入服务信息（如图 6－53 所示）。服务中包含进口货物的基本信息以及根据客户的需求提供陆运、报关、仓储等服务。陆运、报关、仓储用户可根据出口业务的练习进行操作，此处省略；

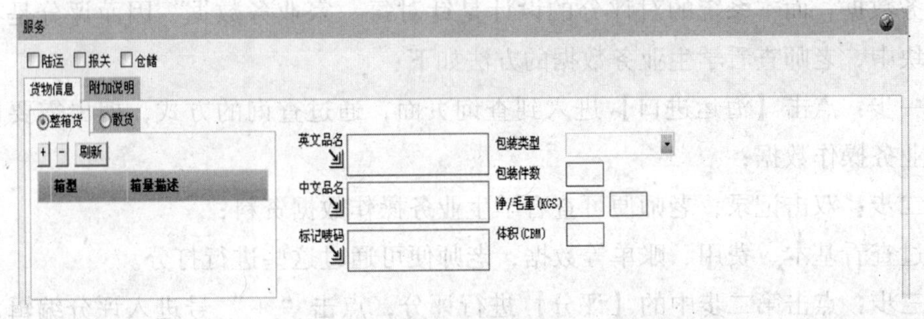

图 6－53　海运进口服务信息明细

第五步：保存基本信息。保存后，页面将生成如费用、账单等模块（如图 6－54 所示）。

海运进口 － 基本信息

基本	费用	账单	文件跟踪	档案	操作日志	评分

图 6－54　海运进口新增模块信息

（三）应收应付费用维护

点击【费用】进入费用维护页面，处理方式与海运出口相同，此处省略。

（四）生成对账单

点击【账单】进入账单管理页面，生成应收账单给委托单位进行核对，处理方式与海运出口相同，此处省略。

（五）文件跟踪

点击【文件跟踪】进入文件跟踪操作页面，处理方式与海运出口相同，此处省略。

（六）档案管理

点击【档案】进入档案管理页面，处理方式与海运出口相同，此处省略。

六、实验组织

学生单机操作，老师通过后台管理设置实验，分配实验任务，并对实验进行评定。

（一）教师评分

评分是老师对学生的业务操作情况进行综合评定。因此，老师在评分时需查看学生的业务数据，而本系统的对评分的设计是针对每一宗业务数据，因而评分是在业务操作模块中，老师查看学生业务数据的方法如下：

第一步：点击【海运进口】进入到查询页面，通过查询的方式，搜出需要评分的用户的业务操作数据；

第二步：双击记录，老师便可查看学生业务操作数据资料；

通过查看基本、费用、账单等数据，老师便可通过这些进行打分。

第三步：点击第二步中的【评分】进行评分，点击“+”号进入评分编辑，最后点击【保存】。

（二）学生查看分数

保存后学生通过点击【评分】就能查看自己所得的分数及评语。

子任务四　拼箱业务实验

一、实验目的

了解并掌握海运业务中的拼箱业务。

二、实验类型

单元实验

三、实验学时

2 学时

四、实验流程

在海运业务中，分整箱和拼箱两种，拼箱是指一个客户的货物不足以使用一个集装箱，此时为节约成本，货代公司就需要将多个客户的货物进行拼箱，然后进行运输。本系统涉及的拼箱只是对散货进行统计，未实现自动拼箱的操作。拼箱业务的流程（如图 6－55 所示）。

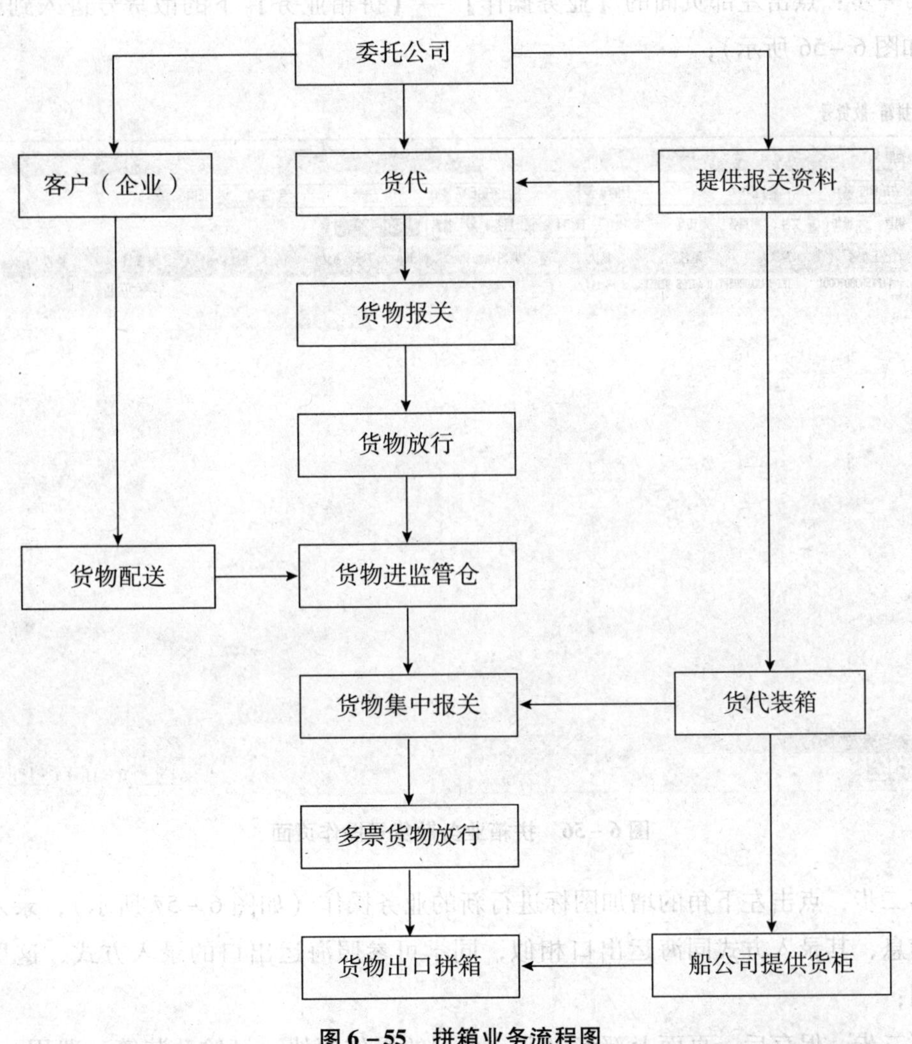

图 6－55 拼箱业务流程图

五、实验步骤

（一）系统登录

第一步：打开 IE 浏览器，输入“http：//IP：889”，其中的 IP 是指系统服务器地址，进入到登录页面；

第二步：输入“登录名”和“密码”进行登录国际货代管理系统。

（二）散货号操作

第一步：点击左部页面的【业务操作】→【拼箱业务】下的散货号进入到如下页面（如图 6－56 所示）；

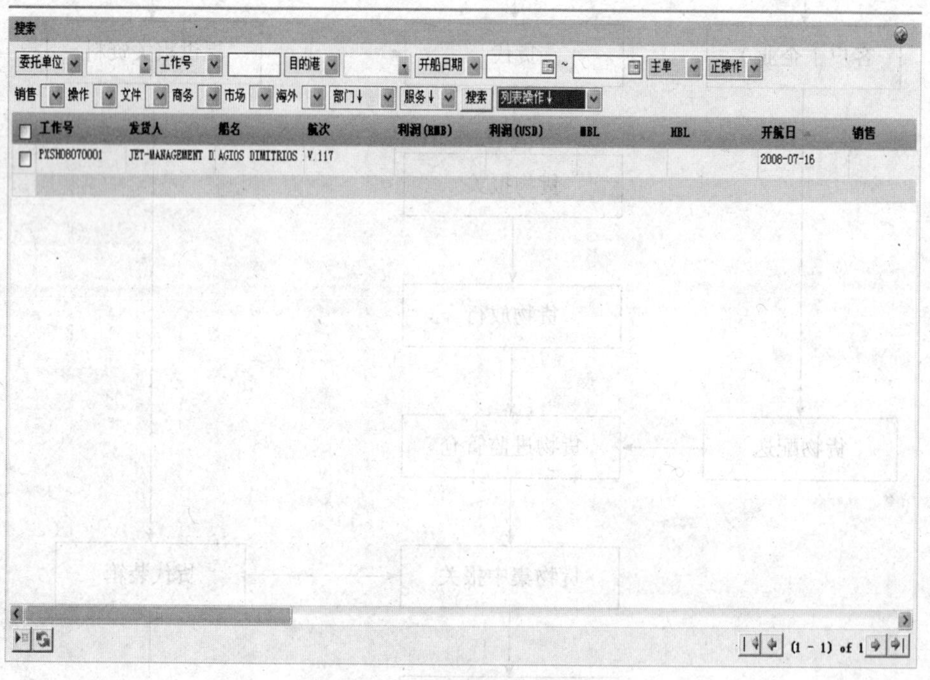

图 6－56　拼箱业务散货号操作页面

第二步：点击左下角的增加图标进行新的业务操作（如图 6－57 所示），录入货物基本信息，其录入方式同海运出口相似，同学可参照海运出口的录入方式，这里不详细说明；

第三步：保存后，页面上部将出现一系列的操作模块：订舱、装箱、费用、账单、文件跟踪、档案、备注及操作日志，这些操作全同海运出口，请同学在操作时参照海运出口实验的操作，此处略。

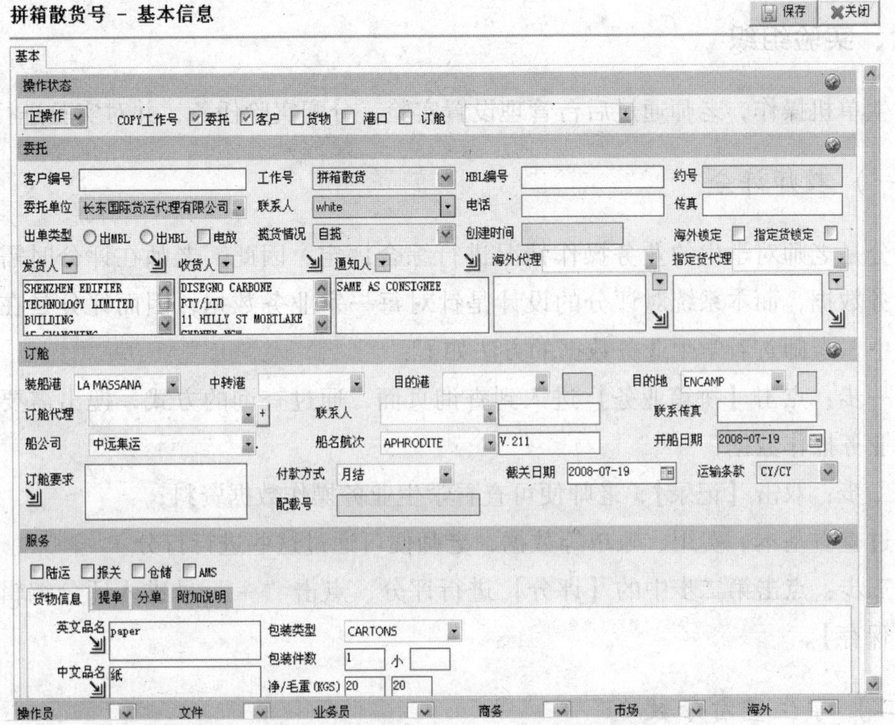

图 6－57 拼箱业务散货号基本信息页面

（三）配载号操作

点击左部页面的【业务操作】→【拼箱业务】下的配载号进入到如下页面（如图 6－58 所示），可查询出所有的散货记录，然后进行手工配置，本系统暂无自动配置功能。

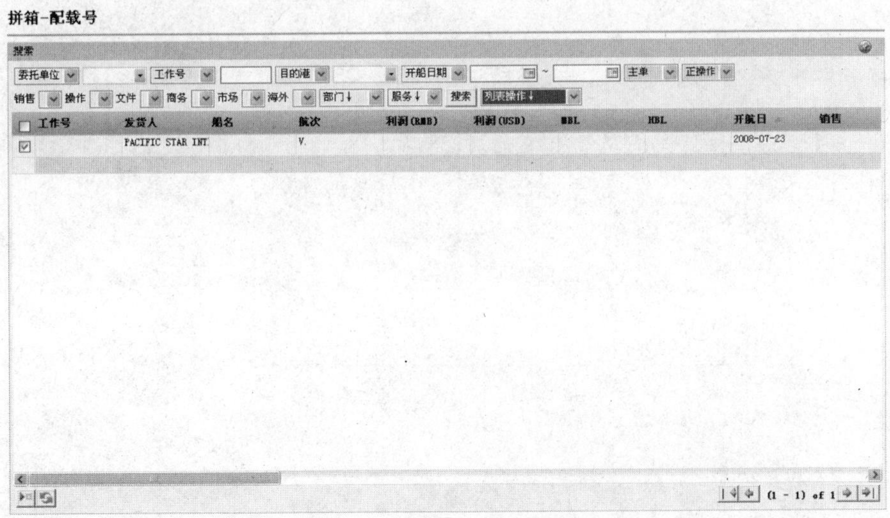

图 6－58 拼箱业务配载号操作页面

六、实验组织

学生单机操作，老师通过后台管理设置实验，分配实验任务，并对实验进行评定。

（一）教师评分

评分是老师对学生的业务操作情况进行综合评定。因此，老师在评分时需查看学生的业务数据，而本系统对评分的设计是针对每一宗业务数据，因而评分是在业务操作模块中，老师查看学生业务数据的方法如下：

第一步：点击【拼箱业务】进入到查询页面，通过查询的方式，搜出需要评分的用户的业务操作数据；

第二步：双击【记录】，老师便可查看学生业务操作数据资料；

通过查看基本、费用、账单等数据，老师便可通过这些进行打分。

第三步：点击第二步中的【评分】进行评分，点击“＋”号进入评分编辑，最后点击【保存】。

（二）学生查看分数

保存后学生通过点击【评分】就能查看自己所得的分数及评语。

任务七　POS 系统操作技术

学习目标

1. 掌握 POS 系统工作的基本流程；
2. 能够完整地独立完成实战情况下的 POS 系统前台操作过程；
3. 能够设置 POS 系统后台参数；
4. 深刻体会连锁经营超市进、销、调、存系统的管理。

POS 是销售时点信息 Point of Sale 的英文缩写，POS 系统主要是有前台 POS 机与后台 MIS 两大基本部分组成，前台 POS 机应用于销售现场，后台 MIS 应用于商场管理中心，两者通过网络连接，实现数据传输和共享，提高工作效率。

（1）前台 POS。前台 POS 应用于销售现场，通过自动读取设备（如收银机上的扫描器），在商品出售时读取销售信息（如商品代码、名称、销售价格、数量、销售时间），实现前台销售的自动化，对商品交易进行实时服务和管理，进而将读取的信息传至后台 MIS。

（2）后台 MIS。后台 MIS 接受前台 POS 传来的销售数据，分析库存，控制进货数量，合理周转资金，还可以分析统计各种销售报表，快速、准确地计算成本和毛利。根据销售数据，对销售员、收款员进行业绩考核，形成员工分配工资和奖金的客观依据。后台 MIS 还负责整个商场进、销、调、存系统的管理和财务管理、库存管理、考勤管理等。

POS 系统最早应用于零售业，现在已逐渐扩展至其他服务性行业（如金融、旅馆等），利用 POS 信息的范围也从单纯企业内部扩展到整个供应链。因此，我院购入了深圳智百威公司开发“连锁经营管理系统”，学生通过对 POS 系统的学习和操作，熟悉多种行业基层收银人员的工作过程，加深对岗位技能要求的认识，提高自身的就业竞争力。

本项实训任务分两项子任务，建议学时为 4 学时。

子任务一　POS 系统后台初始设置

一、实训目的

通过对 POS 系统后台进行初始设置，为前台收银操作打下基础。

二、实训学时

2 学时

三、实训器材

前台：超市货架、商品 10～20 种（包装盒上印有通用商品条码）、收银台。

后台：计算机、智百威连锁经营管理系统、条码扫描器。

四、实训步骤

（一）系统登录

第一步：启动后台计算机，双击桌面上的图标——连锁经营管理系统（后台管理），如图 7－1 所示；

图 7－1　后台计算机桌面

第二步：系统进入登录界面。选择系统管理员，选择对应的用户名后，按回车键光标跳到密码输入窗口，输入对应的用户密码，再按确定进入系统主界面（如图 7－2 所示）。

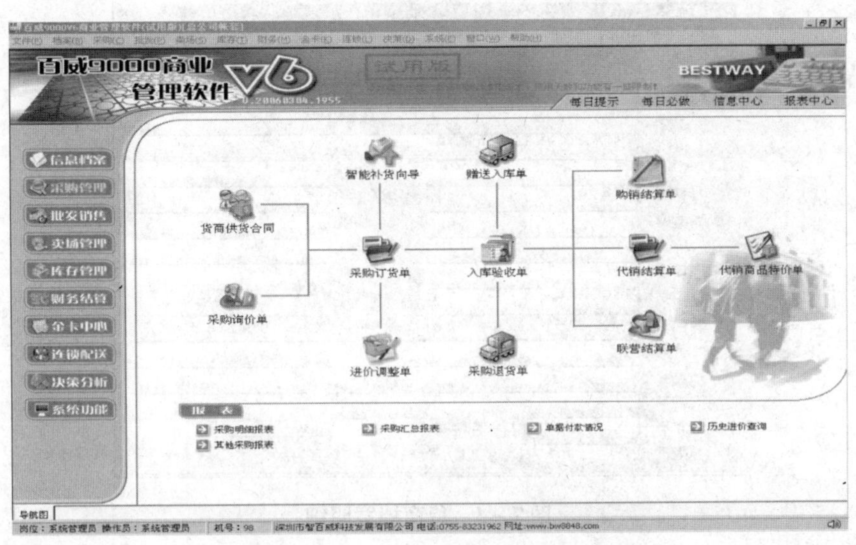

图7－2　连锁经营管理系统后台系统页面

（二）建立货商档案

第一步：在主界面中的【信息档案】中单击【货商档案】进入本模块（如图7－3所示）；

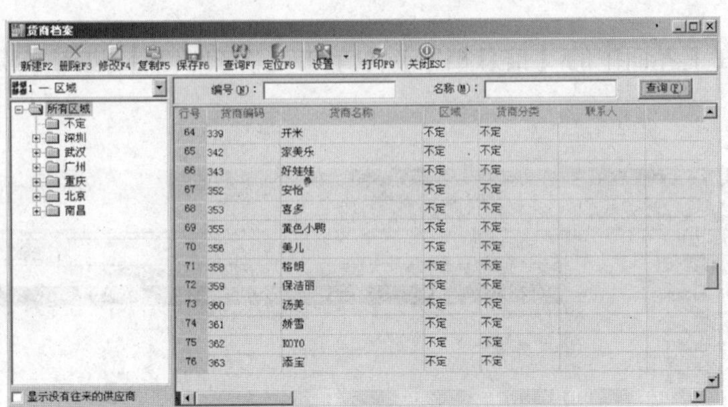

图7－3　货商列表页面

第二步：单击【新建】，系统弹出如下窗口（如图7－4所示）；

第三步：单击【新建】保存当前的供应商资料，并继续新建其他供应商资料。单击【确定】则保存当前新建的供应商资料，并关闭该窗口。单击【取消】，则放弃对当前供应商资料的编辑操作。

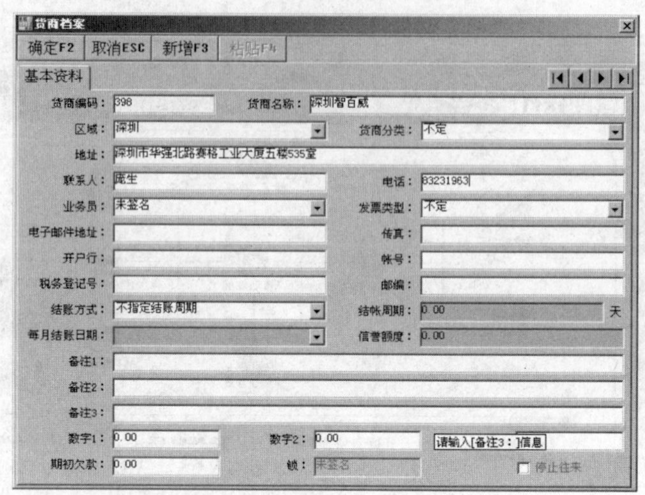

图7－4　货商档案明细

注：

1. 供应商代号一般由系统自动按顺序产生。在供应商名称编辑框输入该供应商的名称。

2. 在下面的选项中可以输入该供应商任何其他想输入的信息，这些信息包括该供应商的地区、企业类型、地址、联系人、电子邮件、传真、开户行、账号、税务登记证、邮编、结账方式、结账周期、每月结账日期、信誉额度以及其他信息。

（三）建立客户档案

第一步：在主界面中的【信息档案】中单击【客户档案】进入本模块（如图7－5所示）；

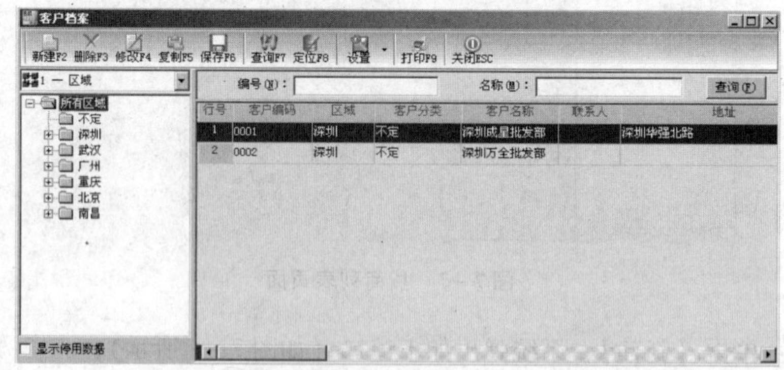

图7－5　客户列表页面

第二步：单击【新建】，系统弹出如下窗口（如图7－6所示）；

第三步：单击【新建】保存当前的客户资料，并继续新建其他客户资料。单击【确定】则保存当前新建的客户资料，并关闭该窗口。单击【取消】，则放弃对当前客户资料的编辑操作。

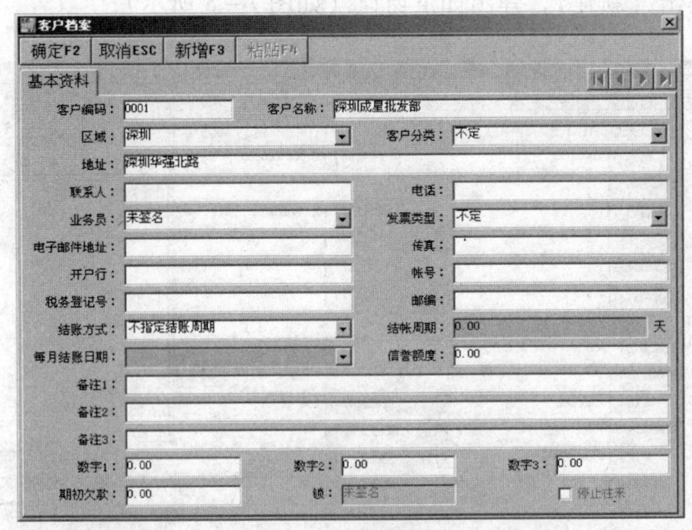

图7-6 客户档案明细

注：

1. 客户代号一般由系统自动按顺序产生。在客户名称编辑框输入该客户的名称。

2. 在下面的选项中可以输入该客户任何其他您想输入的信息，这些信息包括该客户的地区、企业类型、地址、联系人、电子邮件、传真、开户行、账号、税务登记证、邮编、结账方式、结账周期、每月结账日期、信誉额度以及其他信息。

（四）建立商品档案

第一步：主界面中的【信息档案】中单击【商品档案】进入本模块（如图7-7所示）；

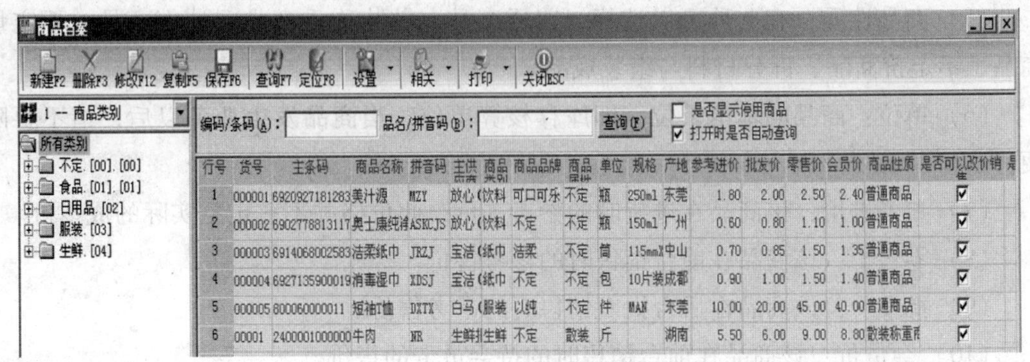

图7-7 商品列表页面

第二步：单击【新建】，弹出如下窗口（如图7－8所示）；

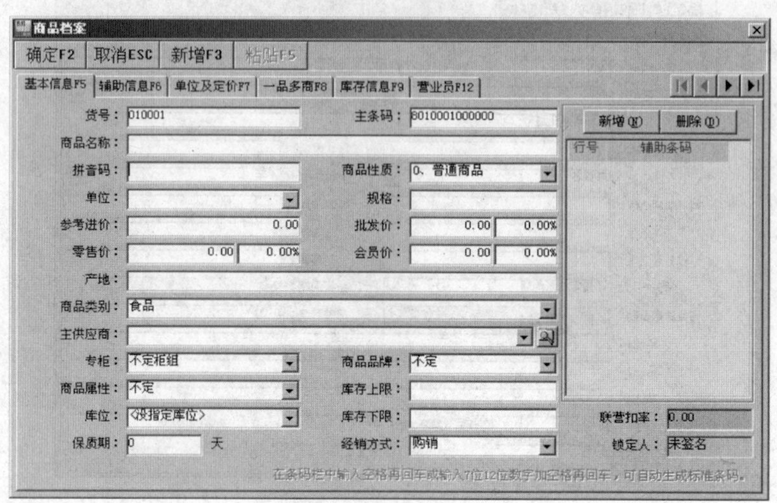

图7－8 商品档案明细

第三步：单击【基本信息】选项卡，输入该商品资料的基本信息，包括：

（1）货号：是系统自动生成，是按商品类别或者供应商的代码加上顺序号生成的。（散装称重商品与记份商品的货号为五位，其他的都六位。）

（2）主条码：指商品的包装上面的条码，条码信息可通过计算机连接着的扫描器实现自动输入，也可手动输入。

（3）商品名称：指商品的名称。

（4）拼音码：指商品的拼音助记码，是自动生成的，按商品的名称拼音的第一个字母生成。

（5）商品性质：有七种可以选择，普通商品、散装称重商品、计份商品、不定量商品、不定价商品、拆分材料与组装成品。

（6）单位：商品的基本单位，即库存核算单位，当商品发生业务以后，请不要随便修改基本单位。

（7）参考进价：该商品在进货时的参考进价，此价格并不一定是实际的成本价。

（8）零售价：该商品在前台销售时的参考售价。

（9）批发价：该商品在后台批发销售时的参考售价。

（10）会员价：该商品在前台销售时的持会员卡的售价。

（11）产地：表示该商品的所属产地。

（12）商品类别：该商品资料所属的类别，它由商品类别资料提供。类别有三级，商品一般建在末级。

（13）主供应商：入库商品以该货商为主要供货点。

（14）专柜：如果是有专柜的商场，此时就需要用到柜组了，表示该商品是属于哪个柜组的，到时月底结算时就比较方便。

（15）商品属性：表示该商品所属的品名范筹，比如属于吃的还是穿的等。

（16）商品品牌：表示该商品所属的品牌。

（17）库存上限：即该商品在仓库中允许的最大库存量，一旦超过该库存上限，则每次在进货时都将给出超库存上限进货的提示。因此能起到及时提醒用户暂停进货的作用。

（18）库存下限：即该商品在仓库中允许的最小库存量，一旦低于该库存下限，则每次在销售时都将给出低于库存下限销货的提示。因此能起到提醒用户及时进货的作用。

（19）库存上下限：（即库存指标）可以针对不同仓库设定，这里显示默认仓库的上下限，如需修改其他仓库的上下限，可以在库存信息中录入。

（20）保质期：商品生产日期开始算，到可能变质前的日期，中间的天数为保质天数。

（21）经销方式：经销方式有三种，购销、代销与联营。主要针对货商结算的方式，请认真指定好商品的经销方式，经销方式一般不允许修改。

（22）购销：指和供应商结算按采购单据结，可以现结，也可以延期结算或押批结。代销：指和供应商结算按销售的进价额结算，即实销实结。

（23）联营：指和供应商结算按销售金额的扣点结算，联营商品一般不管理库存，不需要进货。

（24）辅助条码：可以输入商品的其他条码，可以输入多个，在前台销售的时候输入任意一个条码都可以将商品查询出来。

第四步：单击【辅助信息】选项卡，输入该商品资料的辅助信息，包括：

（1）积分率：表示该商品在前台会员销售的时候的积分，积分率为负数时按参数设置的积分率，0 不积分。

（2）商品品态：商品的品态有停用、进销、新品、只销、停销。

（3）是否管理库存：表示该商品需不需要进行库存管理，比如某些劳务费用等就不需要进行库存管理。

（4）前台允许打折：表示该商品在前台销售的时候，收银员可不可以进行打折处理。

（5）是否可以改价：表示该商品在销售的时候，操作员可不可以进行价格调整。

（6）图片：可添加和删除商品的图片，同一商品可以支持多张图片。

第五步：单击【单位及定价】选项卡，设定商品的单位、包装数量、参考进价、批发价（总共可设五级批发价）与会员价（可设三级批发价）；

第六步：如一商品在几个供应商那进货，且进价会有差异，在此就需要单击【一品多商】选项卡，进行一品多商管理；

第七步：单击【库存信息】选项卡，进行各仓库库存上下限的设置；

第八步：单击【营业员】选项卡，根据营业员来统计某个时段内某商品的销量，并且也是对营业员的业绩提成来统计计算的有效查询方法；

第九步：单击【新增】保存当前的商品资料，并继续新建其他商品资料。单击【确定】则保存当前新建的商品资料，并关闭该窗口。单击【取消】，则放弃对当前商品资料的编辑操作。

（五）商品校验

在主界面中的【信息档案】中单击【商品校验】进入本模块（如图 7 - 9 所示），校验商品资料是否标准，基本特性是否输入等。

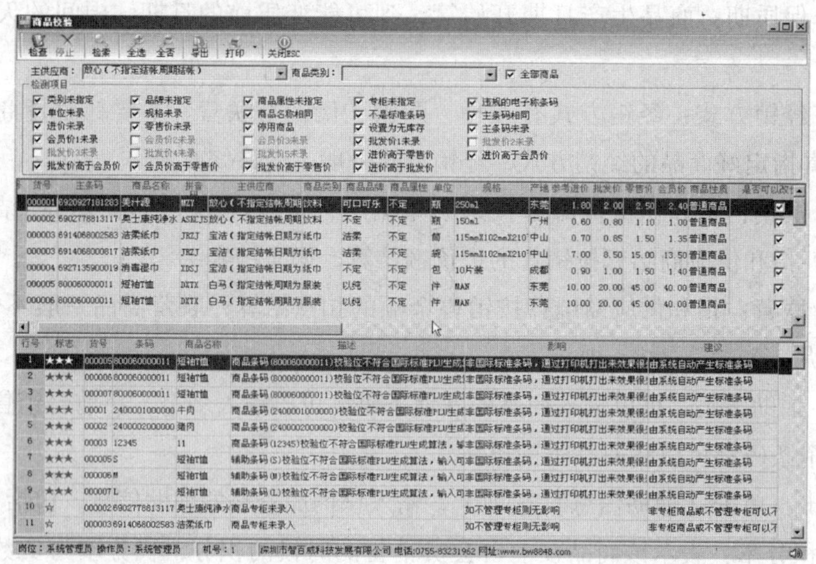

图 7 - 9　商品校验页面

（六）建立员工档案

第一步：在主界面中的【信息档案】中单击【员工档案】进入本模块（如图 7 - 10 所示）；

图 7 - 10　员工列表页面

第二步：新建员工档案，首先在左边选择组单击【新建】，弹出“员工档案”界面（如图7－11所示）；

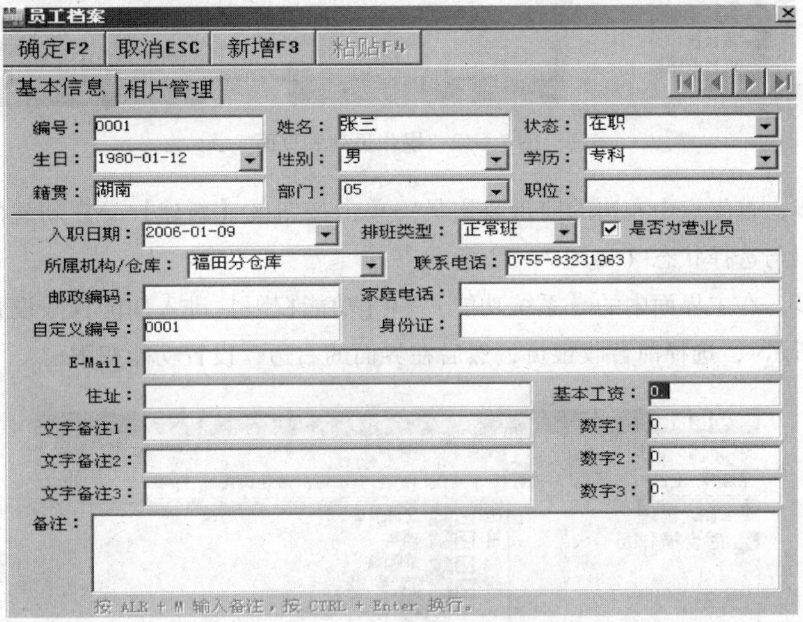

图7－11　员工档案明细

第三步：单击【基本信息】选项卡，输入该员工的基本信息；

注：编号可自动生成，输入姓名（不能为空）、状态、生日、性别、学历、籍贯、部门、职位、入职日期、排版类型、所属机构/仓库、联系电话、邮政编码、家庭电话、自定义编号、身份证、E－mail、住址、基本工资与备注，如果营业员，要在手法为营业员处打勾。

第四步：单击【相片管理】选项卡，首先把图片拷贝到9000商业版的安装目录下的Picture文件夹里，再单击加入相片，然后选择图片单击【确定】，相片就加载进来了；要去掉相片，单击【清除相片】即可；

第五步：单击【新增】保存当前的员工资料，并继续新建其他员工资料。单击【确定】则保存当前新建的员工资料，并关闭该窗口。单击【取消】，则放弃对当前员工资料的编辑操作。

（七）前台收银员设置

第一步：在主界面中的【系统功能】→【操作员设置】进入本模块（如图7－12所示）；

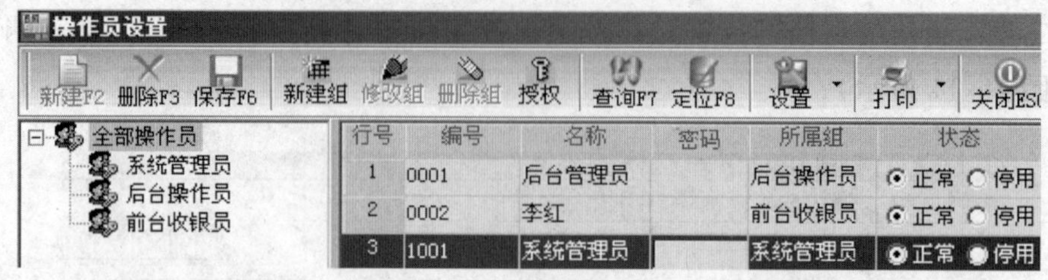

图 7－12　操作员列表页面

第二步：首先点中左边的前台收银员→单击按钮区【新建】→在新建的一行输入名称、密码与选择状态（如图 7－12 所示）；

第三步：在主界面中的【系统功能】→【功能权限】进入功能权限设置页面（如图 7－13 所示），选择前台收银员，然后在界面的右边，设置功能权限；

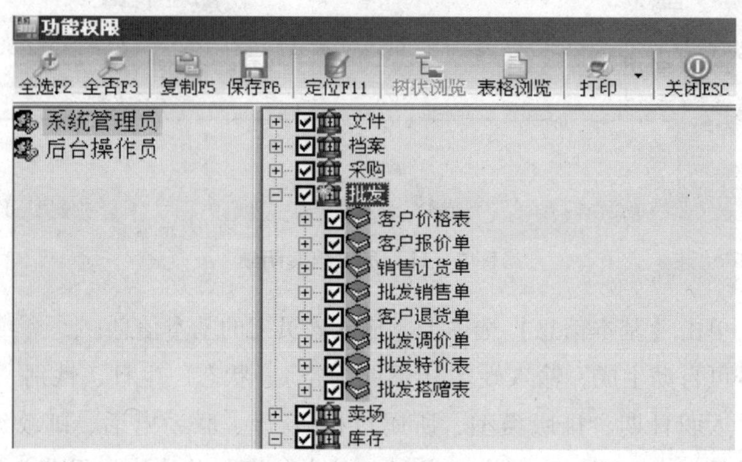

图 7－13　功能权限设置页面

第四步：在主界面中的【系统功能】→【数据权限】进入数据权限设置页面（如图 7－14 所示），选择前台收银员，然后在界面的右边，设置操作员后台系统的查询和管辖范围。

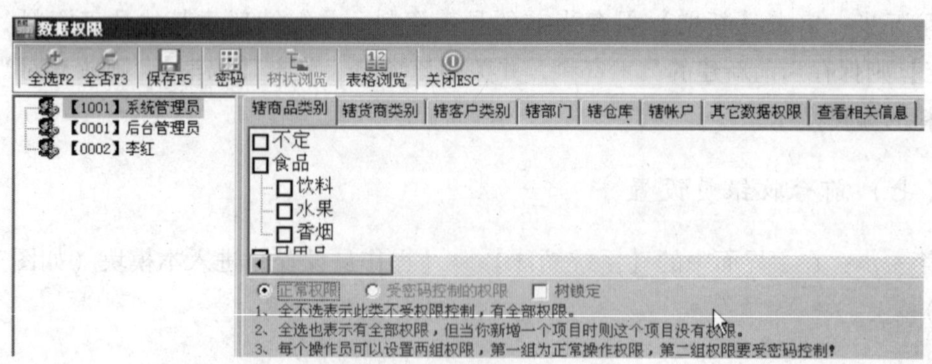

图 7－14　数据权限设置页面

五、实训组织运行要求

老师先讲解演示，然后学生自主训练。

六、实训报告要求

1. 简单阐述实训操作过程。
2. 总结实训过程中遇到的问题。

子任务二　前台收银系统操作实训

一、实训目的

熟悉零售商末端的收银结算方法，掌握超市收银系统的各项操作。

二、实训学时

2 学时

三、实训器材

前台：超市货架、商品 10 ~ 20 种（包装盒上印有通用商品条码）、收银台。

后台：计算机、智百威连锁经营管理系统、条码扫描器。

四、实训步骤

（一）系统登录

第一步：在安装有智百威连锁经营管理系统的 Windows 桌面上双击“百威 9000 前台收银系统”图符，出现如图 7 – 15 所示的登录窗口；

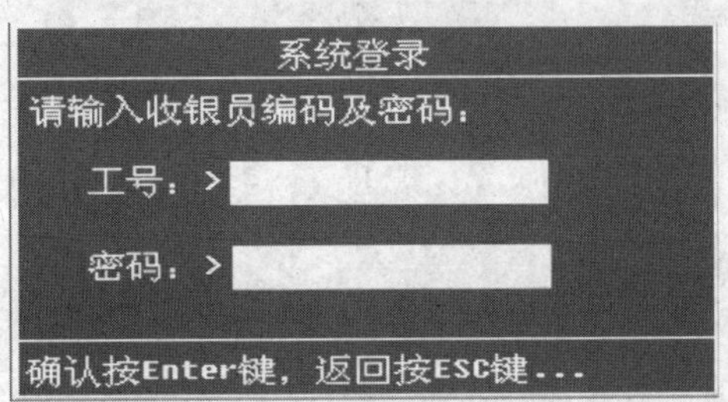

图 7 – 15　前台登录页面

第二步：输入收银员编号和密码，按回车进入系统。

（二）前台当班

当班是一天收银工作的开始，当班时显示您当前是哪一班，系统最多可分为4个班，显示本班的开始时间（如图7－16所示），输入当班时的钱箱金额，输入完成后，按回车保存，进入前台收银界面。

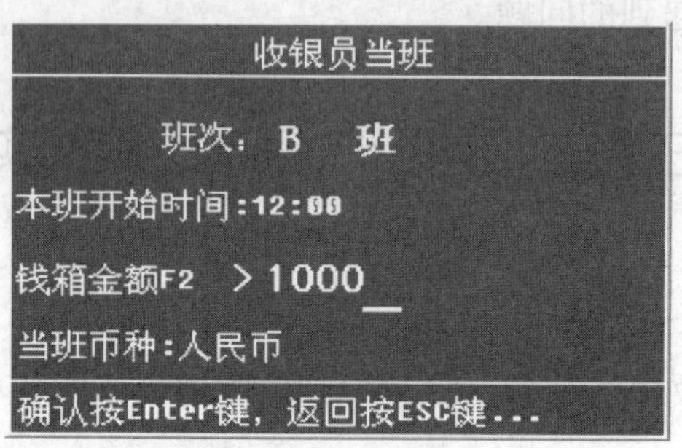

图7－16 收银员当班信息页面

（三）前台收银

（1）进入前台收银界面（如图7－17所示），显示为三个区：销售商品区、操作提示区、单据状态区，其中操作提示区可按F1键进行隐藏和打开，单据状态区可按Ctrl＋F1键进行隐藏和打开。

图7－17 前台收银页面

按键说明：

【F2】：金卡消费。是指会员卡消费，其中包括储值卡的消费，但必须后台有设置会员卡，在前台才可以进行消费。操作方法：

第一步：在输入商品前或者输入完商品后，按 F2 键，系统会提示刷金卡的界面（如图 7－18 所示）；

图 7－18　金卡消费页面

第二步：输入金卡号或者通过 IC 卡阅读器和磁卡阅读器读入卡号，如果卡号有效的话，那在下面的金卡处会显示金卡卡号和名称，如果无效的卡，则会提示此卡无效或者是过期。

【F3】：购物券。如果超市发行了购物券，客户在结算的时候采用购物券，则按 F3 进入购物券付款界面（如图 7－19 所示）。

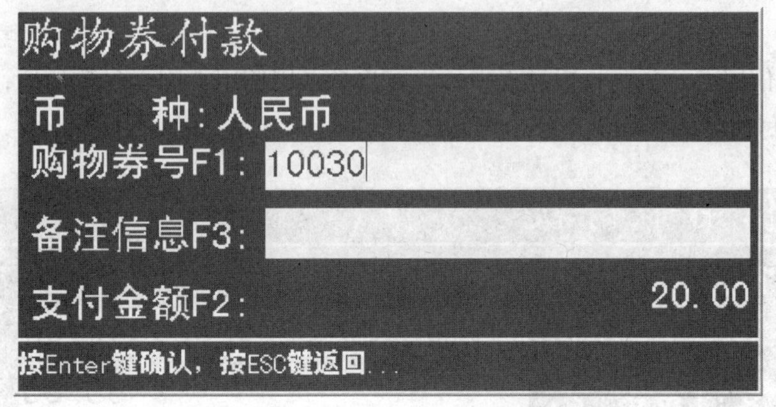

图 7－19　购物券付款页面

在上图界面中输入购物券号按回车，如果购物券有效的话，则提示该购物券面值，是否需要使用购物券付款，如果购物券的编号在后台没有发行的话，那前台是不能结账的。

【F4】：整单打折。整单打折表示前台销售的商品全部输入在屏幕上，然后直接给客户全单打折，此时可按 F4 键，输入折扣率，比如 8 折，可输入 80 回车即可。

【F5】：港币。前台客户如果是付港币的话，则可按 F5，系统自动根据汇率转换金额，输入港币金额就可以了。

【F6】：美元。前台客户如果是付美元的话，则可按 F6，系统自动根据汇率转换金额，输入美元金额就可以了。

【F7】：支票。前台客户如果是支票的话，则可按 F7 键，系统提示如下窗口（如图 7－20 所示）。

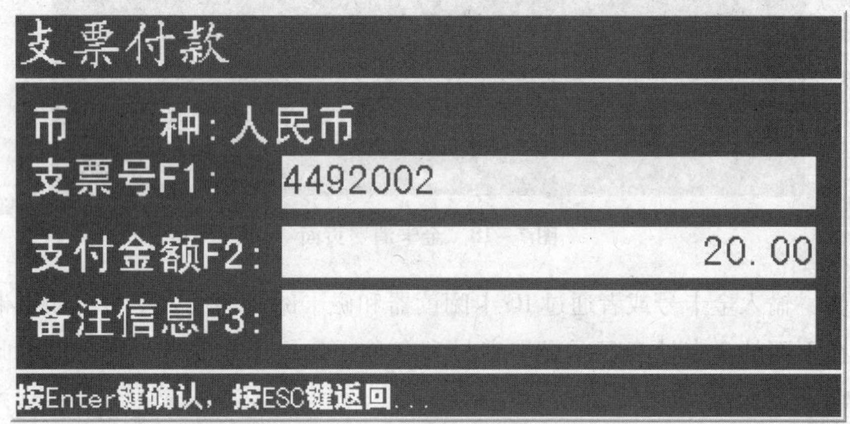

图 7－20　支票付款页面

在支票号中输入支票号码，金额默认为本单的金额，确认无误后，按回车就可以了。

【F8】：信用卡。前台收银过程中如果客户是采用信用卡刷卡付款的话，则按 F8 键进入信用卡付款界面（如图 7－21 所示）。

信用卡付款
币　　种：人民币
信用卡号F1：
4401020304023020300402
支付金额F2：
60.00
备注信息F3：
按Enter键确认，按ESC键返回...

图 7－21　信用卡付款页面

在信用卡号中输入客户的信用卡号码，金额默认为本单的金额，确认无误后按回车即可。

【F9】：其他币种。在前台收银过程中往往是碰到多币种的付款情况，如果是在人民币、港币、美元币种以外的情况下，需按 F9 进入其他币种选择界面（如图 7－22 所示）。

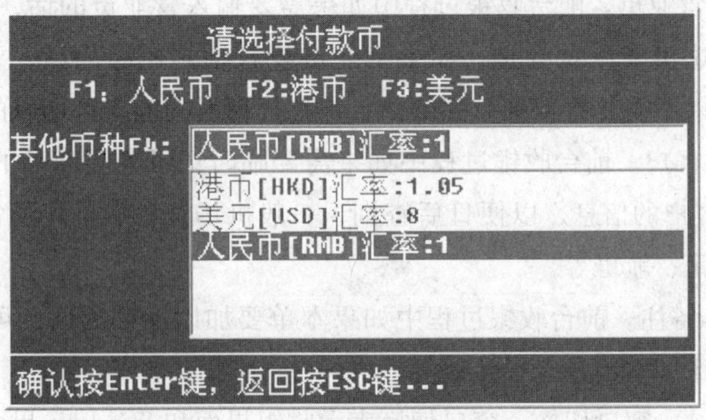

图 7－22　其他币种选择页面

选择付款的币种，按回车，系统自动根据汇率换算金额。

【F10】：查会员。前台如需查询会员的资料，则可以按 F10 键进入会员查询界面，查询会员可按卡号、名称和电话进行查询，输入完后按回车，系统会进行模糊的查询，将含有您输入的编号的会员列出来，您可通过按 ↓ 翻页查询。

【F11】：查商品。前台如需查询商品的资料，则可以按 F11 键进入商品查询界面，查询商品可按商品条码、名称、拼音码进行查询。

【→】：修改数量。前台销售的过程中，如果客户一次性购买几件一样的商品，则可先输入商品编号，然后再输入数量，按方向键中的→键即可。

【←】：修改单价。前台销售的过程中，如果商品的价格是议价的话，则可先输入商品编号，然后再输入商品价格，按方向键中的←键即可。

【↑】：上单（行）。在销售过程中按↑键是上一行，如果是在已结算完了的时候，按 ↑ 键表示上一单。

【↓】：下单（行）。在销售过程中按↓键是下一行，如果是在已结算完了的时候，按 ↓ 键表示下一单。

【Del】：删除行。在销售过程中如果商品已经扫描到屏幕中去了，客户又不想要的情况下，则按↑ ↓键将商品找到，然后再按 Del 键删除商品就可以了。

【End】：开钱箱。如果是在不结账的情况下需要开钱箱的话，则可按 End 键，输入收银员的密码，就可以将钱箱弹出。

【Ins】：开新单。如果屏幕上已输入了商品，但客户又不想要的情况下，可按 Ins

键进行开新单操作。

【PageUp】：挂单/取单。在收银过程中如果商品已扫描到屏幕上，但客户又觉得还有其他的商品需要购买，则可按 PageUp 键，先将本单挂起，等客户回来后，再按 PageUp 键，进入取单界面，选择刚才挂起的单，按回车就可以了。

【Ctrl + S】：营业员。前台收银过程中如果需要输入营业员的话，则可按Ctrl + S 键选择营业员，在这里要注意的是，如果营业员要管辖到单品的话，要先输入营业员，再输入商品，如果不需要管辖到单品的话，那在任何时间输入都可以的。

【Ctrl + C】：客户。前台收银过程中如果需要临时记录购买商品的客户信息，则可按 Ctrl + C 输入客户的信息，以便日后查询，一般机场免税店等场所需要这方面信息，比如护照号、国籍、航班等。

【Ctrl + M】：备注。前台收银过程中如果本单要加以注明的话，可按 Ctrl + M 输入说明性的文字，比如本单是老板签单等。

【Ctrl + Home】：窗口切换。窗口切换表示收银界面和 Windows 界面之间进行切换。

【Ctrl + B】：查看短信息。如果后台管理人员有发送短信息到前台的话，则在前台可按 Ctrl + B 键查看短信息。

（2）退货处理：如果在前台收银客户需要退货的话，则可按 ESC 键，选择开始退货，进入退货模式，操作和销售一样。

（3）赠送处理：如果在前台收银客户需要赠送的话，则可按 ESC 键，选择开始赠送，进入赠送模式，操作和销售一样。

（4）修改密码：如果在前台收银员需要更改自己的密码，则可按 ESC 键，选择修改密码，进入修改密码界面，输入原密码，再输入两次新密码就可以了。

（5）收支现金：前台收银过程中往往会出现一些非销售类的收支，则可按 ESC 键，选择收支现金（如图 7 – 23 所示）。

选择是现金收入还是现金支出，选择币种，输入金额，再输入备注信息，按回车就可以了。

（6）重打小票：前台如需重打销售小票的话，则可按 ESC 键，选择重打小票，输入小票号码，系统会自动重新打印一份小票。

（7）作废小票：如果刚才收款过程中错了，可按 ESC 键，选择作废小票，输入小票号码，系统会将刚输入的小票号码的商品销售作废。

（四）销售明细

前台如需查询自己的销售情况，可在主界面上选择销售明细按键（如图 7 – 24 所示），但此界面中只能查询到本人的销售。

现金收支

请选择收支类别：

◉ 现金支出(F2)

● 现金收入(F3)

选择币种(F5)：

人民币[RMB]

金额(F6)：

.00

备注F7：

前台收支现金

确认按Enter键，返回按ESC键...

图 7－23　收支现金页面

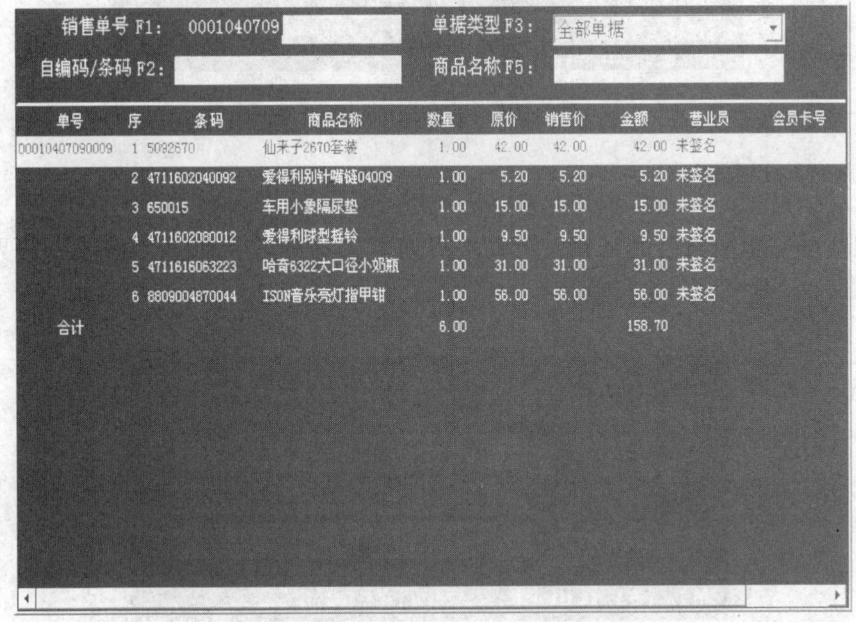

销售单号 F1：0001040709　　单据类型 F3：全部单据

自编码/条码 F2：　　商品名称 F5：

单号	序	条码	商品名称	数量	原价	销售价	金额	营业员	会员卡号
00010407090009	1	5092670	仙来子2670套装	1.00	42.00	42.00	42.00	未签名	
	2	4711602040092	爱得利别针嘴链04009	1.00	5.20	5.20	5.20	未签名	
	3	650015	车用小象隔尿垫	1.00	15.00	15.00	15.00	未签名	
	4	4711602080012	爱得利球型摇铃	1.00	9.50	9.50	9.50	未签名	
	5	4711616063223	哈奇6322大口径小奶瓶	1.00	31.00	31.00	31.00	未签名	
	6	8809004870044	ISON音乐亮灯指甲钳	1.00	56.00	56.00	56.00	未签名	
合计				6.00			158.70		

图 7－24　销售信息明细页面

（五）前台交班

前台如果收银结束的话，需到主界面上选择前台交班（如图 7－25 所示），界面上会显示当天的当班时间，交班时间，班次，今天的收银情况，如需交班，则按回车就可以了。

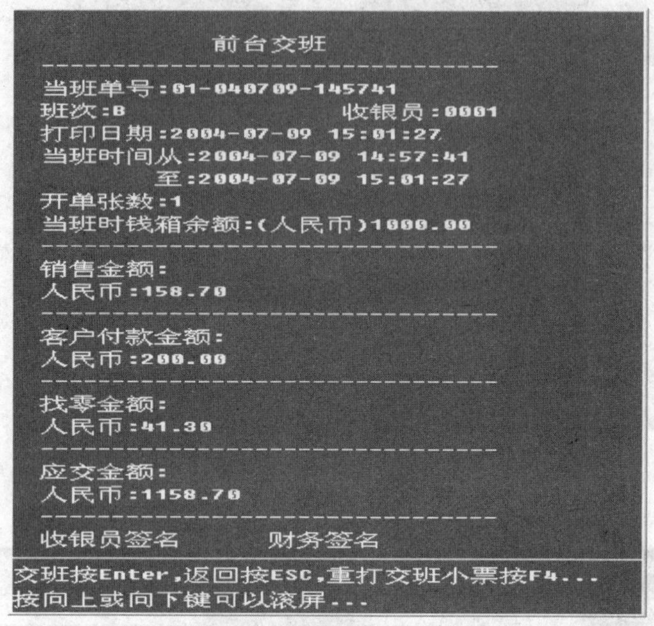

图 7－25　前台交班明细页面

（六）修改密码

收银员如需更改自己的密码，可在主界面上选择修改密码进入修改密码界面（如图 7－26 所示）。

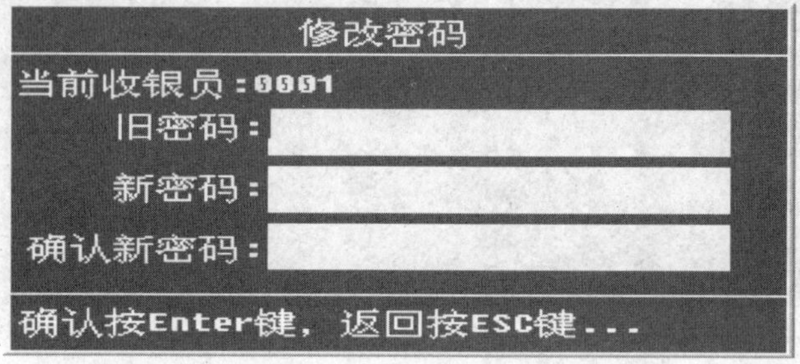

修改密码
当前收银员:0001
旧密码:
新密码:
确认新密码:
确认按Enter键，返回按ESC键...

图 7－26　修改密码页面

（七）数据交换

数据交换是为了将服务器的数据下载到本地收款机，同时如果本地有断网期间产生的数据，则可以同时上传到服务器上。

（八）练习收银

练习收银的操作和前台收银的操作是一样的，只不过练习收银的数据不会上传到服务器上，本功能是为了开业前给收银员进行培训用的。

（九）前台盘点

前台盘点是智百威连锁经营管理系统的一个特别功能，首先需到后台设置盘点的批次号，然后在前台主界面上选择前台盘点进入前台盘点界面（如图7－27所示），输入商品条码和数量，按回车，如果是追加方式的话，则会在上面已有的商品中加上本次输入的数量，如果是覆盖方式的话，则覆盖上面已有的商品数量。

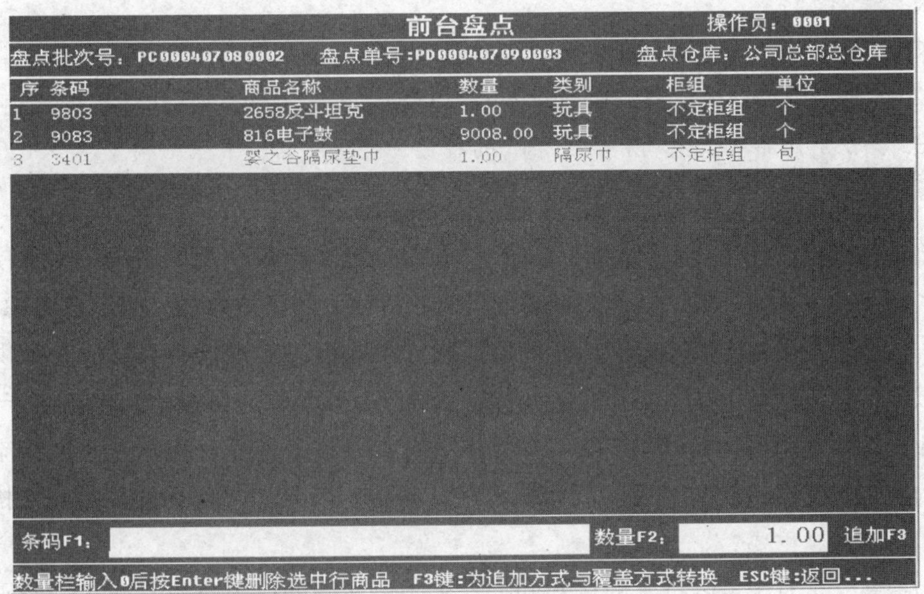

图7－27 前台盘点页面

五、实训组织运行要求

在老师指导下学生自主训练。

六、实训报告要求

1. 写出实训过程。
2. 实训中出现了哪些问题，分析原因。
3. 实训注意事项。

任务八　条码技术的认知与操作技术

学习目标

1. 了解条码的基础知识和条码技术的应用领域；
2. 了解条码的识读设备、生成设备与耗材；
3. 会识别商品标识代码和物流条码的种类、代码结构、条码结构。

物流条码是以物流过程为对象，以集合包装商品为单位使用的条码。为了使物流过程快速、合理、消耗低，实现以最少的投入获得最大的经济效益，应综合考虑物流、商流、信息流，发挥物流系统的功能效用。物流条码可以实现这一目标。它是供应链中用以标示物流领域中具体实物的一种特殊代码，是整个供应链过程，包括生产厂家、配销业、运输业、消费者等环节的共享数据。它贯穿整个贸易过程，并通过物流条码数据的采集、反馈，提高整个物流系统的经济效益。因此学习条码的种类、结构、制作便显得越来越重要。

为提高学生对于条码技术的认知和操作能力，我院购入了条码打印机、条码扫描器、无线数据采集器等条码制作和识别设备。通过本实训，使学生能够掌握商品和包装单元条码的结构和编码方法，能使用条码软件设计制作常用物流条码，并学会使用条码识读设备扫描条码，从而增强了将来从事物流工作的信息化水平。

本项实训任务分三项子任务，建议学时为 6 学时。

子任务一　通用商品条码设计实训

一、实训目的

掌握通用商品条码的结构，并能够独立分析通用商品条码条空图形的构成。

二、实训学时

2 学时

三、实训准备

准备贴有商品条码的饮料瓶、包装盒等道具，供实训使用。

四、实训内容

通用商品条码又称EAN条码，有两种版本——标准版和缩短版：标准版表示13位数字，又称为EAN－13码，缩短版表示8位数字，又称EAN－8码。EAN条码标准版的结构（如图8－1所示）：

图8－1 EAN－13条码的结构

（一）EAN－13条码数字码的结构

EAN－13条码的数字码由13位组成，自左向右分别为前缀码、制造厂商代码、商品代码、校验码。

1. 前缀码

前缀码由2～3位数字组成，是国际物品编码协会EAN分配给国家（或地区）编码组织的代码，用以标示商品来源的国家或地区。EAN分配给中国大陆使用的前缀码为"690～695"。不同的EAN的成员组织有不同的前缀码，以确保前缀码在国际范围内的唯一性。已分配的前缀码如表8－1所示。

表8－1 EAN已分配的前缀码（部分）

前缀码	编码组织所在国家（或地区）/应用领域
00～13	美国和加拿大
20～29	店内码
30～37	法国
40～44	德国

续 表

前缀码	编码组织所在国家（或地区）/应用领域
45、49	日本
460～469	俄联邦
471	中国台湾
489	中国香港特别行政区
50	英国
520	希腊
600、601	南非
64	芬兰
690～695	中国
73	瑞典
76	瑞士
880	韩国
888	新加坡
890	印度
90、91	奥地利
93	澳大利亚
94	新西兰
955	马来西亚
958	中国澳门特别行政区
977	连续出版物
978、979	图书
980	应收票据
981、982	普通流通券
99	优惠券

2. 制造厂商代码

制造厂商代码一般由4～5位数字组成，由中国物品编码中心负责分配和管理，用以标示生产企业。

以690、691为前缀码的EAN条码只能分别对1万个制造厂商进行编码（因其制造厂商代码只有4位，制造厂商代码只能从0000～9999这一万组数字中进行分配）。而每一个制造厂商则可以对自己生产的10万个商品进行编码（因商品代码为5位，商品代码可以为00000～99999）。

前缀码为692、693的EAN条码的制造厂商代码为5位，其编码容量由1万家扩大到10万家，每一个制造厂商则可以对自己生产的1万个商品进行编码（因商品代码为4位，商品代码可以从0000～9999）。

3. 商品代码

商品代码由3～5位数字组成，由厂商自己负责编制，用以标示商品的特征及属性或表示具体的商品项目，即具有相同包装和价格的同一种商品。在编制商品代码时，厂商必须遵守商品编码的基本原则：对同一商品项目的商品必须编制相同的商品代码；对不同的商品项目必须编制不同的商品代码。保证商品项目与其一一对应，即一个商品项目只有一个代码，一个代码只标识一个商品项目。

由3位数字组成的商品项目代码有000～999共有1000个编码容量，可标识1000种商品；同理，由4位数字组成的商品项目代码可标识10000种商品，由5位数字组成的商品项目代码可标识100000种商品。

4. 校验码

校验码为1位数字，用来校验前12位数字码的编码正确性。校验码是根据前12位的数值按一定的数学算法计算而得。

校验码的计算步骤如下所示：

（1）包括校验码在内，由右至左编制代码位置序号（校验码的代码位置序号为1）。

（2）从代码位置序号2开始，所有偶数位的数字代码求和。

（3）将步骤2的和乘以3。

（4）从代码位置序号3开始，所有奇数位的数字代码求和。

（5）将步骤3与步骤4的结果相加。

（6）用一个大于或等于步骤5所得结果且为10最小整数倍的数减去步骤5所得结果，其差即为所求校验码的值。

例：已知EAN－13条码前12位：690123456789 X_1

校验码 X_1 的计算方法如下：

第一步：将代码690123456789X_1由右至左编制代码位置序号，如表8－2所示。

表8－2　　EAN－13条码数字码排列顺序

位置	13	12	11	10	9	8	7	6	5	4	3	2	1
条码	6	9	0	1	2	3	4	5	6	7	8	9	X_1

第二步：$9+7+5+3+1+9=34$

第三步：$34\times3=102$

第四步：$8+6+4+2+0+6=26$

第五步：$102+26=128$

第六步：$130-128=2$

校验码 X_1 的值为2。

（二）EAN－13 条码的符号结构

（1）EAN 条码符号的整体形状为矩形，由一系列相互平行的条和空组成，自左向右分别为前置码左侧空白区、起始符、左侧数据符、中间分隔符、右侧数据符、校验符、终止符及右侧空白区。

（2）EAN 条码是模块组合型条码，模块是组成条码符号的最基本宽度单位，一个条模块表示二进制的“1”，一个空模块表示二进制的“0”，每个模块的宽度为 0.33 毫米。

（3）起始符用以标示条码信息的开始，由 3 个模块组成，二进制表示为“101”；终止符用以标示条码信息的结束，由 3 个模块组成，二进制表示为“101”（如图 8－2 所示）。

（4）中间分隔符用以平分条码符号，由 5 个模块组成，二进制表示为“01010”（如图 8－3 所示）。

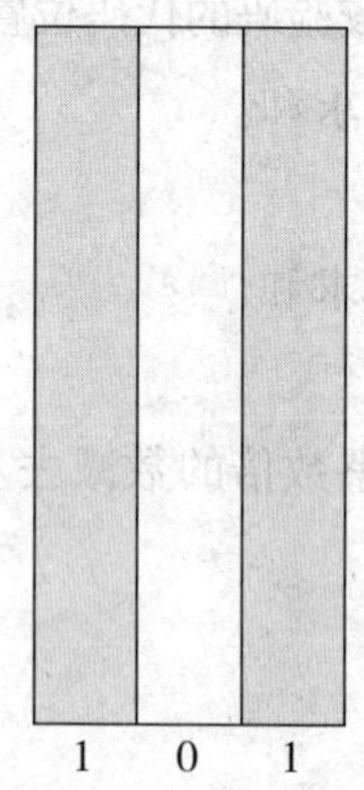

图 8－2　起始符、终止符的二进制表示

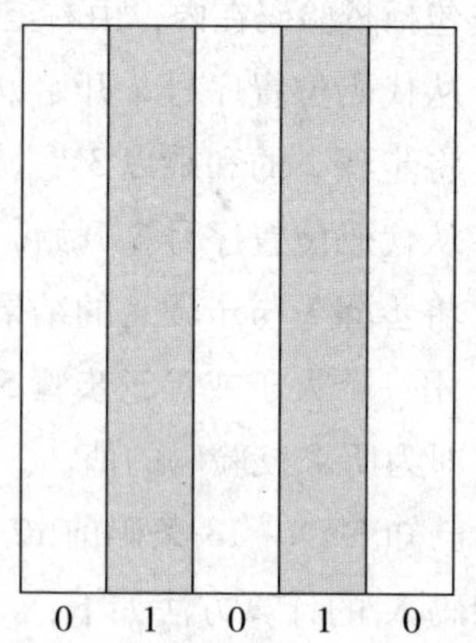

图 8－3　中间分隔符的二进制表示

（5）表示数字的每个条码字符均由 7 个模块构成两条两空，有 3 种二进制表示，分别为奇排列、左偶排列、右偶排列（如表 8－3 所示）。

表 8－3　EAN 条码数字码的二进制表示

数字字符	奇排列	左偶排列	右偶排列
0	0001101	0100111	1110010
1	0011001	0110011	1100110
2	0010011	0011011	1101100
3	0111101	0100001	1000010

续 表

数字字符	奇排列	左偶排列	右偶排列
4	0100011	0011101	1011100
5	0110001	0111001	1001110
6	0101111	0000101	1010000
7	0111011	0010001	1000100
8	0110111	0001001	1001000
9	0001011	0010111	1110100

例：数字符“1”的三种表示方法（如图 8－4 所示）。

（奇排列）

0 0 1 1 0 0 1

（左偶排列）

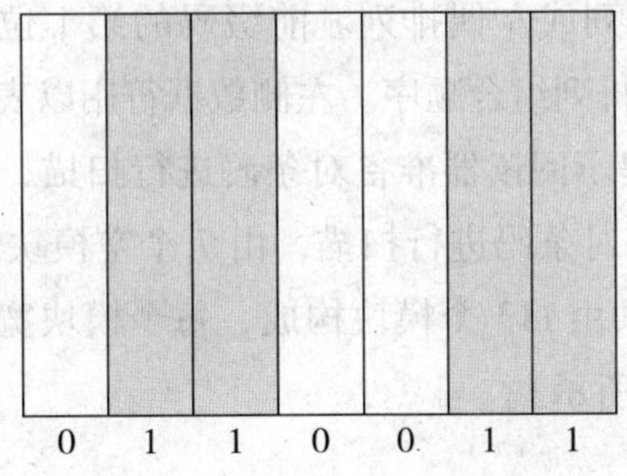

（右偶排列）

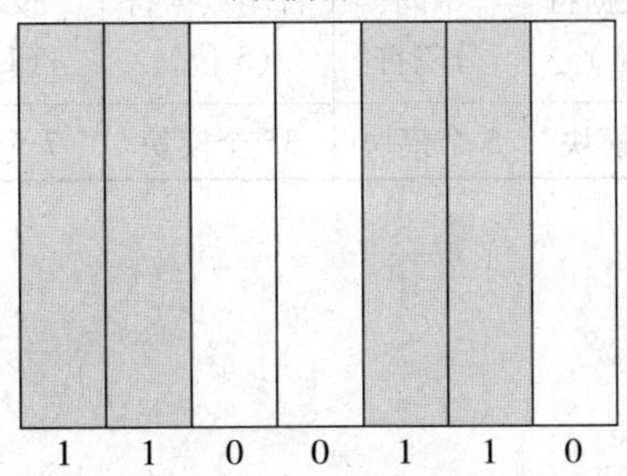

图 8－4　数字“1”的三种二进制表示

（6）左侧数据符为奇排列或左偶排列，右侧数据符及校验符均为右偶排列。前缀码的第1位为前置码，不用条码表示，它决定了左侧数据符的奇偶排列组合顺序（如表8-4所示）。

表8-4　　左侧数据符的奇偶排列组合规则

条码字符 \ 位置 / 前置码	12	11	10	9	8	7
0	A	A	A	A	A	A
1	A	A	B	A	B	B
2	A	A	B	B	A	B
3	A	A	B	B	B	A
4	A	B	A	A	B	B
5	A	B	B	A	A	B
6	A	B	B	B	A	A
7	A	B	A	B	A	B
8	A	B	A	B	B	A
9	A	B	B	A	B	A

（7）左侧数据符为奇排列或左偶排列。前缀码的第1位为前置码，不用条码表示，它决定了左侧数据符的奇偶排列组合顺序。左侧数据符用以表示6位数字，共42个模块。

（8）左侧空白区用以提示阅读器准备对条码进行扫描，由11个空模块组成；右侧空白区用以提示阅读器结束对条码进行扫描，由7个空模块组成。

（9）EAN-13条码总共由113个模块构成，每个模块宽0.33mm，条形码符号总宽度为37.29mm（如表8-5所示）。

表8-5　　EAN-13条码的模块构成

左侧空白区	起始符	左侧数据符（6位）	中间分隔符	右侧数据符（5位）	校验符（1位）	终止符	右侧空白区
11个模块	3个模块	42个模块	5个模块	35个模块	7个模块	3个模块	7个模块

五、实训步骤

（一）校验码的计算

第一步：选取某一包装，计算该包装上的EAN数字码的校验码；

第二步：计算完毕后，将计算得到的校验码与包装上的校验码对照是否一致？如果不一致，请找出计算错误的原因。

（二）条码图形的绘制

第一步：通过查表8－3、表8－4，写出每一数字码对应的二进制表示；

第二步：设定模块宽度为5mm（数字符的长度为40mm，起始符、中间分隔符、终止符的长度为50mm），用一张A4纸绘制数字码所对应的条空图形，并在图形中标明条码的各个区域（如图8－1所示）。

六、实训总结

把同学们绘制的条码图形与包装表面印刷的条码图形进行对照，判断同学们绘制得是否准确、标准，对于同学们在作图过程中出现的问题予以纠正，使学生对于EAN条码由感性认识上升到理性认识。

子任务二 用Bartender软件制作条码标签

一、实训目的

1. 学会熟练运用Bartender软件。
2. 学会用条码打印机打印用Bartender制作的标签。

二、实训学时

2学时

三、实验设备

1. 一台装有Bartender软件的计算机。
2. 一台条码打印机（本实训用的是Printer Companion Easy Code PC4）及与条码打印机相对应的驱动程序。

四、实训步骤

（一）新建条码标签

单击工具栏上角的白色新建按钮，新建一个标签，界面如图8－5所示。

图 8－5　新建条码标签页面

（二）标签页面设置

第一步：选择菜单栏【文件】，单击【页面设置】（或单击工具栏上的按钮），准备进行标签的页面设置；

第二步：单击【纸张】选项卡，在纸张大小中选择用户定义大小，根据条码打印纸的实际尺寸设定宽度与高度（如图 8－6 所示）；

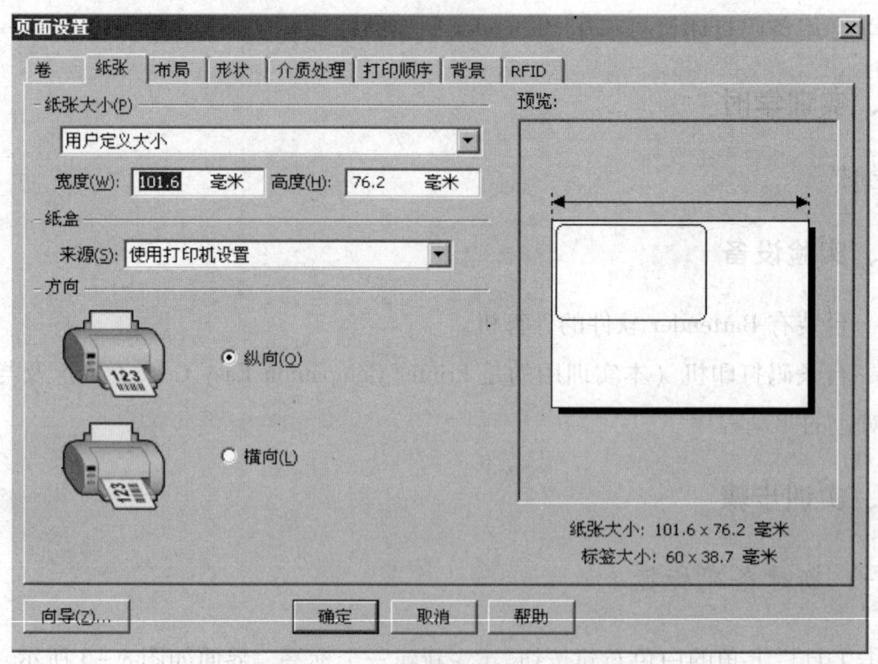

图 8－6　标签打印纸张大小设置

第三步：单击【布局】选项卡，设置好列数及行数。启动手动设置项，修改标签的大小为60毫米×40毫米（如图8－7所示）；

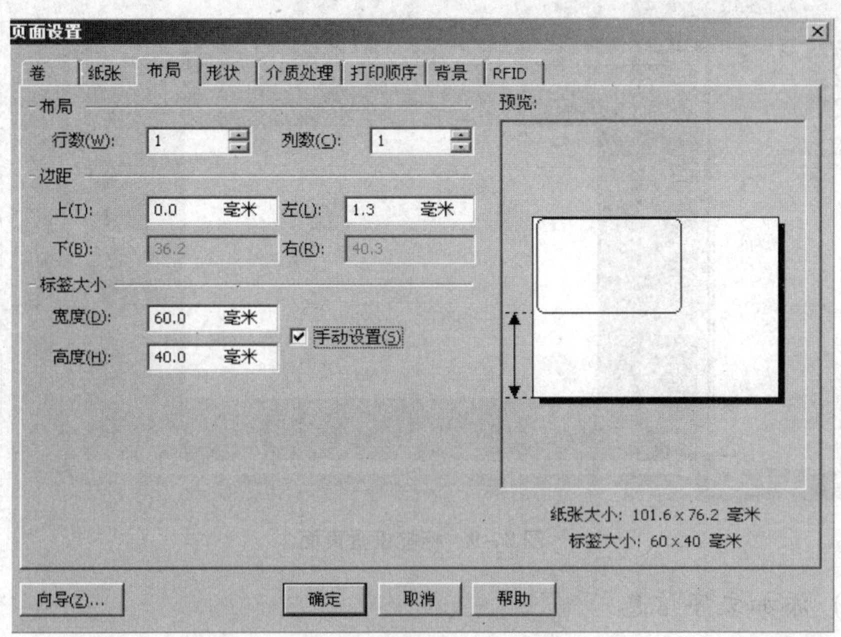

图8－7 标签实际大小设置

第四步：然后设置边距，用刻度尺测量，填好。这里设置了上为1.3毫米，左也设置为1.3毫米。单击确定完成标签设置（如图8－8所示）；

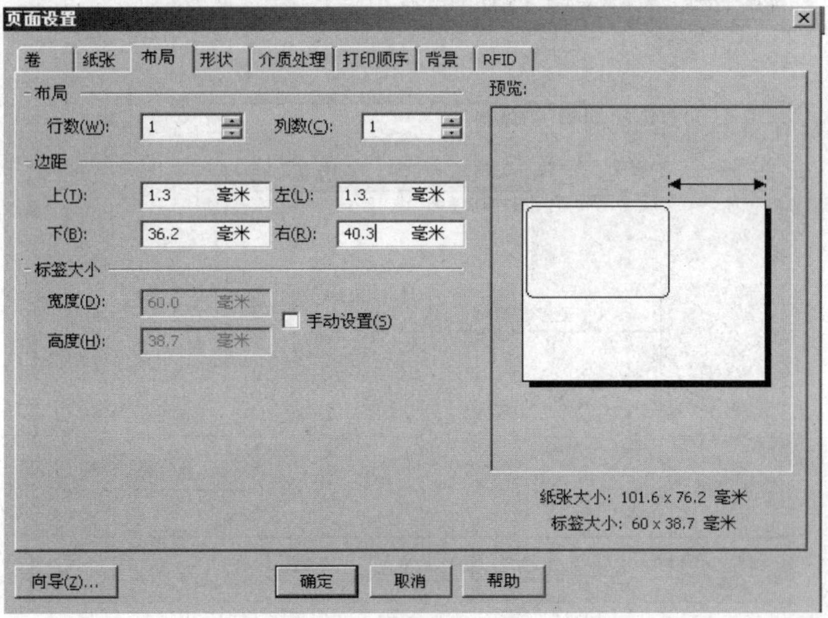

图8－8 标签边距设置

第五步：设置后（如图 8－9 所示），现在就可以在此标签上进行设置了。

图 8－9　标签设置页面

（三）添加文字信息

第一步：单击T工具按钮，单击标签区域，即出现“样本文字”字样，双击“样本文字”字样，把屏幕数据内容改为“图书管理系统”（如图 8－10 所示）；

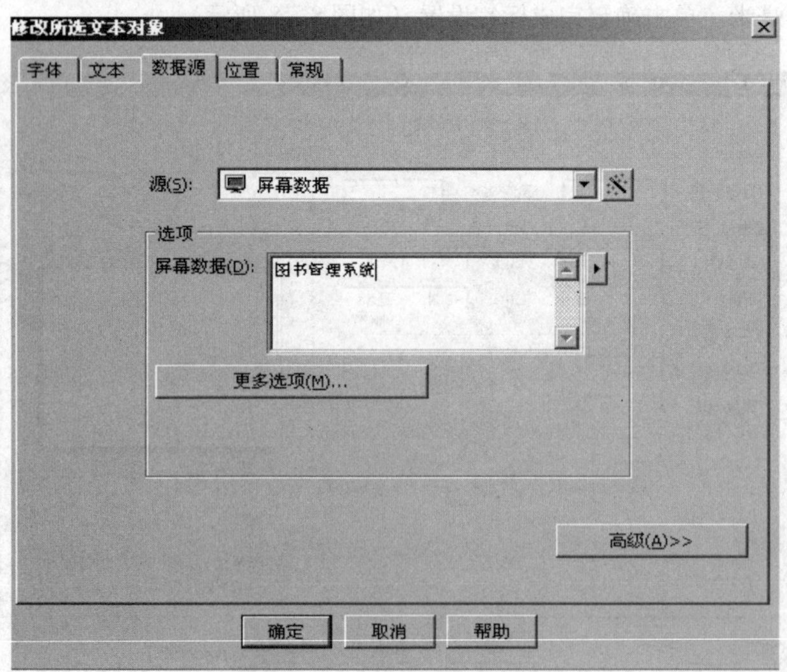

图 8－10　文本信息编辑页面

第二步：单击字体选项，选择字体——宋体，字号大小——12，单击确定后，得到如图 8－11 所示的内容；

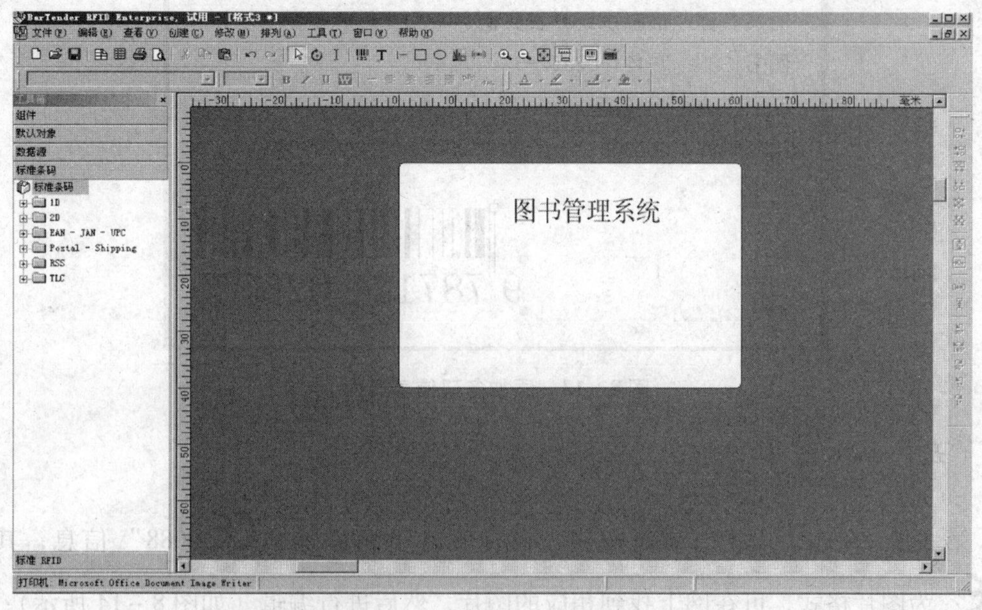

图 8－11 标签文字生成页面

第三步：接下来，按照样本设计好（如图 8－12 所示），方法如前面，所有字体选择黑体，字号大小——8。

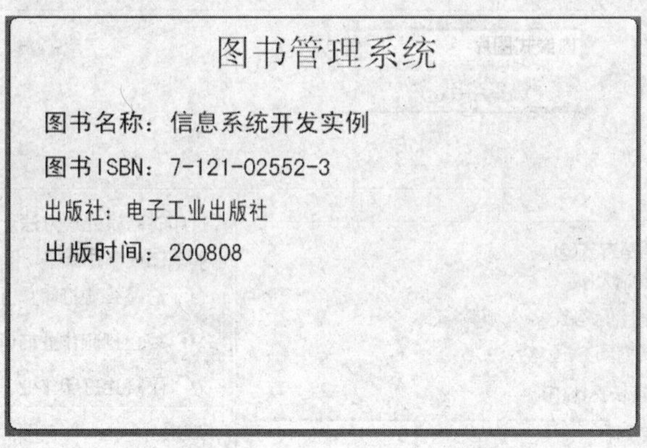

图 8－12 标签文字信息图样

（四）添加条码

在标签设置页面左侧选择 EAN/JAN－13，单击工具栏上条码编辑工具，移动到标签设计区域，数据源输入“9787121025525”（如图 8－13 所示）。

图 8－13　添加条码信息页面

（五）添加图片

第一步：单击工具栏上[工具栏按钮图标]按钮，在标签左下角添加“CE 0088”信息，其中“CE”为图片格式，可在网上找到相应的图片，然后进行编辑（如图 8－14 所示）；

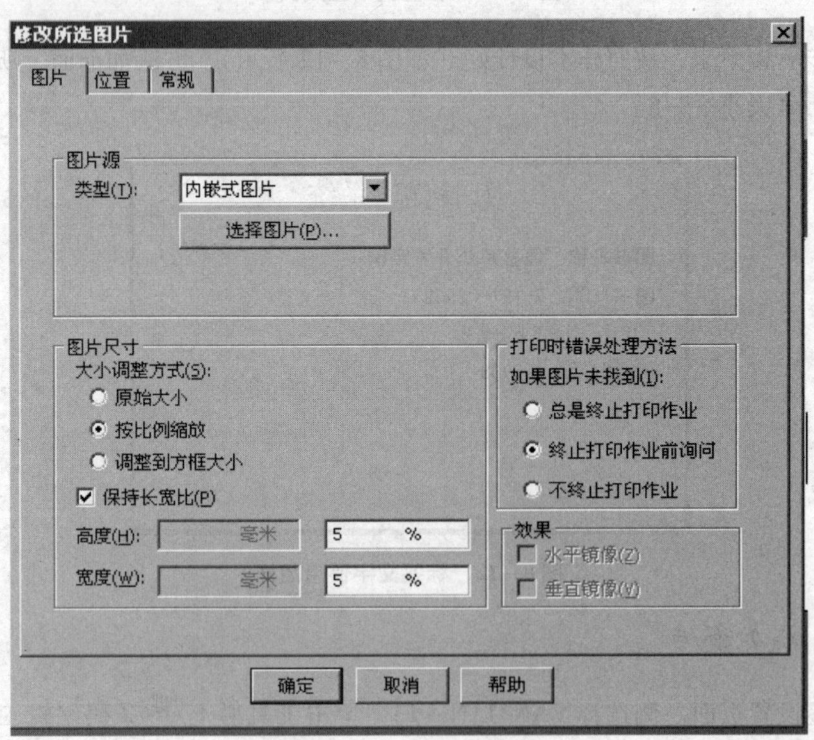

图 8－14　图片编辑页面

第二步：编辑完成后点击【确定】按钮，便完成了标签的设计（如图 8－15 所示）。

图 8－15　标签整体设计图样

五、实训组织运行要求

老师先讲解演示，然后学生自主训练，每人设计并打印一张条码标签。

六、实训报告要求

1. 简单阐述实训操作过程。
2. 总结实训过程中遇到的问题。

子任务三　零售店（店内）条码设计实训

一、实训目的

了解并能设计制作商店闭环系统内的变量消费单元条码。

二、实训学时

2 学时

三、实训器材

没有贴商品条码的包装盒、条码打印机、条码扫描器、安装智百威连锁经营管理系统的计算机。

四、实训内容

（一）店内码的定义

商品上印上条码，最大的受益者就是超市了。可是有些商品是没法事先贴上或印上条码的，比如，生肉、蔬菜、散装的糖果等，它们并不是按件出售，而是按重量出售，而购买数量又是随机的。为了让这类商品可以通过超市销售，因此定义了店内码。

所谓店内码，是指商店闭环系统中标识商品变量消费单元的条码。

（二）店内码代码的结构

变量消费单元的代码由 13 位数字组成，结构如表 8－6 所示。

表 8－6　变量消费单元代码结构

结构种类	前缀码	商品项目代码			校验码
		商品种类代码	价格（度量值）校验码	价格（度量值）代码	
结构 1	$X_{13}X_{12}$	$X_{11}X_{10}X_9X_8X_7X_6$	无	$X_5X_4X_3X_2$	X_1
结构 2	$X_{13}X_{12}$	$X_{11}X_{10}X_9X_8X_7$	无	$X_6X_5X_4X_3X_2$	X_1
结构 3	$X_{13}X_{12}$	$X_{11}X_{10}X_9X_8X_7$	X_6	$X_5X_4X_3X_2$	X_1
结构 4	$X_{13}X_{12}$	$X_{11}X_{10}X_9X_8$	X_7	$X_6X_5X_4X_3X_2$	X_1

1. 前缀码

前缀码（$X_{13}X_{12}$）由二位数字组成，其值为 20、21，22～29 预留给其他闭环系统。用于指示该 13 位数字代码为商店用于标识商品变量消费单元的代码。

由于店内码只规定了前缀码，对商品种类、商品项目的编码没有统一标准，因此对于同一种商品各店的编码也不会相同。所以店内码只适用于超市内部，超市之间不可能通用，也不可能通过条码来查询商品的生产厂家。

2. 商品项目代码

商品项目代码（X_{11}～X_2）由 10 位数字组成，包括商品种类代码、价格（度量值）代码及其校验码。其中，商品种类代码用于表示变量消费单元的不同种类；价格（度量值）代码用于表示某一具体变量消费单元的价格（度量值）信息；在结构 3 和结构 4 中，价格（度量值）代码所对应的校验码的计算方法见后。

3. 校验码

校验码的计算同通用商品条码校验码的计算方法。

（三）价格（度量值）校验码的计算方法

1. 加权积

在价格（度量值）校验码计算过程中，首先要对价格（度量值）代码中的每位数字位置分配一个特定的加权因子，加权因子包括2－、3、5＋、5－。用加权因子按照特定的规则对价格（度量值）代码进行数学运算后的结果称为加权积。表8－7、表8－8、表8－9、表8－10分别给出了加权因子2－、3、5＋、5－所对应的加权积。

表8－7　加权因子2－对应的加权积

代码数值	0	1	2	3	4	5	6	7	8	9
加权积	0	2	4	6	8	9	1	3	5	7

表8－8　加权因子3对应的加权积

代码数值	0	1	2	3	4	5	6	7	8	9
加权积	0	3	6	9	2	5	8	1	4	7

表8－9　加权因子5＋对应的加权积

代码数值	0	1	2	3	4	5	6	7	8	9
加权积	0	5	1	6	2	7	3	8	4	9

表8－10　加权因子5－对应的加权积

代码数值	0	1	2	3	4	5	6	7	8	9
加权积	0	5	9	4	8	3	7	2	6	1

2. 4位数字价格（度量值）代码的校验码计算

（1）计算方法

第一步：价格或度量值代码位置序号从左至右顺序排列；

第二步：按照表8－11确定4位数字价格（度量值）代码中每位数字所对应的加权因子，然后按表8－7、表8－8和表8－10确定相应的加权积；

表8－11　4位数字价格（度量值）代码加权因子的分配规则

代码位置序号	1	2	3	4
价格（度量值）代码	X_5	X_4	X_3	X_2
加权因子	2－	2－	3	5－

第三步：将第二步的结果相加求和；

第四步：将第三步的结果乘以3，所得结果的个位数字即为校验码的值。

（2）应用举例

价格代码2875（28.75元）校验码的计算：

第一步：价格代码2875从左至右顺序排列，如表8－12所示；

表8－12　价格代码2875对应的代码位置

代码位置序号	1	2	3	4
价格代码	2	8	7	5

第二步：按照表8－11确定价格代码2875中每位数字所对应的加权因子，然后按表8－7、表8－8和表8－10确定相应的加权积，.如表8－13所示；

表8－13　价格代码2875对应的加权积

价格代码	2	8	7	5
加权因子	2－	2－	3	5－
加权积	4	5	1	3

第三步：求和；

$$4+5+1+3=13$$

第四步：用3乘以第三步的结果，取乘积的个位数字9为所求价格校验码的值。

$$13\times 3=39$$

3. 5位数字价格（度量值）代码的校验码计算

（1）计算方法

第一步：价格或度量值代码位置序号从左至右顺序排列；

第二步：按照表8－14确定5位数字价格（度量值）代码中每位数字所对应的加权因子，然后按表8－7、表8－9和表8－10确定相应的加权积；

表8－14　5位数字价格（度量值）代码加权因子的分配规则

代码位置序号	1	2	3	4	5
价格（度量值）代码	X_6	X_5	X_4	X_3	X_2
加权因子	5＋	2－	5－	5＋	2－

第三步：将第二步的结果相加求和；

第四步：用大于或等于第三步所得结果且为10的最小整数倍的数减去第三步所得结果；

第五步：在表8－10中，查找加权积行中与第四步所得结果数值相同的加权积，与该加权积所在同一列中的代码数值即为所求校验码的值。

（2）应用举例

价格代码 14685（146.85 元）校验码的计算：

第一步：价格代码 14685 从左至右顺序排列，如表 8－15 所示；

表 8－15 价格代码 14685 对应的代码位置

代码位置序号	1	2	3	4	5
价格代码	1	4	6	8	5

第二步：按照表 8－14 确定价格代码 14685 中每位数字所对应的加权因子，然后按表 8－7、表 8－9 和表 8－10 确定相应的加权积，如表 8－16 所示；

表 8－16 价格代码 2875 对应的加权积

价格代码	1	4	6	8	5
加权因子	5＋	2－	5－	5＋	2－
加权积	5	8	7	4	9

第三步：求和；

$$5+8+7+4+9=33$$

第四步：用大于或等于第三步所得结果且为 10 的最小整数倍的数减去第三步所得结果；

$$40-33=7$$

第五步：查表 8－10 得加权积 7 所对应的代码数值为 6，即 6 为所求校验码的值。

五、实训步骤

（一）店内码设计

给出几种需散装称重商品的单价、重量，然后让同学们设计 13 位的变量消费单元代码。

（二）店内码打印

利用 Bartender 软件设计条码标签，除条码信息外，标签上还必须有商品名称、单价、重量、总价等信息，并通过条码打印机打印条码标签。

（三）粘贴店内码

将打印好的条码标签粘贴在没有任何信息的包装盒上。

（四）录入 POS 系统

打开计算机进入智百威连锁经营管理系统后台系统，从“信息档案”进入“商品档案”，使用条码扫描器扫描包装盒上的条码信息，即可录入该商品的主条码信息，然后录入该商品其他信息，最后保存录入的信息。

注：商品性质信息有七种可以选择，普通商品、散装称重商品、计份商品、不定量商品、不定价商品、拆分材料与组装成品，此时在商品性质中选择为散装称重商品，否则用户自行设定的条码无法保存。

（五）商品销售

在前台收银处进行销售，扫描条码，查看是否与后台录入信息相一致。

五、实训组织运行要求

先由教师集中授课，讲解如何进行实训，然后由学生进行分组训练。每四位同学为一组，每组制作店内码两张：一人设计店内码，一人打印并粘贴店内码标签，一人将商品信息录入后台 POS 系统，一人进行前台收银操作。

六、实训报告要求

1. 写出实训过程。
2. 总结实训结果。

任务九　物流设备的认知与操作技术

学习目标

1. 能初步根据物流需求配置设备；
2. 能描述主要常用物流设备的功能；
3. 在实训条件允许的情况下操作基本的物流设备。

所谓物流设备是指进行各项物流活动所必需的成套建筑和器物，组织实物流通所涉及的各种机械设备、运输工具、仓储设施、站场、电子计算机、通信设备等。

物流机械设备是现代化企业的主要作业工具之一，是合理组织批量生产和机械化流水作业的基础。对第三方物流企业来说，物流设备又是组织物流活动的物质技术基础，体现着企业的物流能力大小。物流设备是物流系统中的物质基础，伴随着物流的发展与进步，物流设备不断得到提升与发展。物流设备领域中许多新的设备不断涌现，如四向托盘、高架叉车、自动分拣机、自动引导搬运车（AGV）、集装箱等，极大的减轻了人们的劳动强度，提高了物流运作效率和服务质量，降低了物流成本，在物流作业中起着重要作用，极大的促进了物流的快速发展。

作为高职院校的物流专业学生，应该了解和掌握常用物流设备的操作方法以及相应信息技术的应用，以满足企业发展对物流人才的需求。为此，我院物流设施设备实训室购入了托盘、地牛、液压手动堆高车、重力货架、流利式货架、半自动打包机、手动打包机等物流设备，通过学生专业操作实践与教师指导，使学生接受与物流运作过程相关的职业和技能的训练，提高学生在货物组托作业、叉车操作技术等仓储作业方面的动手能力和分析问题、解决问题的能力。

本项实训任务分四项子任务，建议学时为 10 学时。

子任务一　货物组托操作实训

一、实训目的

了解托盘的国际标准规格，货物组托的原则，掌握重叠式、纵横交错式、旋转交错式、正反交错式等货物组托的方法。

二、实训学时

4 学时

三、实训器材

1000mm × 1200mm 木制托盘或塑料托盘，若干个各种尺寸的纸箱。

四、实训内容

（一）托盘认知

1. 托盘的概念

中华人民共和国国家标准物流术语（GB/T 18354—2006）对托盘（Pallet）的定义是，“用于集装、堆放、搬运和运输的放置作为单元负荷的货物和制品的水平平台装置”。

2. 托盘的作用

托盘是静态货物转变成动态货物的载体，是装卸搬运、仓储保管以及运输过程中均可利用的工具，与叉车配合利用，可以大幅度提高装卸搬运效率；用托盘堆码货物，可以大幅度增加仓库利用率；托盘一贯化运输，可以大幅度降低成本。

3. 托盘的种类

（1）平板托盘

平板托盘几乎是托盘的代名词，只要一提托盘，一般都是指平板托盘而言，因为平板托盘使用范围最广，利用数量最大，通用性最好。平板托盘又可细分为三种类型：

①根据台面分类。有单面形、单面使用型、双面使用型和翼型等四种；

②根据叉车叉入方式分类。有单向叉入型、双向叉入型、四向叉入型等三种；

③根据材料分类。有木制平托盘、钢制平托盘、塑料制平托盘、复合材料平托盘以及纸制托盘等五种。据中国物流与采购联合会托盘专业委员会，2011 年对国内多家托盘生产企业、托盘使用及销售企业进行初步调查的结果，目前中国拥有的各种类型托盘总数约为 16000 ~ 20000 万片，目前每年产量递增 2000 万片左右。其中木制平托盘约占 85%、塑料平托盘占 12%、钢制托盘、复合材料托盘以及纸制托盘合计占 3%。

（2）柱式托盘

柱式托盘分为固定式和可卸式两种，其基本结构是托盘的 4 个角有钢制立柱，柱子上端可用横梁连结，形成框架型。柱式托盘的主要作用，一是利用立柱支撑重量物，往高叠放；二是可防止托盘上放置的货物在运输和装卸过程中发生塌垛现象。这种托盘最适宜装运袋装货物，防止托盘上放置货物在运输、装卸过程中发生滑落。

（3）箱式托盘

箱式托盘是四面有侧板的托盘，有的箱体上有顶板，有的没有顶板。箱板有固定式、折叠式、可卸下式三种。四周栏板有板式、栅式和网式，因此，四周栏板为栅栏式的箱式托盘也称笼式托盘或仓库笼。箱式托盘防护能力强，可防止塌垛和货损；可装载异型不能稳定堆码的货物，应用范围广。

4. 托盘的规格

目前流通中的托盘规格比较多。常见规格包括：2000mm × 1000mm；1500mm × 1100mm；1500mm × 1000mm；1400mm × 1200mm；1300mm × 1000mm；1200mm × 1000mm；1200mm × 800mm；1200mm × 1100mm；1100mm × 1000mm；1100mm × 1100mm；1100mm × 900mm；1000mm × 1000mm；1000mm × 800mm；1200mm × 1200mm；1300mm × 1600mm；1300mm × 1100mm 等几十种规格。其中塑料托盘的规格相对比较集中，主要是 1100mm × 1100mm 和 1200mm × 1000mm，约占塑料托盘的 50%。这与塑料托盘生产中要使用注塑模具，而模具的开发成本比较高有直接的关系。木质托盘的规格比较混乱，目前的规格主要是使用单位根据自己产品的规格定制，这与木质托盘制造工艺相对比较简单有关。钢制托盘的规格不是很多主要集中在二至三个规格，主要用于港口码头等单位，其对于托盘的承载重量要求较高。

托盘与搬运的产品、集装箱、货架、运输车辆的货台以及搬运设施等有直接关系，因此托盘的规格尺寸是考虑其他物流设备规格尺寸的基点。特别是要建立有效的托盘共用系统，必须使用统一规格的托盘，托盘标准化是托盘作业一贯化的前提。目前，ISO 制定的 4 种托盘国际规格如表 9－1 所示：

表 9－1　托盘国际规格

规格尺寸（mm × mm）	普遍使用地区	备注
1200 × 1000	加拿大、墨西哥、欧洲一部分	长方形
1200 × 800	欧洲	长方形
1100 × 1100	亚洲	正方形
1219 × 1016	美国	长方形

中国 GB/T 2934—1996 中规定了联运通用平板托盘的尺寸为 800mm × 1000mm、800mm × 1200mm、1000mm × 1200mm 三种。

（二）货物组托操作

货物组托是指将物品整齐、规则地摆放在托盘上的作业。货物的合理组托是仓储中一项重要的技术工作，它对维护货物质量，充分利用仓位和提高装卸作业效率，以及采用机械作业和保证货物安全等具有重大影响。

1. 货物组托的要求

（1）货物组托前的要求：

①商品的名称、规格、数量、质量已全查清。

②商品已根据物流的需要进行编码。

③商品外包装完好、清洁、标志清楚。

④部分受潮、锈蚀以及发生质量变化的不合格商品，已加工恢复或已剔除。

⑤为便于机械化作业，准备堆码的商品已进行集装单元化。

（2）组托操作中的要求：

①堆码整齐，货物堆码后四个角成一条直线。

②货物品种不混堆，规格型号不混堆、生产厂家不混堆、批号不混堆。

③堆码合理性、牢固性。要求奇偶压缝、旋转交错、缺口留中，整齐牢固。

④不能超出货架规定的高度。

2. 货物组托的方法

在托盘上摆放同一形状的立体型包装货物，可以采用各种交错组合的办法码垛，这可以保证足够的稳定性，甚至不需要再用其他方法加固。组托的方式有以下四种：

（1）重叠式（如图 9－1（a）所示）。即各层码放方式相同，上下对应，各层之间不交错堆垛。这种方式的优点是工人操作速度快，包装物四角和边重叠垂直，承载力大。缺点是各层之间缺少咬合作用，稳定性差，容易发生塌垛。

（2）纵横交错式（如图 9－1（b）所示）。相邻两层货物的摆放旋转 90°，一层呈横向放置，另一层呈纵向放置，层间纵横交错堆垛。这种方式层间有一定的咬合效果，但咬合和强度不高。

（3）旋转交错式（如图 9－1（c）所示）。第一层相邻的两个包装体都互为 90°，两层间的码放又相差 180°，这样相邻之间咬合交错。这种方式的优点是托盘货体稳定性高，不易塌垛。缺点是码放难度大，而且中间形成空穴，会降低托盘装载能力。

（4）正反交错式（如图 9－1（d）所示）。同一层中，不同列的货物以 90°垂直码放，相邻两层的货物码放形式是另一层旋转 180°的形式。这种码垛方式不同层间咬合强度高，相邻层间不重缝，码放后稳定性高，但操作较为麻烦。

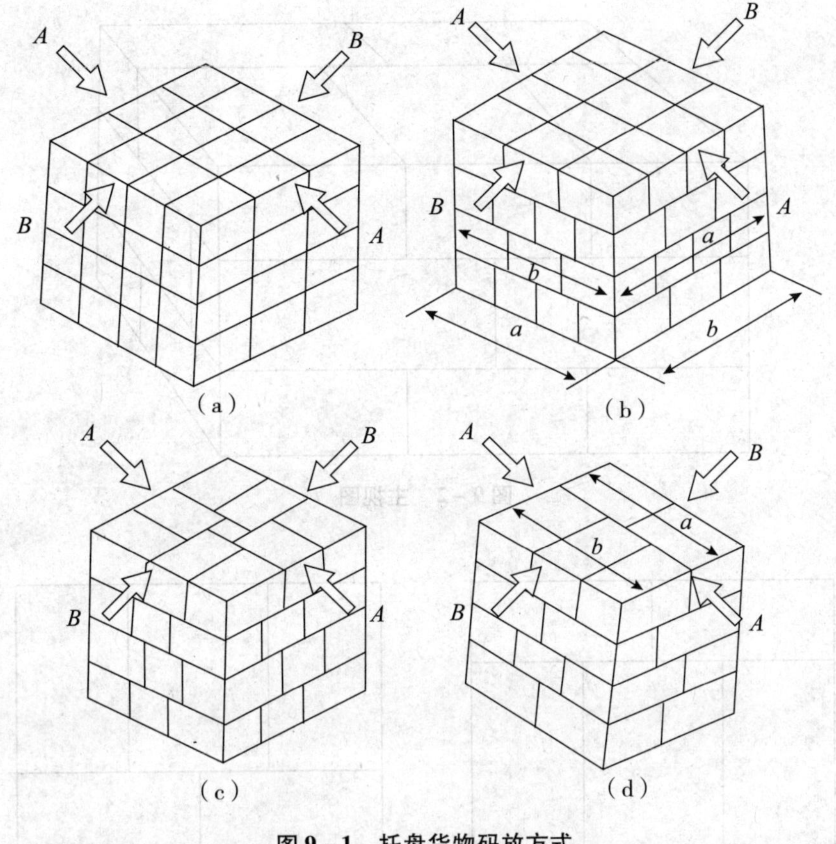

图 9－1 托盘货物码放方式

（三）货物组托示意图的绘制

1. 组托示意图的类型

（1）主视图：指从正前方观察完成组托货物绘制的示意图（如图 9－2 所示）；

（2）俯视图：指从上方观察完成组托货物绘制的示意图，包括奇数层俯视图和偶数层俯视图。

①奇数层俯视图：指第 1、3、5…层的货物摆放示意图（如图 9－3 所示）。

②偶数层俯视图：指第 2、4、6…层的货物摆放示意图（如图 9－4 所示）。

2. 组托方式的计算

（1）根据标准托盘尺寸（1000mm×1200mm）和货物尺寸（Lmm×Wmm）计算托盘每层最大摆放数量；

（2）根据货架高度（Hmm）和货物高度（hmm）计算托盘堆码的高度；

（3）画出每层的摆放示意图；

（4）如果是整托，每层货物摆放数量一致；如果是散托，注意最后一层货物的摆放方式。

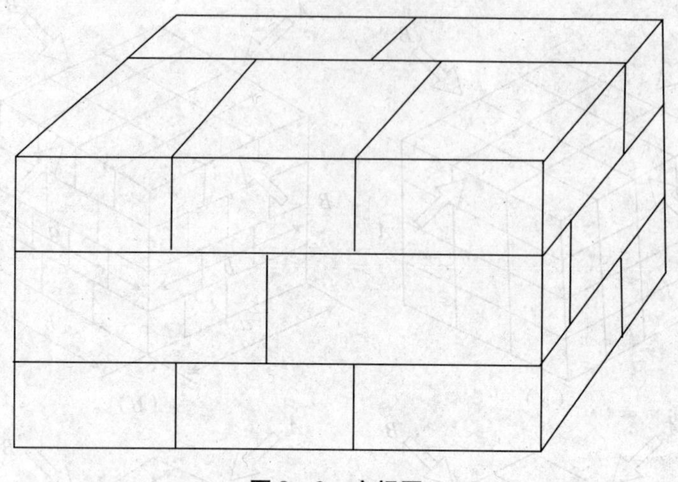

图 9－2 主视图

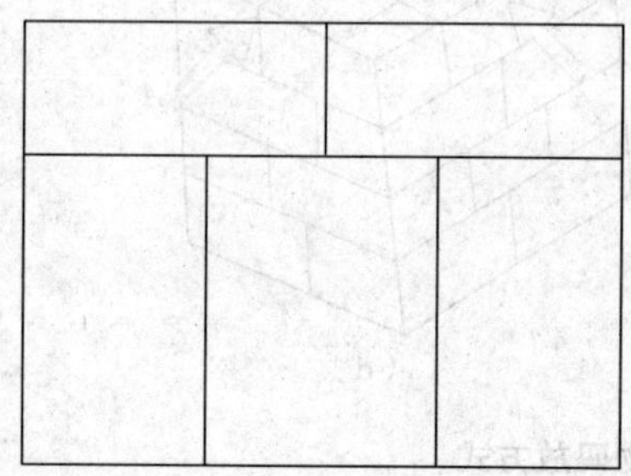

图 9－3 奇数层俯视图

图 9－4 偶数层俯视图

3. 组托示意图的绘制步骤

（1）首先进行组托方式的计算，包括所需托盘总数，整托每托货物数量，散托货物数量；每层货物摆放方式；

（2）用文档工具或专业绘图工具绘制示意图，托盘尺寸和货物尺寸按比例绘制，并在图中标识；

（3）为示意图配上合适的文字说明。

4. 组托示意图绘制规则

（1）用 Word 绘图功能绘制示意图；

（2）画出托盘码放的奇数层俯视图和偶数层俯视图；

（3）在图上标出托盘的长、宽尺寸（以 mm 为单位）；

（4）用文字说明堆码后的层数；

（5）用文字说明此类商品所需托盘的个数；

（6）将托盘上的货物以浅灰色填涂；

（7）托盘码放时，货物高度距货架顶层不低于 150mm，货物包装物边缘不允许超出托盘边缘 20mm。

5. 范例

已知某商品入库 94 箱，外包装 495mm × 395mm × 320mm，托盘尺寸 L1200mm × W1000mm × H160mm，规定货物堆码高度不能超过 1400mm，根据上述信息绘制货物示意图，并说明所需托盘的个数及堆码的层数。

根据货物包装箱尺寸和托盘尺寸信息，堆码只能采用重叠式，需用 4 个托盘，其中 3 个为整托，一个为散托。如图 9－5～图 9－7 所示。

（1）整托：每层 6 箱，共 4 层，共 24 箱；

（2）散托：第 1～3 层，每层 6 箱；第 4 层 4 箱。

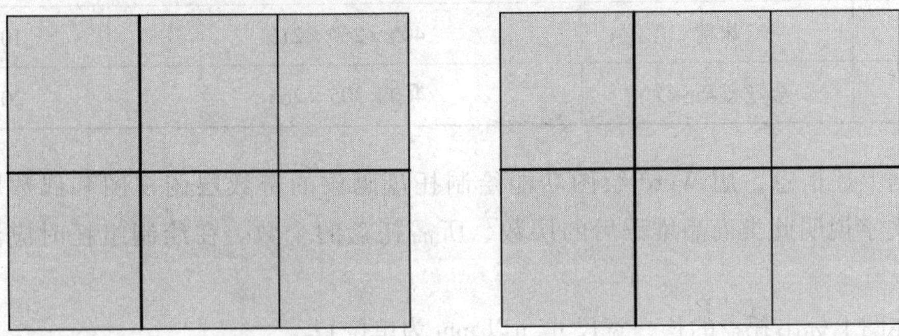

图 9－5　奇数层俯视图　　图 9－6　偶数层俯视图

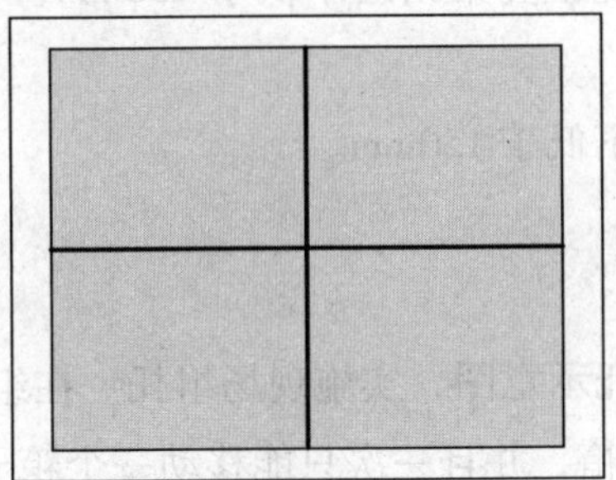

图 9－7　散托最高一层俯视图

五、实训步骤

（一）绘制组托示意图

已知物流实训室托盘尺寸 L1200mm × W1000mm × H160mm，货位尺寸 L2300mm × W900mm × H1230mm，货物包装箱尺寸如表 9－2 所示。

表 9-2　　　　货物包装箱尺寸

序号	商品名称	包装规格（长×宽×高）（mm×mm×mm）	数量（箱）
1	大豆油	435×278×203	40
2	康师傅	500×400×220	10
3	可口可乐	380×570×220	10
4	解百纳干红	600×400×220	10
5	大蒜	385×280×203	20
6	蜂蜜	500×250×290	20
7	味精	405×260×215	10
8	金丝猴巧克力	460×305×265	20

根据上述信息，用 Word 绘图功能绘制托盘码放的奇数层俯视图和偶数层俯视图，用文字说明此类商品堆码后的层数、所需托盘的个数。在绘制组托时应注意以下几点：

①在图上标出托盘的长、宽尺寸（以 mm 为单位）；

②将托盘上的货物以浅灰色填涂；

③托盘码放时，货物高度距货架顶层不低于 150mm，货物包装物边缘不允许超出托盘边缘 20mm；

④货物高度距货架顶层不低于 150mm。

（二）现场组托

每人根据自己设计的组托示意图，实施现场组托。在组托操作中应注意以下几点：

① 货物码放时要双手托箱，并且一次只能移动一个箱子；

②一个托盘上只能摆放一种货物；

③堆码整齐，货物堆码后四个角成一条直线；

④托盘码放时，货物包装物边缘不允许超出托盘边缘 20mm。

六、实训考核

教师根据每位同学组托示意图的合理性、组托操作过程的规范程度以及组托的速度进行综合评价。

子任务二 手动液压搬运车操作实训

一、实训目的

通过实训，使学生掌握手动液压搬运车操作要领，提高学生对于手动液压搬运车的精确定位能力，增强学生作业规范意识及安全意识。

二、实训学时

2 学时

三、实训器材

手动液压搬运车（三台）、托盘、纸箱、周转箱等。

四、实训内容

（一）手动液压搬运车认知

1. 概述

手动托盘搬运车俗称地牛（如图 9 – 8 所示），是一种在国内外应用广泛的轻小型仓储工业车辆。是物料搬运不可缺少的辅助工具，适合于狭窄通道和有限空间内的作业，是仓库、超市、车间内装卸和搬运托盘化货物的理想工具。

图 9 – 8 手动液压搬运车

2. 设备构造

（1）舵柄

开启舵柄后，液压系统可以产生压力；释放后，液压系统的压力也随之消失。

(2) 手柄

上下摇动手柄可以起升货叉。通过手柄连动转向轮可进行方向控制。

(3) 液压起升系统

坚固的起升系统，能满足大多数的起升要求，并按标准要求镀锌。

(4) 货叉

货叉由高抗拉伸槽钢做成。

(5) 车轮

货叉前端小轮为承载滚轮，跟手柄连接的大轮为转向轮，用来控制方向。

(二) 手动液压搬运车操作

1. 常规使用操作

(1) 检查舵柄;

(2) 将货叉推入托盘槽内;

(3) 启动液压设备;

(4) 移动货品;

(5) 货品放到目标位置;

(6) 释放液压设备;

(7) 抽出货叉。

2. 使用注意事项

(1) 货物慢速加载于货叉上不许将重物急速加载于货叉上;

(2) 不要超载使用，超载时，车子将不能正常工作;

(3) 货物重心应在两货叉之中，偏载的货物被提升后可能会发生翻车;

(4) 不要把货物长期搁在车体上;

(5) 车辆不工作时，将货叉处于最低位置;

(6) 严禁载人，严禁人站在货叉上踩地溜车;

(7) 适合平坦、坚硬的地面使用;

(8) 长距离操作需拖动不可推动前进。

五、实训操作比赛

1. 比赛组织及场地

比赛时每五位同学一组，三组同时进行比赛，每组选一位代表抽签决定比赛区位。比赛场地如图 9－9 所示。

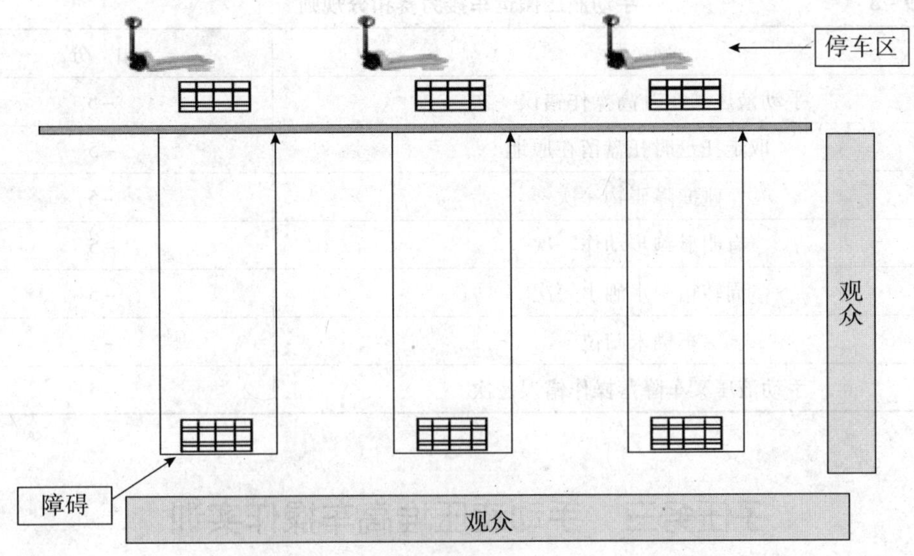

图9-9 手动液压搬运车接力赛场地示意图

2. 比赛流程

(1) 各组到指定比赛位待命;

(2) 指导教师宣布比赛开始并计时;

(3) 按要求将装有水的周转箱放在托盘上;

(4) 其中一名学生将手动液压搬运车拉到码货的托盘处;

(5) 将手动液压车升高,拉动码货托盘通过障碍物到对面再拉回原地;

(6) 将液压搬运车货叉降到最低位;

(7) 另外一名选手将手动液压车升高,拉动码货托盘通过障碍物到对面再拉回原地;依次类推,进行接力;

(8) 最后一名选手将手动液压车放回原位,停止计时。

3. 比赛说明

(1) 比赛过程中,指导教师负责计时,并记录学生比赛中出现的错误次数及其错误原因;

(2) 比赛过程中,手动液压搬运车推拉无要求;

(3) 比赛过程中,学生应严格遵守本专业操作规程,符合安全、文明要求。

4. 比赛评分

比赛结果以质量为第一,时效为第二。质量总分100分,各项扣分如表9-3所示。两组如有相同质量得分时,时效高的胜出。

表9－3　　手动液压搬运车接力赛扣分规则

项　目	扣　分
手动液压叉车升高操作错误一次	－5
取走托盘时托盘留在原地	－5
碰撞障碍物一次	－5
有明显跑步动作一次	－5
周转箱中水洒出一次	－5
车辆未归位	－5
手动液压叉车降落操作错误一次	－5

子任务三　手动液压堆高车操作实训

一、实训目的

通过实训，使学生掌握手动液压堆高车操作要领，提高学生对于手动液压堆高车的精确定位能力，增强学生作业规范意识及安全意识。

二、实训学时

2 学时

三、实训器材

手动液压堆高车（两台）、重力货架、托盘、纸箱等。

四、实训内容

（一）手动液压堆高车认知

1. 概述

堆高车是指对成件托盘货物进行装卸、堆高、堆垛和短距离运输作业的各种轮式搬运车辆。国际标准化组织 ISO/TC110 称为工业车辆。其结构简单、操控灵活、微动性好、防爆安全性能高。适用于狭窄通道和有限空间内的作业，是高架仓库、车间装卸托盘化的理想设备。

手动液压堆高车（如图 9－10 所示）是一种无污染、无动力的堆高车，该产品具有结构紧凑，运输灵活，操作简单，回转半径小等特点。手动液压堆高车适用于工厂，车间，仓库，车站，码头等处的货物搬运与堆垛。对于那些有防火，防爆要求的场地

（如印刷车间、油库、码头、仓库等）更为适用。

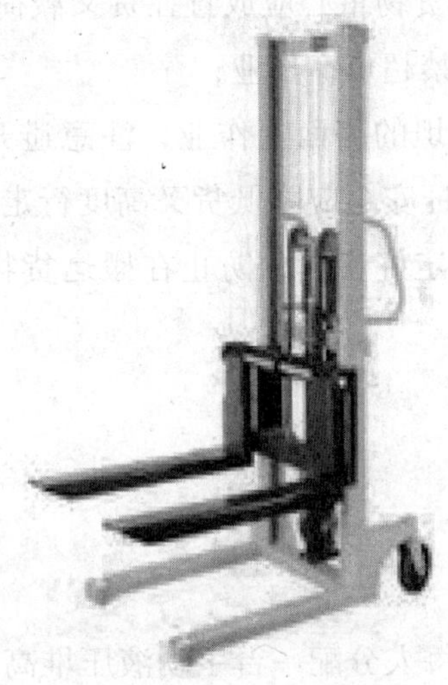

图9－10 手动液压堆高车

2. 设备原理

手动液压堆高车主要由车架部件、液压部件、货叉部件、链条等组成（如图9－10所示）。起升货物时，关闭卸荷阀，上下摇动手把（或上下踩踏脚踏把），使压力油进入油缸，推动柱塞杆，使链条带动货叉部件起升货物。下降货物时，打开卸荷阀，油缸内的压力油回流到油箱内、活塞杆下降，货叉部件靠自重下降到底部。

（二）手动液压堆高车操作规程

1. 用前检查

（1）各螺栓紧固可靠，无缺失、松动现象；

（2）链条完整、润滑良好，链片无损坏、扭曲现象；

（3）提升导向轮润滑、紧固可靠，无磨损、裂缝现象；

（4）各运动部位润滑良好，如出现磨损情况及时调整、维修。

2. 操作步骤

（1）关闭卸荷阀，上下摇动手把（或上下踩踏脚踏把），此时链条带动货叉缓缓起升；

（2）打开卸荷阀，油缸内的压力油回流到油箱内，活塞杆下降，货叉部件靠自重应能自然下降到底部；（自然下降速度的快慢可通过卸荷阀的开度的大小进行控制）

（3）运行中注意是否平稳，若发现卡滞、杂音、不动作等异常情况应及时调整、维修。

3. 使用注意事项

（1）装载：装载货物时，货物重心应放置在货叉载荷中心位置，不要装偏、偏载；作业时勿用货物撞击货叉；严禁超负荷作业；

（2）推行：应在坚硬、平坦的路面上作业，注意避开空洞、不平的路面，以防托底、翻车发生。在行走时为保证安全应降低货叉高度行走；

（3）卸货：卸载前首先固定好底轮，防止在搬运货物过程中堆高车溜滑失控，严禁作业人员站在堆高车上作业。

五、实训步骤

（一）分组

每两人为一组同时训练，每人分配一台手动液压堆高车、一个托盘及一组货架。

（二）组托操作

将货物合理摆放在托盘上。

（三）搬运操作

将手动液压堆高车叉入到托盘中，提升托盘，使托盘略微离开地面，运到指定的货架旁边。

（四）上架操作

面向货架，提升托盘，将货物准确地放入二层货位上，然后将货叉移出托盘，并下降至堆高车底部。

（五）下架操作

再次提升货叉，准确叉入货架二层的托盘中，将货物降至接近地面，拖动手动液压堆高车至起始点，将货叉下降至堆高车底部，使货叉离开托盘。

（六）归位

结束作业，将手动液压堆高车放回原位。

六、实训考核

指导教师根据表9－4对学生的操作进行考核。

表 9-4 手动液压堆高车操作考核表

考核内容	手动液压堆高车操作考核	分值	实际得分
操作规范	搬运操作规范	10	
	上架操作规范	30	
	下架操作规范	30	
操作质量	货物和工具归位规范	10	
操作时间	在规定时间内完成任务	20	

子任务四 打包机操作实训

一、实训目的

1. 理解半自动打包机、手动打包机的工作原理；
2. 掌握半自动打包机的货物打包操作；
3. 掌握手动打包机的货物打包操作。

二、实训学时

2 学时

三、实训器材

半自动打包机、手动打包机、打包带、纸箱。

四、实训内容

（一）打包机认知

打包机又称捆包机或捆扎机，是使用捆扎带缠绕产品或包装件，然后收紧并将两端通过热效应熔融或使用包扣等材料连接的机器。打包机的功用是使塑料带能紧贴于被捆扎包件表面，保证包件在运输、储存中不因捆扎不牢而散落，同时还应捆扎整齐美观。

打包机按性能可分为全自动打包机、半自动打包机、手动打包机等。

1. 手动打包机

手动打包机包括手动拉紧器（如图 9－11 所示）与手动咬扣器（如图 9－12 所示），两者配合使用，它需要人工操作来完成整个打包过程，坚固耐用，保养方便。

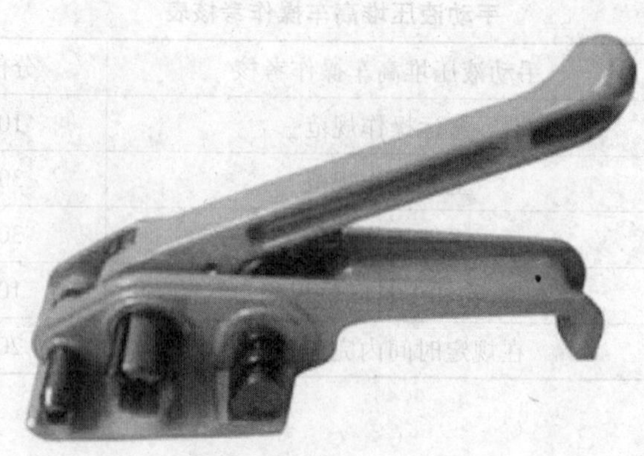

图 9 – 11　手动拉紧器

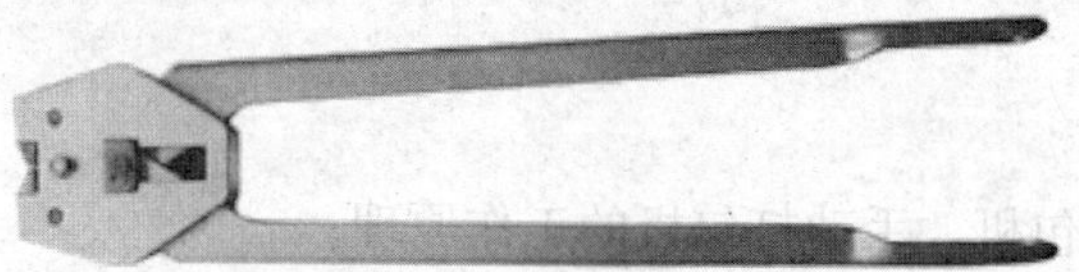

图 9 – 12　手动咬扣器

2. 半自动打包机

半自动打包机（如图 9 – 13 所示）需要手动插入打包带后，机器才会自动完成聚带、黏合、切断、出带的打包过程。图 9 – 13 中从左至右有四个控制按钮：

图 9 – 13　半自动打包机

（1）电源开关：控制机器的电源；

（2）出带长度调整：每一个刻划大约一公尺，顺时针方向调整则出带的长度越长，反之则短；

(3) 归零按钮：开机时，机器自动归零，如果机器在归零状态时按此按钮，则可使机器动作循环一次，如果没有打包带，按第一次退带，按第二次归零；

(4) 手动送带按钮：辅助出带之用，按越久则送出的带子越长。

3. 全自动打包机

全自动打包机（如图 9－14 所示）无须人工插带，只需设定即可自动完成聚带、黏合、切断、出带整个打包过程，方便快捷。

图 9－14 全自动打包机

(二) 打包机操作规程

1. 手动打包机操作规程

(1) 首先将带对折，双手顺势夹紧，保持回折两条索带平行，再将带竖起，保持平行，左右手交换推进，即可将带穿过小孔；

(2) 右手推紧黑色连杆，松动夹紧位，左手掌握紧索带，食指限定索带位置，模拟削鱼方法，由前至后拉紧；

(3) 左手模拟第二步方法，将索带拉入刀缝，右手将“十”字位调较好，方便左手穿带；

(4) 轻轻拉紧索带，调整好索带的整齐，反向左手将索带压在收紧缝中，右手收紧索带，保持双向索带平行。注意反向左手压住索带；

(5) 将钢扣穿入双带中，注意从侧面入扣，将扣压紧；

(6) 张开钢钳，按方向入口，观察两条带是否有重叠；

（7）收紧钢钳一半幅度后，可斜拉钢钳到身边，方便用力收紧。注意要钢钳收到一半后才可以斜拉到身边，否则会打坏钢扣；

（8）打紧钢扣后，左手拉住索带，右手慢速向下压拉杆。尽量分两个步骤，如果大力急速向下压拉杆，会造成索带裂开；

（9）下压拉杆后，顺势向右拖出收紧机，完成打包。

2. 半自动打包机操作规程

（1）打开电源开关（机台预热 1 分钟）；

（2）将包装物放在机器上，靠近阻拦器；

（3）将带子绕过捆包物，当打包带长度不够时，应点击按钮输送足够长的打包带，应留出足够的空间来方便打包；

（4）右手大拇指和食指紧握打包带末端两侧，然后顺着插带槽处插入带口，待听到响声后手松开，左手紧按物品不动，机器即自动捆包；

（5）捆包完成后，移开捆包物；

（6）关闭电源开关，红色电源指示灯灭，机台停止。

五、实训组织

（一）分组

每五名同学为一组，先由教师集中讲解打包机的操作规程及其注意事项。

（二）实操自由练习

教师给学生约 30 分钟时间，各小组在小组长的带领下每个同学各自练习手动打包机、半自动打包机的操作方法。并在练习完毕后每个小组选出一名实操能手准备参加比赛。教师在这个过程中进行个别辅导与巡视，对各个小组的作品进行点评。

（三）实操比赛

各小组选派一名代表参加比赛。分别采用两种打包机对三个纸箱进行打包作业。以时间最短，包装最美观的组为优胜组，并对胜出的组员进行加分奖励。

任务十　储配方案的设计与执行实训

学习目标

1. 掌握储配方案设计的基本方法；
2. 熟悉物流大赛软件的操作流程；
3. 掌握储配方案执行的基本步骤。

该实训项目是适应国家物流业调整与振兴对高素质技能型物流人才的需求，以物流业的核心环节——储配作业为背景进行安排，展示学生在组织管理、专业团队协作、现场问题的分析与处理、工作效率、质量与成本控制、安全及文明生产等方面的职业素养，引导高职院校明确物流人才的培养定位与规格，从而促进高职物流管理专业的教育教学改革。该项实训包括两大环节：

（一）制定储配方案

每三人为一实训小组，学生分工并做好工作准备；根据所获取的企业储存、配货、场地、货物、货架、托盘、月台、客户、工时资料、各种租赁、货位占用费、安全要求等相关信息，进行分析处理；进行货位优化及制定货物入库方案；进行订单处理及生成拣选单；编制可实施的储配作业计划；预测出实施方案可能出现的问题和应对方案，并提交设计方案。

（二）实施储配方案

学生根据上述储配方案的设计结果，在实训场地实施方案。学生选择最佳时机并根据作业任务需求向租赁中心租赁托盘、地牛等设备和工具；执行入库作业计划和出库作业计划。学生在实施过程中要体现物流企业所需要的基本操作技能，服务质量与安全意识。学生实施方案过程中，可修改方案，修改方案将按预定的比例增加成本。以操作规范程度、方案是否可行、方案实施效率、服务质量、安全意识等要素为依据，计算综合成本为评价标准。根据方案执行情况完成本次业务活动的成本核算，提交成本核算表。

该项实训为全国职业技能大赛高职组的比赛项目，通过实训，可以把大赛模式引入到日常教学过程中，既可以提高学生的实践技能，同时又为参加全省及全国职业技能大赛打下良好的基础。

本项实训任务分三项子任务，建议学时为10学时。

子任务一　储配方案设计实训

一、实训目的

要求在限定的空间资源以及载货工具条件下，设计出最合理的配储方案，使得：

1. 载物托盘的可用面积利用率最大化；
2. 货物上下架遵循安全、简便的原则；
3. 从方案最优原则出发，考虑各处突发状况的发生；
4. 最大限度上降低作业成本（包含工具使用成本、时间成本、人力资源成本等）。

二、实训时间

4学时

三、实训场地

计算机（计算机安装Office软件、Bartender软件）、计算器、打印机、条码打印机、打印纸等辅助设备及耗材。

四、实训内容

（一）工作准备

1. 封面设计

封面属于第一印象，好的封面设计能让好感先入为主。页面可适当加底纹，文字编排、字体大小与位置要协调美观。封面的内容主要包括：

（1）题目：现代物流——储配方案的设计与执行；

（2）组长：张三；

（3）组员：李四，王五；

（4）指导老师，专业班级等。

2. 队员分工

选手的分工要明确，在描述上尽量偏向岗位工作职责的说明模式，要注意不能给后面的工作安排留下难题。比如，使用负责××，开展××，监督××，并且分点阐述。

3. 工作安排

（1）安排工作时，应严格遵守工作岗位的职责。要知道，虽然是三个人，但是在模拟三个岗位的工作；

（2）写工作安排的时候，可以表格形式表达，内含名字、岗位、时段、工作内容等；

（3）切忌所安排的工作与岗位职责不符，或者前后安排冲突。也要避免工作逻辑性不清晰。

（二）货位优化及制定货物入库方案

1. 货物 ABC 分类

（1）基本原理

ABC 分类法是根据事物在技术、经济方面的主要特征，进行分类排列，从而实现区别对待区别管理的一种方法。ABC 法则是帕累托 80/20 法则衍生出来的一种法则。所不同的是，80/20 法则强调的是抓住关键，ABC 法则强调的是分清主次，并将储存的货物划分为 A、B、C 三类。对 A 类货物实行重点管理，B 类次重点管理，C 类则进行一般管理。

（2）计算步骤

第一步：统计每一种货物的周转量，并将货物按照它们的周转量进行降序排列；

第二步：计算累计周转量比率；

第三步：分类。周转量累计百分数在 0% ~70% 的定为 A 类，周转量累计百分数在 70% ~90% 的定为 B 类，其余的定为 C 类。

（3）示例

已知某储配中心库存周转量统计表，根据 ABC 分类的计算规则，对库存货物进行 ABC 分类，如表 10 -1 所示：

表 10 -1　　库存货物 ABC 分类统计表

序号	商品名称	周转量	周转率（%）	累计周转率（%）	分类
1	大王牌大豆酶解蛋白粉	5750	32. 1229	32. 1229	A 类
2	黄桃水果罐头	3100	17. 3184	49. 4413	
3	蜂圣牌蜂皇浆冻干粉片	2210	12. 3464	61. 7877	

续 表

序号	商品名称	周转量	周转率（%）	累计周转率（%）	分类
4	兴华苦杏仁	1470	8.2123	70.0000	B类
5	爱牧云南优质小粒咖啡	890	4.9721	74.9721	
6	联广酶解可可豆	680	3.7989	78.7709	
7	脆香饼干	500	2.7933	81.5642	
8	隆达葡萄子油	400	2.2346	83.7989	
9	吉欧蒂亚干红葡萄酒	340	1.8994	85.6983	
10	神奇松花蛋	270	1.5084	87.2067	
11	诚诚油炸花生仁	260	1.4525	88.6592	
12	玫瑰红酒	240	1.3408	90.0000	C类
13	利鑫达板栗	200	1.1173	91.1173	
14	乐纳可茄汁沙丁鱼罐头	190	1.0615	92.1788	
15	金谷精品杂粮营养粥	180	1.0056	93.1844	
16	华冠芝士微波炉爆米花	130	0.7263	93.9106	
17	早苗栗子西点蛋糕	120	0.6704	94.5810	
18	轩广章鱼小丸子	110	0.6145	95.1955	
19	休闲黑瓜子	100	0.5587	95.7542	
20	小师傅方便面	90	0.5028	96.2570	
21	梦阳奶粉	90	0.5028	96.7598	
22	大牛牛奶	90	0.5028	97.2626	
23	日月腐乳	90	0.5028	97.7654	
24	鹏泽海鲜锅底	90	0.5028	98.2682	
25	好娃娃薯片	90	0.5028	98.7709	
26	金多多婴儿营养米粉	70	0.3911	99.1620	
27	大厨方便面	70	0.3911	99.5531	
28	大嫂什锦水果罐头	30	0.1676	99.7207	
29	雅比沙拉酱	30	0.1676	99.8883	
30	山地玫瑰蒸馏果酒	20	0.1117	100.0000	
	合 计	17900			

2. 绘制货物组托示意图

已知托盘尺寸 L1200mm × W1000mm × H160mm，货位尺寸 L2300mm × W900mm × H1230mm，根据下列货物信息（如表 10－2 所示）分别绘制各自的组托示意图。

表 10－2 待入库货物信息

序号	商品名称	包装规格（mm×mm×mm）（长×宽×高）	入库数量（箱）	限制堆码层数
1	休闲黑瓜子	595×395×375	10	6
2	黄桃水果罐头	595×325×330	18	3
3	大王牌大豆酶解蛋白粉	495×395×320	36	6
4	蜂圣牌蜂皇浆冻干粉片	395×295×275	30	6
5	诚诚油炸花生仁	395×245×265	24	3
6	利鑫达板栗	330×235×240	30	6
7	金多多婴儿营养米粉	295×245×240	32	6
8	吉欧蒂亚干红葡萄酒	460×260×230	18	6

根据货物外包上的规格，按照托盘利用率最大、奇偶压缝的原则进行组托，具体情况如下：

（1）休闲黑瓜子：595mm×395mm×375mm，一层能码放 5 箱，入库 10 箱，能码放 2 层，需要 1 个托盘。组托示意图如图 10－1 所示；

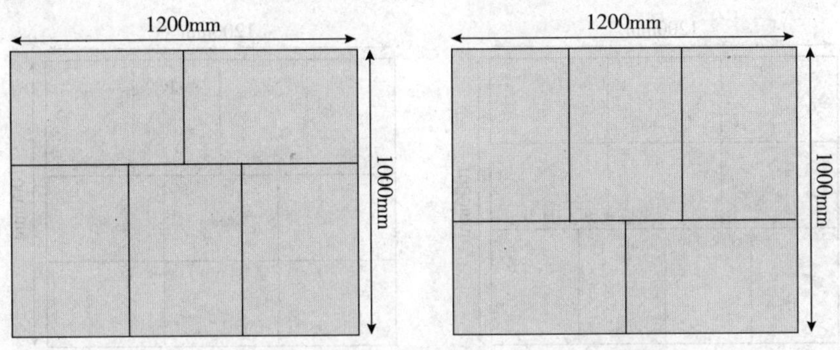

图 10－1 休闲黑瓜子奇数层、偶数层俯视图

（2）黄桃水果罐头：595mm×325mm×330mm，一层能码放 6 箱，入库 18 箱，能码放 2 层，需要 2 个托盘，一托盘 12，二托盘 6。组托示意图如图 10－2 所示；

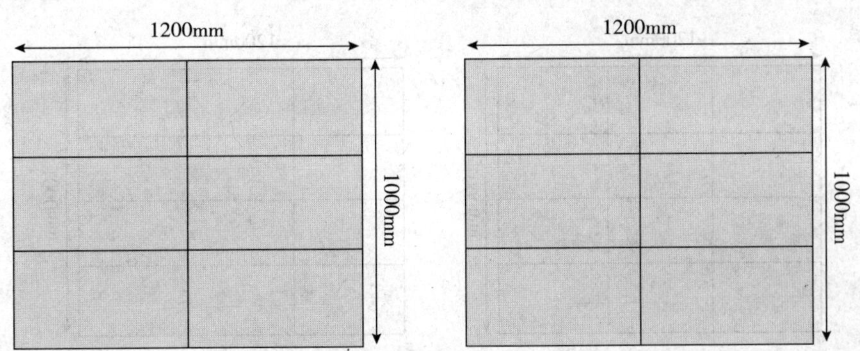

图 10－2 黄桃水果罐头奇数层、偶数层俯视图

（3）大王牌大豆酶解蛋白粉：495mm×395mm×320mm，一层能码放 6 箱，入库 36 箱，能码放 2 层，需要 3 个托盘，一托盘 12，二托盘 12，三托盘 12。组托示意图如图 10－3 所示；

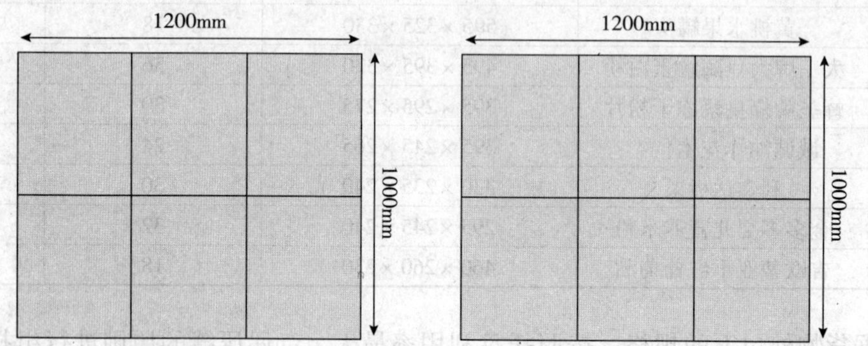

图 10－3　大王牌大豆酶解蛋白粉奇数层、偶数层俯视图

（4）蜂圣牌蜂皇浆冻干粉片：395mm×295mm×275mm，一层能码放 10 箱，入库 30 箱，能码放 3 层，需要 1 个托盘。组托示意图如图 10－4 所示；

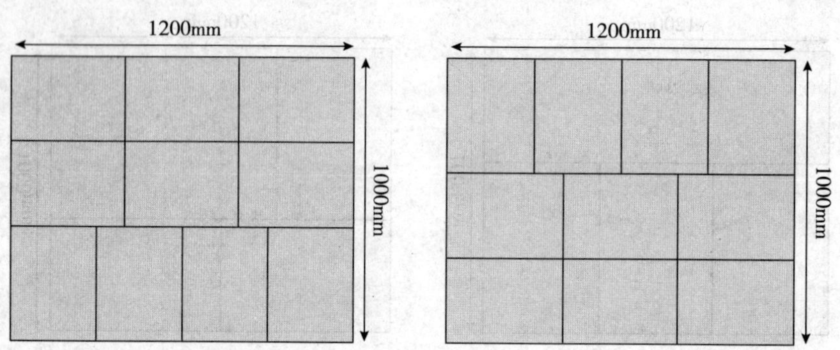

图 10－4　蜂圣牌蜂皇浆冻干粉片奇数层、偶数层俯视图

（5）诚诚油炸花生仁：395mm×245mm×265mm，一层能码放 12 箱，入库 24 箱，能码放 2 层，需要 1 个托盘。组托示意图如图 10－5 所示；

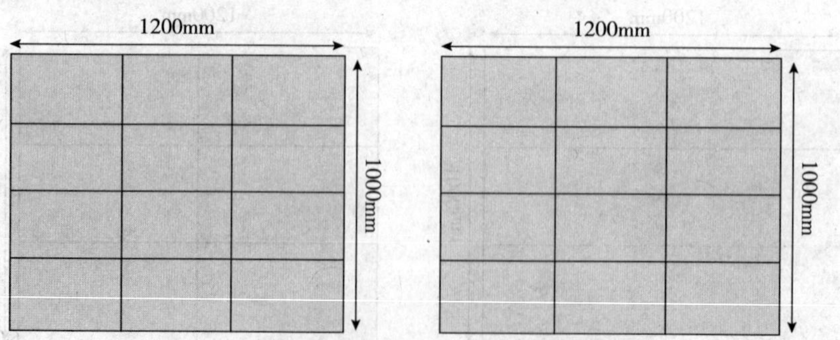

图 10－5　诚诚油炸花生仁奇数层、偶数层俯视图

（6）利鑫达板栗：330mm×235mm×240mm，一层能码放15箱，入库30箱，能码放2层，需要1个托盘。组托示意图如图10－6所示；

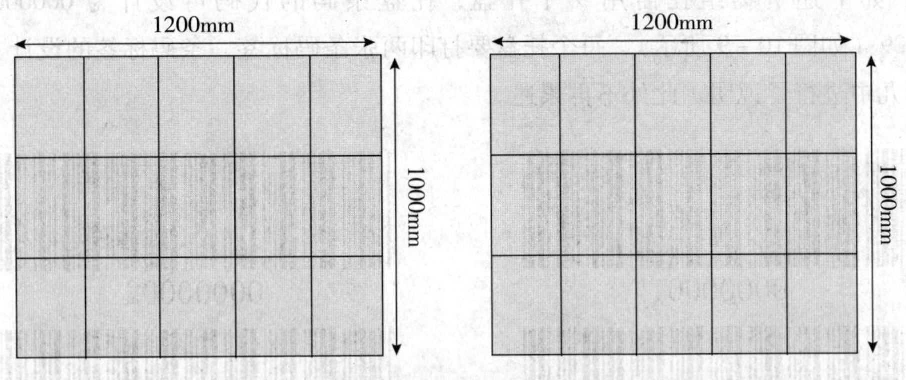

图10－6　利鑫达板栗奇数层、偶数层俯视图

（7）金多多婴儿营养米粉：295mm×245mm×240mm，一层能码放16箱，入库32箱，能码放2层，需要1个托盘。组托示意图如图10－7所示；

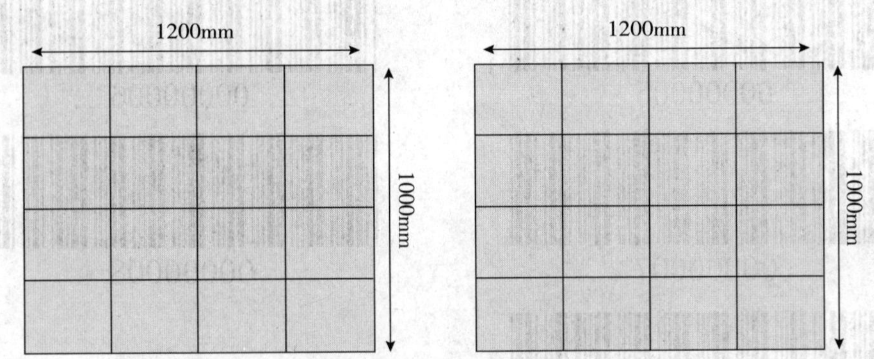

图10－7　金多多婴儿营养米粉奇数层、偶数层俯视图

（8）吉欧蒂亚干红葡萄酒：460mm×260mm×230mm，一层能码放9箱，入库18箱，能码放2层，需要1个托盘。组托示意图如图10－8所示。

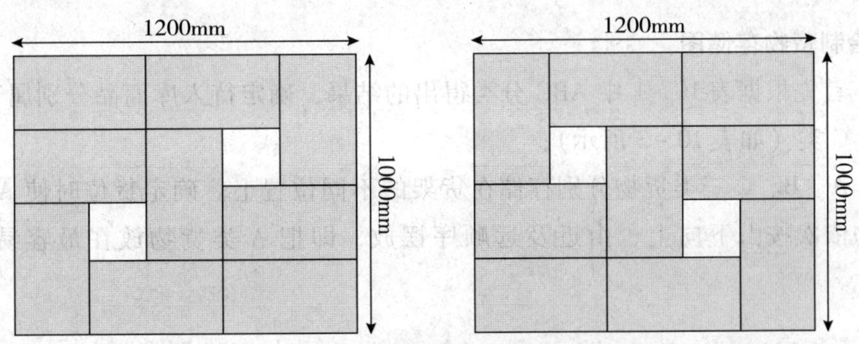

图10－8　吉欧蒂亚干红葡萄酒奇数层、偶数层俯视图

3. 编制托盘条码

运用 Bartender 软件编制并打印托盘条码标签，码制为 CODE39（8 位数字码，无校验位），如上述货物组托需用 9 个托盘，托盘条码的代码可设计为 00000001 至 00000009（如图 10－9 所示），每个托盘要打印两张条码标签，条码标签的设计方法已在任务九中进行了说明，此处不再累述。

图 10－9　托盘条码标签图样

4. 绘制货物存储图

（1）首先根据表 10－1 中 ABC 分类得出的结果，确定待入库商品分别属于 A 类、B 类还是 C 类（如表 10－3 所示）；

（2）A、B、C 三类货物分别存储在货架的不同位置上。确定货位时使 A、B、C 三类货物依次按由下向上、由近及远顺序摆放，即把 A 类货物放在最容易存取的位置。

表 10-3 待入库商品 ABC 类别划分

序号	商品名称	周转量	周转率（%）	累计周转率（%）	分类
1	大王牌大豆酶解蛋白粉	5750	32.1229	32.1229	A 类
2	黄桃水果罐头	3100	17.3184	49.4413	
3	蜂圣牌蜂皇浆冻干粉片	2210	12.3464	61.7877	
4	吉欧蒂亚干红葡萄酒	340	1.8994	85.6983	B 类
5	诚诚油炸花生仁	260	1.4525	88.6592	
6	利鑫达板栗	200	1.1173	91.1173	C 类
7	休闲黑瓜子	100	0.5587	95.7542	
8	金多多婴儿营养米粉	70	0.3911	99.1620	

例如：某货架的货位参考尺寸是 L2300mm × W900mm × H1350mm，两排双列三层，货位条码编制规则为库区、排、层、列 4 号定位法（如图 10-10 所示），该货位条码代表的信息是 1 号库区第 2 排第 3 层第 2 列。

图 10-10 货位条码图样

以货架的排为单位，将货物存储情况反映在存储示意图上（如图 10-11、图 10-12 所示），新入库的货物以浅灰色填涂，并标注货物名称及存放的数量。

（三）订单处理及制定拣选单

1. 订单有效性分析

企业一般根据一些特定的权重比例以及企业自身情况，来确认订单的有效性：

第一，确定客户是否有效，首先查看是否存在这个客户，查看订单日期、订单价格和订单期限是否有误。

第二，应该考虑到客户的信誉度，如果一个客户的信誉度都不好，企业即便交易了货物，但货款的收回或许会是很长一段时间，或许还得做好坏账准备。因此，应该优先考虑这个信誉度的问题。

第三，应该考虑这项买卖是否可以赢利，企业是以赢利为目的的。查看该客户能带来多大的利润空间。

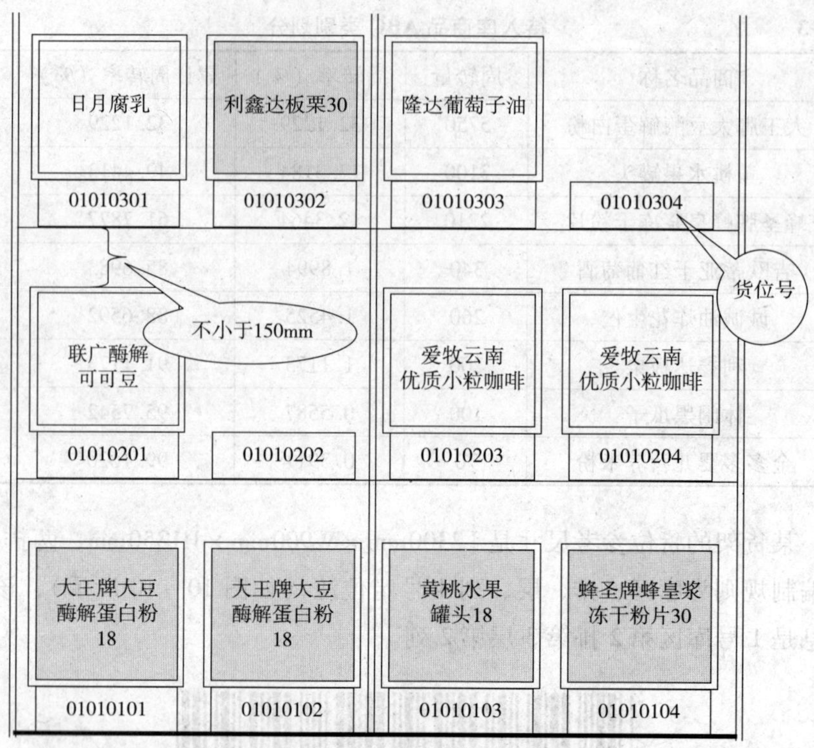

图 10－11　第一排货架存储信息

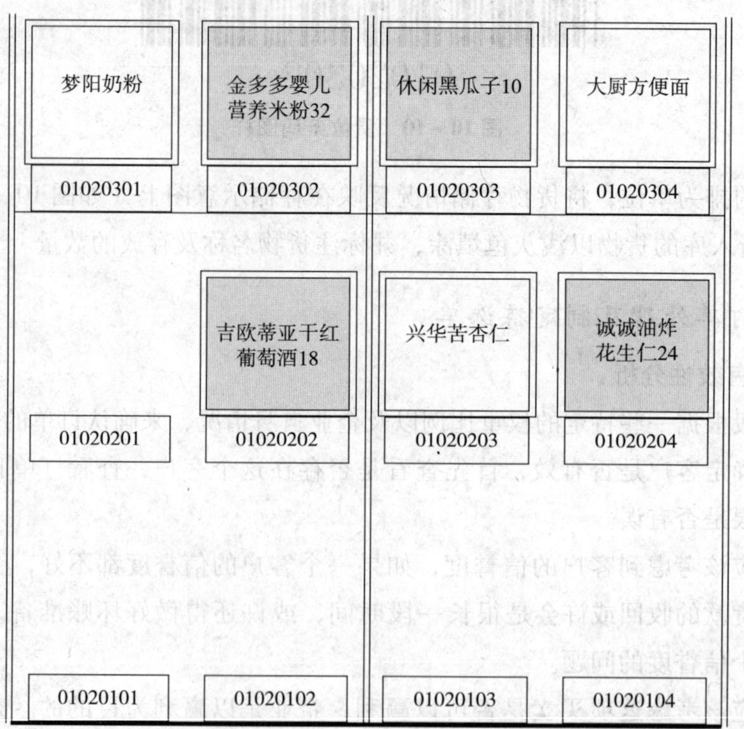

图 10－12　第二排货架存储信息

第四，应该考虑到这家企业的信用额度情况，如客户此次订货的订购金额加上其累计应收账款额超过其信用额度的一定范围，则应拒绝该客户订单。

例如，有四家超市向配送中心发送订单，如表 10－4 所示，根据订单有效性分析，中百超市、华亿超市和家惠超市累计应收账款均未超出信用额度的 15%，所以都为有效订单，可执行。因为佳家超市累计应收账款超出信用额度的 15%，所以佳家超市订单视为无效订单，不执行。

表 10－4 订单有效性分析

客户名称	中百超市	华亿超市	家惠超市	佳家超市
应收账款	199.5 万	152.5 万	125 万	9.8 万
订单金额	1.486 万	1.152 万	1.176 万	2.62 万
累计应收账款	200.686 万	153.652 万	126.176 万	12.42 万
信用额度	200 万	180 万	150 万	10 万
累计应收账款是否超出信用额度 15%	否	否	否	是
订单有效性分析	有效	有效	有效	无效

2. 客户优先权分析

当多个客户针对某一货物的要货量大于该货物库存量时，应对客户进行优先等级划分以确定各自的分配量，并阐明理由。

客户优先权计算方法：

（1）查看客户资料，选取一些代表性的评价指标进行评价，并根据这些评价指标的重要程度赋予各自的权重，如表 10－5 所示；

表 10－5 客户优先权评价指标

客户名称	中百超市	华亿超市	家惠超市	权重
信用额度	200 万	180 万	150 万	0.1
忠诚度	高	高	一般	0.3
客户类型	母公司	重点型	普通型	0.3
订单金额	1.486 万	1.152 万	1.176 万	0.2
合作时间	102 个月	17 个月	22 个月	0.1

(2) 按照下列计算公式进行计算;

$$客户优先权 = (授信额度/\sum 授信额度) \times 0.1 + (忠诚度/\sum 忠诚度) \times 0.3 + (客户类型/\sum 客户类型) \times 0.3 + (订单金额/\sum 订单金额) \times 0.2 + (合作时间/\sum 合作时间) \times 0.1$$

其中忠诚度中:高赋值为3、一般赋值为1;客户类型中:母公司赋值为3、重点型赋值为2、普通型赋值为1。

(3) 计算出每个客户的优先权指数,并按所得数值高低排序,数值最高的客户优先权也最优,如表10-6所示。

表10-6 客户优先权分析结果

客户名称	中百超市	华亿超市	家惠超市
客户优先权指数	4.67	3.5	1.87
客户优先权排名	1	2	3

3. 制作库存分配计划表

依据客户订单和划分后的客户优先等级顺序制定库存分配计划表(如表10-7所示),将相关库存依次在不同的客户间进行分配并显示库存余额。

表10-7 库存分配计划表

序号	商品名称	原有库存	配送方向			累计出库量	库存余额	缺货
			中百超市	华亿超市	家惠超市			
1	大王牌大豆酶解蛋白粉	36	8	12	8	28	8	0
2	黄桃水果罐头	18	0	14	0	14	4	0
3	蜂圣牌蜂皇浆冻干粉片	30	8	8	11	27	3	0
4	吉欧蒂亚干红葡萄酒	18	9	0	0	9	9	0
5	诚诚油炸花生仁	24	24	0	0	24	0	0
6	利鑫达板栗	30	10	9	7	26	4	0
7	休闲黑瓜子	10	0	0	6	6	4	0
8	金多多婴儿营养米粉	32	0	0	8	8	24	0

4. 制定拣选单

（1）确定拣货的方法

一般拣货分为两种拣货方法：一类是摘果式，即针对每一份订单，作业员巡回于仓库内，按照订单所列商品及数量将客户所定商品逐一取出，然后再集中在一起的一种拣货方式；另一类为播种式，即将多张订单集合成一批，按照商品品种类别加总后再进行拣货，然后依据不同客户或不同订单分类集中的拣货方式。

关于拣货方案的选取，应从拣货次数的多少以及作业的便利角度加以考虑。若使用摘果式拣取，则需要对每张订单分别拣取，增加了拣货次数，使工作量上升，而使用播种式拣货的方法，则可以大大减少拣货的次数，因此在实训中一般采用播种式拣选。

（2）拣选单设计要求（如表 10 – 8 所示）

①拣选单设计要规范、项目齐全；

②拣选单设计应能减少拣选次数、优化拣选路径、缩短拣选时间，注重效率。

表 10 – 8　　播种式拣选单样本

序号	货品名称	储位	拣选数量	配送数量			备注
				中百	华亿	家惠	
1	大王牌大豆酶解蛋白粉	01010101（整托） 01010102	28	8	12	8	地牛拼托
2	黄桃水果罐头	01010103	14	0	14	0	地牛分拣
3	蜂圣牌蜂皇浆冻干粉片	01010104	27	8	8	11	地牛分拣
4	诚诚油炸花生仁	01020204	24	24	0	0	叉车整托
5	吉欧蒂亚干红葡萄酒	01020202	9	9	0	0	叉车分拣
6	金多多婴儿营养米粉	01020302	8	0	0	8	叉车分拣
7	休闲黑瓜子	01020303	6	0	0	6	叉车分拣
8	利鑫达板栗	01010302	26	10	9	7	叉车分拣

5. 制作月台码放示意图

采用播种式拣选在将货物拣出后，还需要依照各个订单对已取货物进行分拣，分别放置在不同客户所对应的月台上，再对客户进行配送，因此需要制作月台码放示意图。

月台码放示意图要根据该客户所需要的货物的种类、数量、货物包装箱的尺寸以及月台的尺寸来进行绘制，标出月台上货物的排列顺序、堆码层数（如图 10 – 13 所示）。

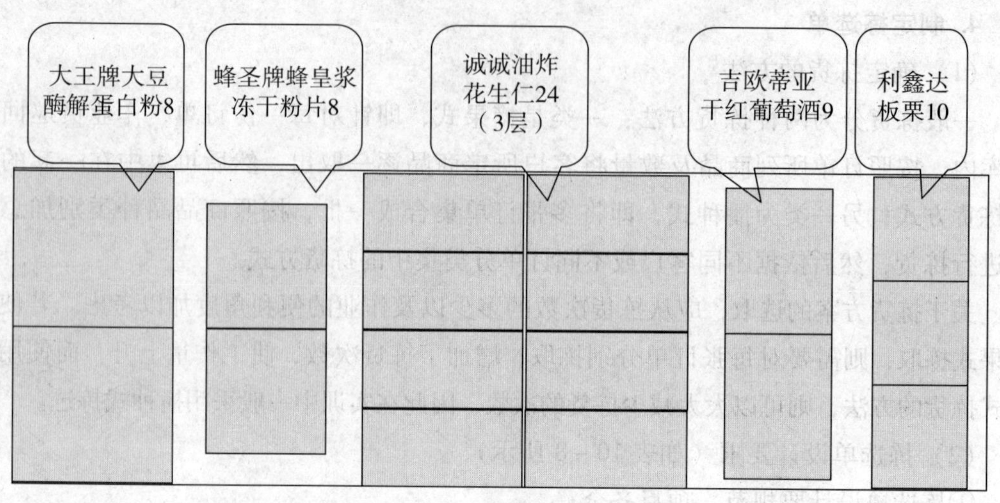

图 10－13　一号月台码放示意图

（四）编制计划

1. 编制作业计划表

按照时间先后顺序将每组在方案执行过程中的工作内容编制成作业计划表，如表 10－9 所示：

表 10－9　　作业计划表

负责人	操作内容	时　间
主管	1. 接受入库信息，启动 WMS，录入信息 2. 入库货物进行组托，操作 RF 上架确认 3. WMS 系统确认上架 4. 接受出入信息，启动 WMS，录入信息 5. 指挥高层货物下架，操作 RF 进行拣选核对 6. 对月台货物进行点检	1～5 分钟 5～33 分钟 33～35 分钟 35～40 分钟 40～55 分钟 55～60 分钟
仓管 1	1. 租赁出库设备，并贴条码 2. 协助仓管 2 进行码盘 3. 用地牛将货物上架，高层货物入库 4. 熟悉拣选货位，并租赁出库设备 5. 对出库货物进行拣选，并协助仓管 2 进行码盘	1～5 分钟 5～10 分钟 10～35 分钟 35～40 分钟 40～50 分钟
仓管 2	1. 租赁入库设备，并贴条码 2. 对入库货物进行码盘 3. 协助主管录入信息 4. 协助仓管 2 进行拣选，并月台分货 5. 操作现场 5s	1～5 分钟 5～35 分钟 35～40 分钟 40～55 分钟 55～60 分钟

为了使作业计划更加形象，作业计划表也可以采用甘特图的形式体现出来，如图10－14、图10－15所示。

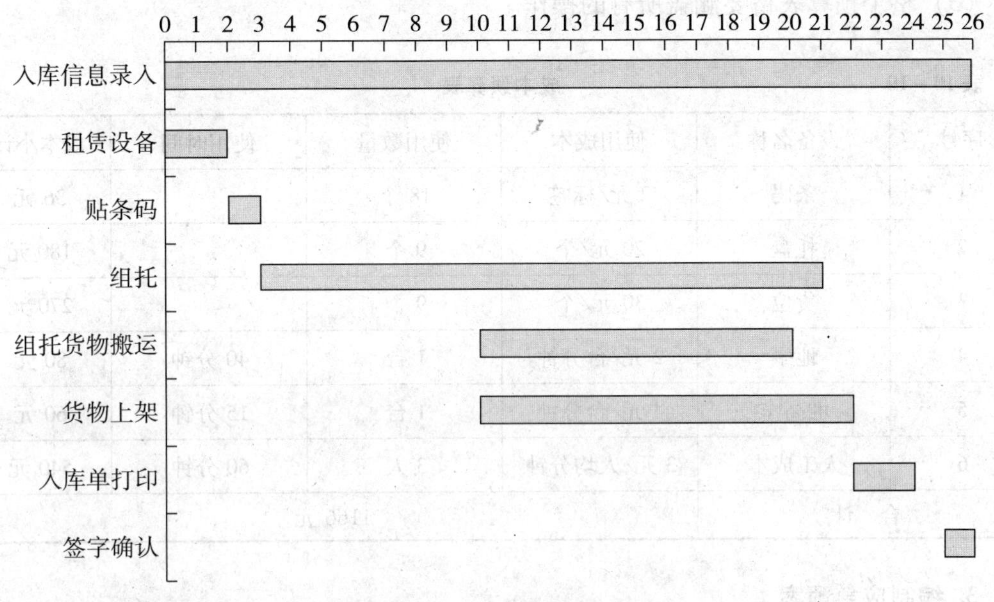

图10－14 入库作业甘特图

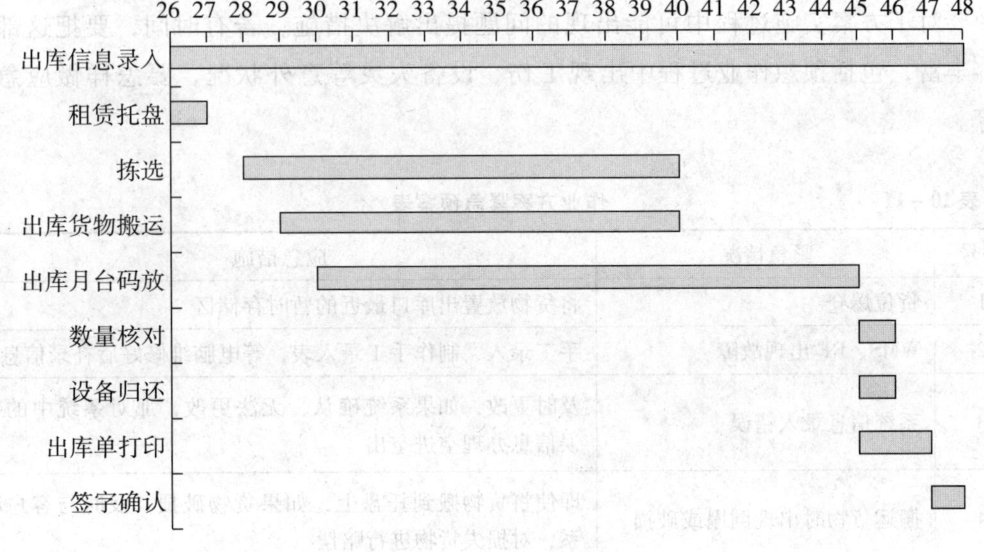

图10－15 出库作业甘特图

2. 编制成本预算表

成本预算表（如表10－10所示）包括作业过程可能发生的各种费用项目及相应的预算金额，以便与实际发生的费用比较，满足预算编制信息的内容。编制预算表应注意以下事项：

（1）预算要准确，细节上连人工的计费都包含在内；

（2）应用表格形式制作；

（3）整个预算表格要涵盖所有的操作。

表 10－10　　成本预算表

序号	设备名称	使用成本	使用数量	使用时间	成本小计
1	条码	2 元/标签	18 个		36 元
2	托盘	20 元/个	9 个		180 元
3	货位	30 元/个	9 个		270 元
4	地牛	2 元/台分钟	1 台	40 分钟	80 元
5	堆高车	4 元/台分钟	1 台	15 分钟	60 元
6	人工成本	3 元/人均分钟	3 人	60 分钟	540 元
合　计		1166 元			

3. 编制应急预案

编制应急预案（如表 10－11 所示）用于提高评审者对该方案的好感度。应急预案中要对于方案实施过程中可能出现的问题提出解决措施，若有时间，要把这部分内容丰富，包括预想作业过程中出现工伤、设备失灵等意外状况，要怎样做应急处理等。

表 10－11　　作业方案紧急预案表

序号	紧急情况	应急措施
1	货位爆仓	将货物放置出库口最近的暂时存储区
2	WMS、RF 出现故障	手工录入，制作手工录入表，等电脑维修好后补录信息
3	系统信息录入错误	及时更改，如果系统确认，无法更改，那对系统中的错误信息办理空进空出
4	搬运货物时出现倒塌或破损	即使将货物搬到托盘上，如果货物破损，及时与客户联系，对损失货物进行赔偿
5	货物入错数量不对	与系统核对，进行更改和调整
6	货物入错货位	即时调整货位，并核对系统信息
7	月台配货错误	及时将错误货物放到原来位置，将正确货物出库
8	遇到紧急出库订单	主管及时调整仓管员，采取摘果式拣选

五、实训组织

（一）分组

所有学生在计算机机房同时进行方案设计，每三位同学为一实训小组，每组配两台计算机、一台计算器。

（二）设计储配方案

根据2010年全国职业技能大赛高职组“现代物流——储配方案的设计与执行”项目题目要求进行方案设计。

（三）打印储配方案

储配方案设计完成后，由每一实训小组组长负责打印设计方案及托盘条码，并交予指导教师。

（四）审核储配方案

指导教师依照下列指标体系（如表10－12所示）对方案进行审核。

表10－12　储配方案设计评价指标体系

一级指标	二级指标	三级指标	三级指标说明
储配方案设计	工作准备	1. 封面	题目：储配作业优化方案设计；实训小组名称：＊＊号（抽签顺序号）代表队
		2. 队员分工	制定储配方案时的分工
		3. 工作安排	制定储配方案时的工作内容及职责
	货位优化及制定货物入库方案	4. 物动量ABC分类表	能够体现出分类过程和分类结果
		5. 制定货物组托示意图	包括奇数层俯视图、偶数层俯视图
		6. 编制条码	运用Bartender软件编制货位条码和托盘条码，并打印托盘条码，码制：CODE39，8位，无校验位
		7. 货位存储图	以货架的排为单位，将货位存储情况反映在存储示意图上，在相应货位上标注货物名称

续 表

一级指标	二级指标	三级指标	三级指标说明
储配方案设计	订单处理及生成拣选单	8. 订单有效性分析	实训小组收到客户订单后，应对订单的有效性进行判断，确定的无效订单予以锁定，陈述理由，主管签字并标注日期
		9. 客户优先权分析	当多个客户针对某一货物的要货量大于该货物库存量时，应对客户进行优先等级划分以确定各自的分配量，并阐明理由
		10. 库存分配计划表	依据客户订单和划分后的客户优先等级顺序制定库存分配计划表，将相关库存依次在不同的客户间进行分配并显示库存余额
		11. 拣选单	拣选单设计要规范、项目齐全；拣选单设计应能减少拣选次数、优化拣选路径、缩短拣选时间，注重效率
		12. 月台码放示意图	绘制 1 号月台的货物码放示意图
	编制计划	14. 作业计划	按照时间先后顺序将每位实训小组成员方案执行过程中的工作内容编制成作业计划，包括设备租赁情况及可能出现的问题预案
		15. 预算表	包括作业过程可能发生的各种费用项目及相应的预算金额，以便与实际发生的费用比较

子任务二　物流大赛软件操作实训

一、实训目的

熟练使用物流大赛软件是储配方案实施的前提基础。通过该项实训使学生了解并掌握软件的基本操作流程，并与物流大赛软件结合使用 RF 手持终端对货物进行组托、上架、拣选的操作。

二、实训学时

4 学时

三、实训器材

1. 计算机及诺思全国物流技能大赛软件 V3. 0；

2. RF 手持终端：Chinaway　C5000W，内置物流技能大赛软件；

3. 无线基站。

四、实训步骤

（一）系统登录

第一步：打开 IE 浏览器，输入物流大赛软件的访问地址“http：//IP：996/noswms”，其中 IP 为物流大赛软件的服务器的 IP 地址，如图 10 – 16 所示；

图 10 – 16　登录窗口

第二步：输入用户编号和密码，点击【登录】进入物流大赛软件主页面，如图 10 – 17 所示。

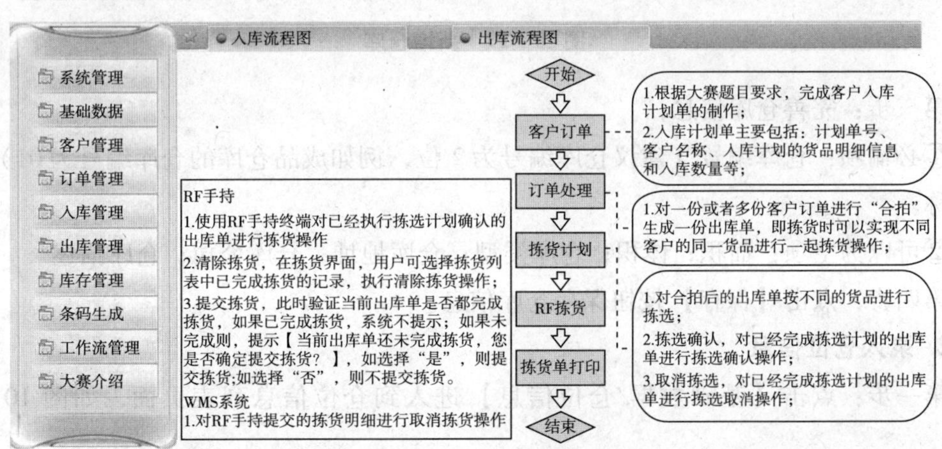

图 10 – 17　物流大赛软件主页面

（二）录入基础数据

1. 录入仓库信息

第一步：点击【基础数据/仓库信息】进入到仓库信息列表页面，如图 10－18 所示；

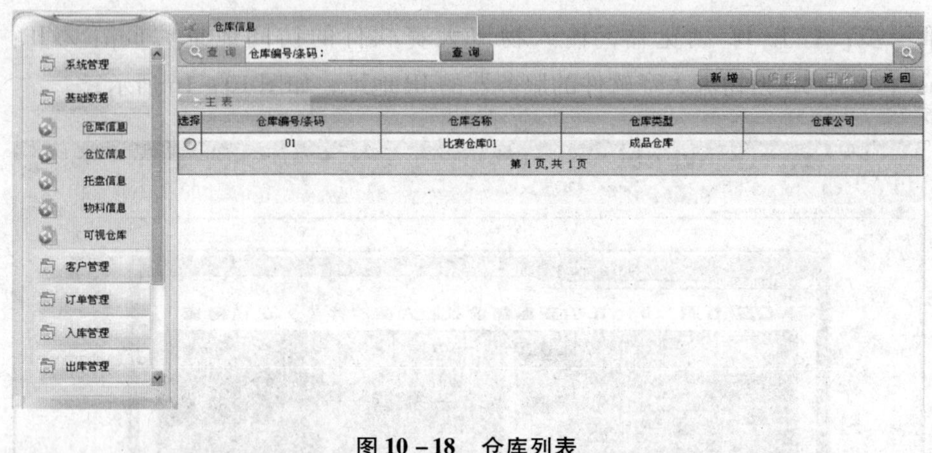

图 10－18　仓库列表

第二步：新增仓库：点击【新增】按钮，进入到新增页面，如图 10－19 所示；

仓库信息

保 存　返 回

仓库信息

仓库编号/条码：		仓库名称：	
面积：	m²	体积：	m²
仓库类型：		仓库地址：	
仓库公司：			
仓库描述：			

图 10－19　新增仓库

第三步：完善仓库信息；

①必输项：仓库编号（建议仓库编号为 2 位，例如成品仓库的仓库编号为 01）；仓库名称。

②可以为空项：面积；体积；仓库类型；仓库地址；仓库公司；仓库描述。

第四步：点击【保存】按钮保存仓库信息。

2. 录入仓位信息

第一步：点击【基础数据/仓位信息】进入到仓位信息列表页面，如图 10－20 所示；

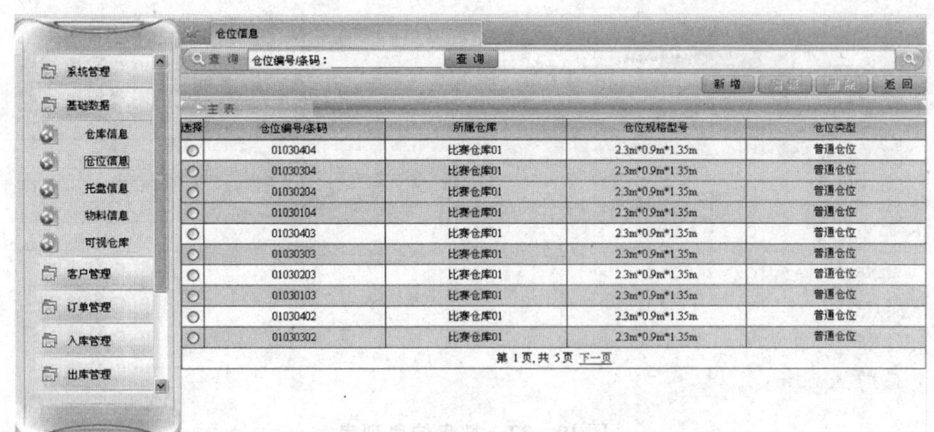

选择	仓位编号/条码	所属仓库	仓位规格型号	仓位类型
○	01030404	比赛仓库01	2.3m*0.9m*1.35m	普通仓位
○	01030304	比赛仓库01	2.3m*0.9m*1.35m	普通仓位
○	01030204	比赛仓库01	2.3m*0.9m*1.35m	普通仓位
○	01030104	比赛仓库01	2.3m*0.9m*1.35m	普通仓位
○	01030403	比赛仓库01	2.3m*0.9m*1.35m	普通仓位
○	01030303	比赛仓库01	2.3m*0.9m*1.35m	普通仓位
○	01030203	比赛仓库01	2.3m*0.9m*1.35m	普通仓位
○	01030103	比赛仓库01	2.3m*0.9m*1.35m	普通仓位
○	01030402	比赛仓库01	2.3m*0.9m*1.35m	普通仓位
○	01030302	比赛仓库01	2.3m*0.9m*1.35m	普通仓位

图 10－20 仓位信息列表

第二步：新增仓位。点击【新增】按钮，进入到新增页面，如图 10－21 所示；

仓位信息

保 存 返 回

仓位信息

仓位编号/条码：		所属仓库：	
仓位规格型号：		仓位类型：	
长：	m	宽：	m
高：	m		

图 10－21 新增仓位

第三步：完善仓位信息；

①必填项：仓位编号/条码（建议仓位编号为 8 位，前 2 位为仓库编号，第 3 位和第 4 位为排号，第 5 位和第 6 位为层号，最后 2 位为列号。例如：成品仓库中第二排第一层第二列的仓位编号为 01020102）；所属仓库。

②可以为空项：仓位规格型号；仓位类型；仓位的长度；仓位的宽度；仓位的高度。

第四步：点击【保存】按钮保存仓位信息。

3. 录入托盘信息

第一步：点击【基础数据/托盘信息】进入到托盘信息列表页面，如图 10－22 所示；

第二步：新增托盘。点击【新增】按钮，进入到新增页面，如图 10－23 所示；

第三步：完善托盘信息；

①必填项：托盘编号/条码（托盘编号最长可以输入 13 位，建议将托盘编号设置为 8 位）。

②可以为空项：托盘规格；托盘的长度；托盘的宽度；托盘的高度；托盘描述。

图 10－22　托盘信息列表

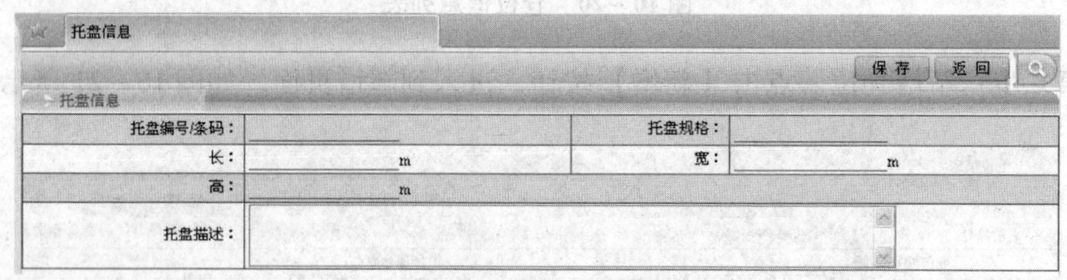

图 10－23　新增托盘

第四步：点击【保存】按钮保存托盘信息。

4. 录入物料信息

第一步：点击【基础数据/物料信息】进入到物料信息列表页面，如图 10－24 所示；

物料信息

查询 物料编号/条码： 查询

新增 返回

主表

选择	物料编号/条码	物料名称	物料规格
○	6934015400989	康师傅冰红茶	15瓶*450ml
○	6900077041446	康师傅矿泉水	24瓶*550ml
○	6900077002362	芬达碳酸饮料	24瓶*550ml
○	6900077001736	联想电脑	1台*15kg
○	6900077040708	康师傅桶面	12桶*119g
○	6934015400789	冰露矿泉水	24瓶*550ml
○	6900077002690	统一小当家	48包*35g
○	6900077000041	伊利优酸乳	24盒*250ml
○	6900077047615	华丰魔法士	48包*36g
○	6900077002980	乐吧薯片	4盒*（68g*16包）

第 1页，共 2页 下一页

图 10－24　物料信息列表

第二步：新增物料。点击【新增】按钮，进入到新增页面，如图 10－25 所示；

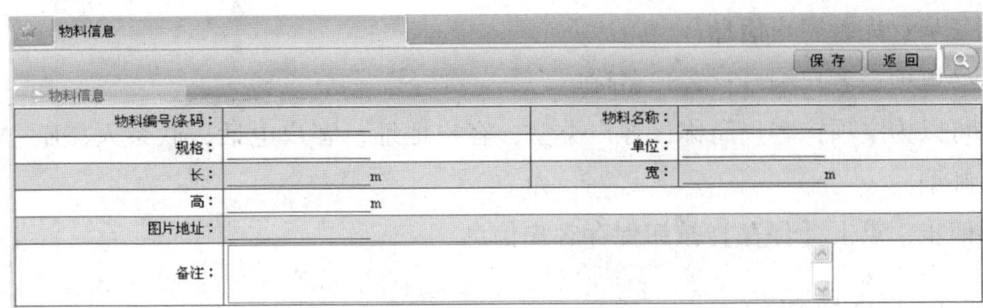

图 10－25　新增物料

第三步：完善物料信息；

①必填项：物料编号/条码（物料编号最长可以输入 18 位，建议将物料编号设置为 13 位；物料名称。

②可以为空项：规格；单位；长；宽；高；图片地址；备注。

第四步：点击【保存】按钮保存物料信息。

5. 录入客户信息

第一步：点击【客户管理/客户信息】进入到客户信息列表页面，如图 10－26 所示；

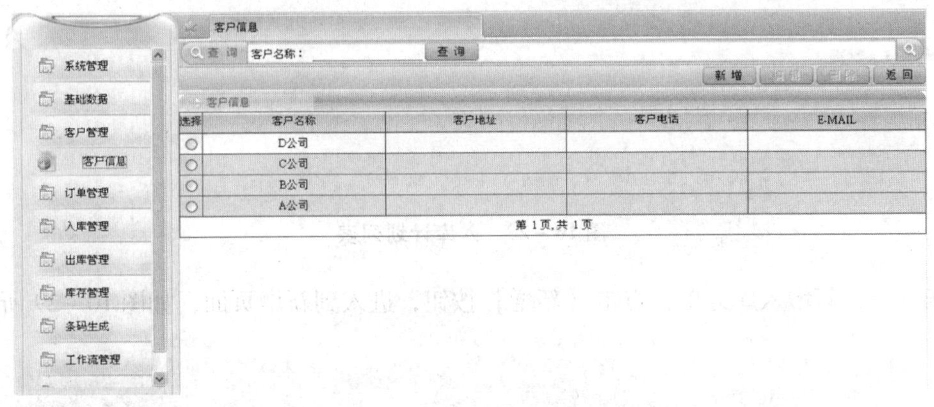

图 10－26　客户信息列表

第二步：新增客户。点击【新增】按钮，进入到新增页面，如图 10－27 所示；

客户信息

保存　返回

客户信息

客户编号：		客户名称：	
客户简称：		客户类型：	
客户地址：		客户电话：	
联系人：		E-MAIL：	
城市：		邮编：	

图 10－27　新增客户

第三步：完善客户信息；

①必填项：客户编号；客户名称。

②可以为空项：客户简称；客户类型；客户地址；客户电话；联系人；E－MAIL；城市；邮编。

第四步：点击【保存】按钮保存客户信息。

（三）入库操作

1. 入库计划

第一步：点击【订单管理/入库计划】，进入到入库计划列表页面，如图 10－28 所示；

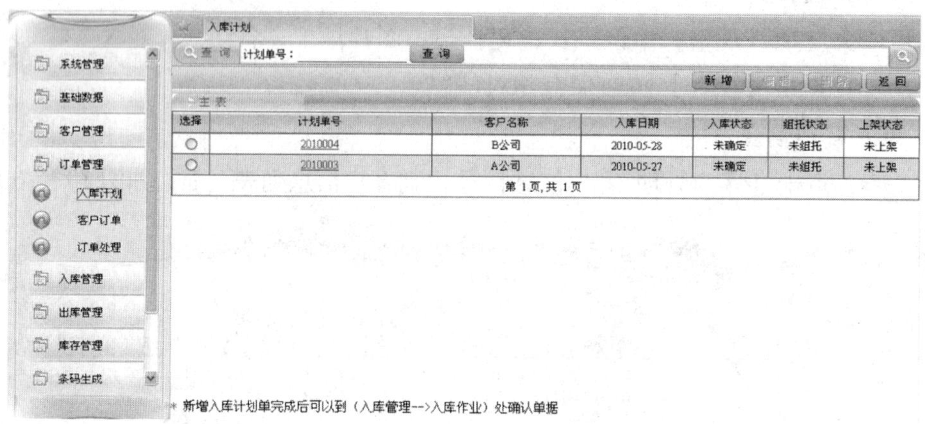

选择	计划单号	客户名称	入库日期	入库状态	组托状态	上架状态
○	2010004	B公司	2010-05-28	未确定	未组托	未上架
○	2010003	A公司	2010-05-27	未确定	未组托	未上架

第 1 页，共 1 页

图 10－28　入库计划列表

第二步：新增入库订单，点击【新增】按钮，进入到新增页面，如图 10－29 所示；

货品条码	货品名称	规格型号	计划数量	操作
【点击增加货品】				删除

图 10－29　新增入库计划

第三步：完善入库计划信息；

必填项：

①计划单号（编号最长 18 位）。

②客户名称。

③计划入库日期（点击后面的输入框，系统将自动弹出时间对话框，选择时间，手动输入无效）。

第四步：完善入库计划明细；

点击【新增货品】按钮，系统新增一空行，再点击货品条码下的点击添加货品字样，系统将自动弹出货品信息的对话框，如图 10－30 所示；

货品信息 - Microsoft Internet Explorer

货品信息

查询 货品名称： 查询

货品信息

选择	货品条码	货品名称	规格型号
○	6934015400989	康师傅冰红茶	15瓶*450ml
○	6900077041446	康师傅矿泉水	24瓶*550ml
○	6900077002362	芬达碳酸饮料	24瓶*550ml
○	6900077001736	联想电脑	1台*15kg
○	6900077040708	康师傅桶面	12桶*119g
○	6934015400789	冰露矿泉水	24瓶*550ml
○	6900077002690	统一小当家	48包*35g
○	6900077000041	伊利优酸乳	24盒*250ml
○	6900077047615	华丰魔法士	48包*36g
○	6900077002980	乐吧薯片	4盒*（68g*16包）

第 1 页，共 2 页 下一页

图 10－30　货品选择

第五步：在货品信息的对话框中，点击对应货品的选择按钮后，对话框自动退出，系统返回到新增入库订单页。入库订单明细将显示选择的货品信息，输入计划入库的数量。点击【保存】按钮，返回到如图 10－31 入库订单列表。

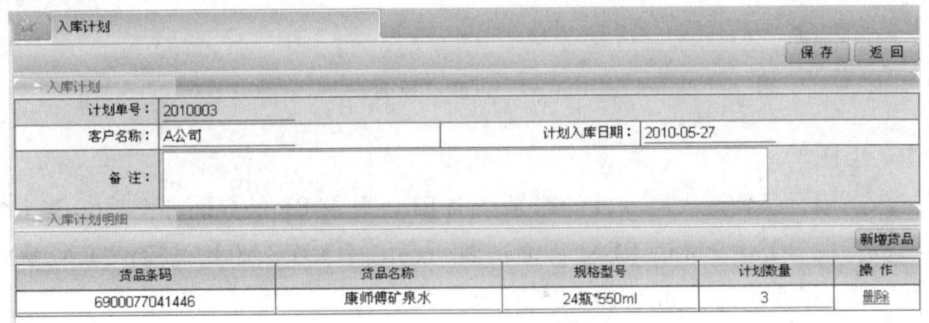
入库计划

保存 返回

入库计划

计划单号： 2010003

客户名称： A公司 计划入库日期： 2010-05-27

备注：

入库计划明细

新增货品

货品条码	货品名称	规格型号	计划数量	操作
6900077041446	康师傅矿泉水	24瓶*550ml	3	删除

图 10－31　入库计划明细

注：入库数量是入库订单中的数量，输入必须为大于 0 的正整数，否则无法保存。

2. 入库作业

第一步：点击【入库管理/入库作业】，进入到入库订单列表页面，如图 10－32

所示；

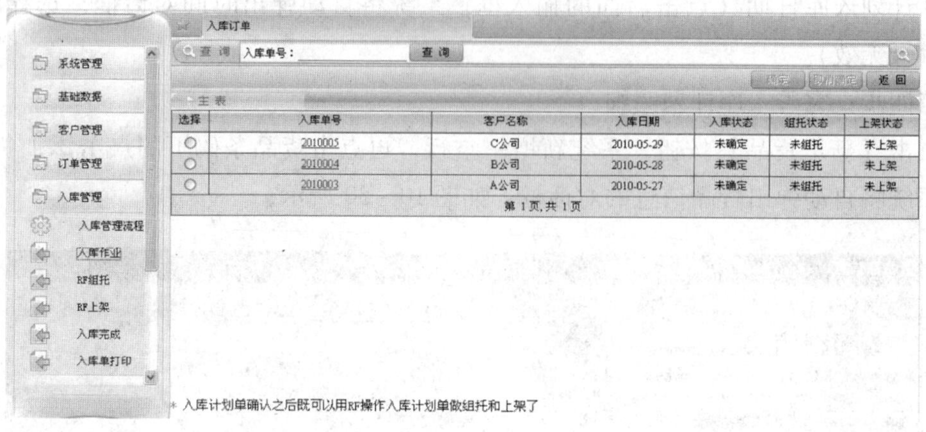

图 10－32　入库订单列表 1

第二步：选择一个入库单：点击【确认】按钮，入库单状态由未确定变为已确定，并且组托状态变为待组托，上架状态变为待上架，如图 10－33 所示。

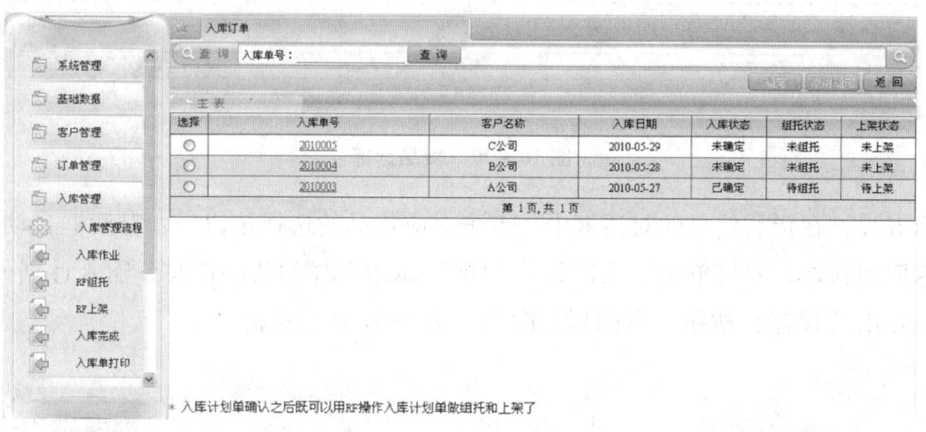

图 10－33　入库订单列表 2

3. RF 组托

第一步：用登录物流大赛软件的账号登录 RF，登录 RF 的界面如图 10－34 所示；

第二步：在 NOS－WMS－RF 主界面页面，点击【入库作业】按钮，进入到 NOS－WMS－RF 入库作业页面，如图 10－35 所示；

第三步：在 NOS－WMS－RF 入库作业页面，选择一个入库单状态是待组托的入库单 ROD201004261001，点击【组托】按钮，进入到 NOS－WMS－RF 入库作业—组托页面，如图 10－36 所示；

第四步：在 NOS－WMS－RF 入库作业—组托页面，如图 10－37 所示，将光标移动到“托盘”的输入框内，用 RF 扫描托盘的标签 53500；

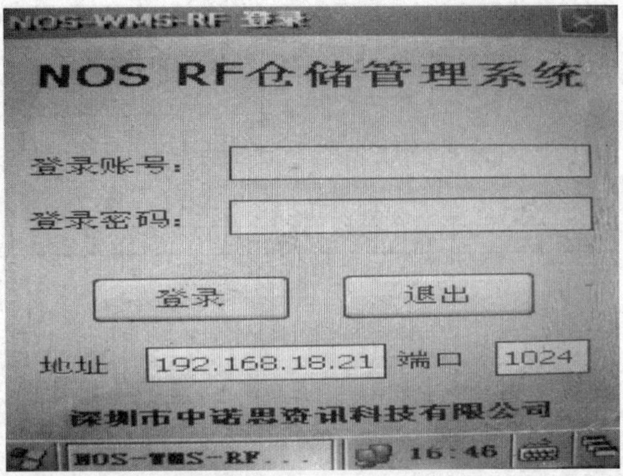

图 10－34 RF 登录界面

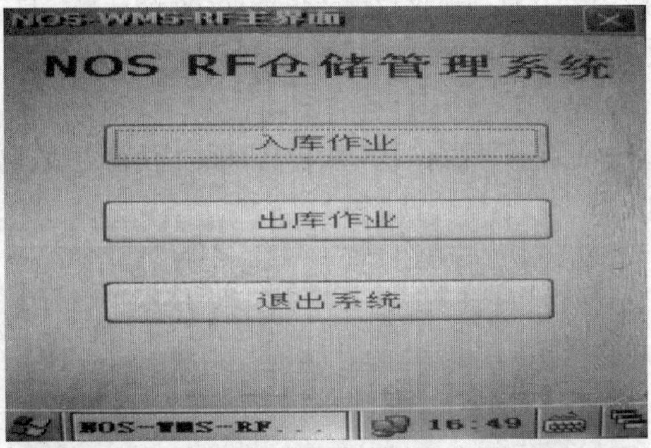

图 10－35 RF 主界面页面

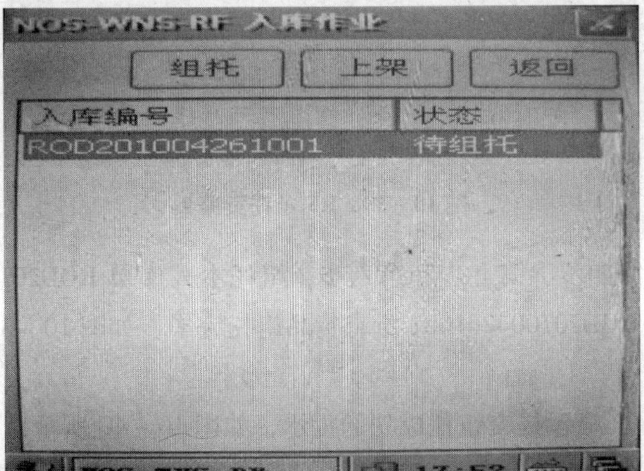

图 10－36 RF 入库作业页面 1

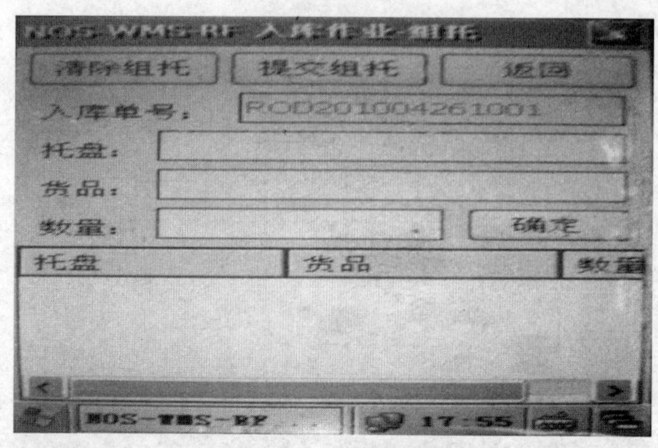

图 10－37　RF 组托页面 1

第五步：扫描托盘标签 53500 之后，将光标移动到“货品”的输入框内，用 RF 扫描货品的标签 80602，RF 会自动地将扫描的货品 80602 的数量，显示在“数量”输入框中。扫描货品 80602 之后，如果还有货品 80602 放到此托盘 53500 上，在“数量”输入框中输入相应的数量；

第六步：如果放到此托盘 53500 上所有货品 80602 扫描完成，如图 10－38 所示，点击【确定】按钮；

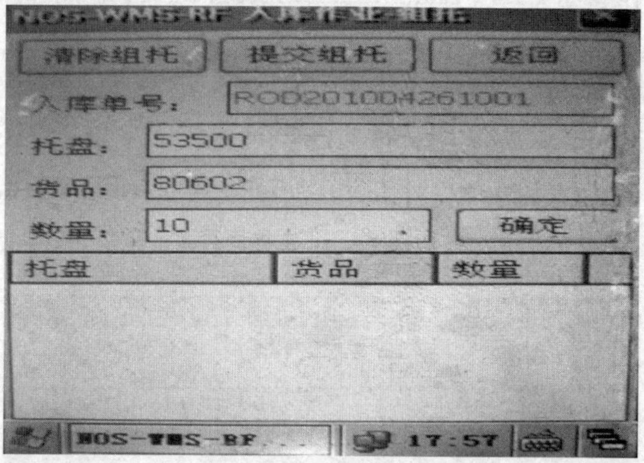

图 10－38　RF 组托页面 2

第七步：重复第四步、第五步和第六步，组托本入库单 ROD201004261001 上其他的货品，本入库单 ROD201004261001 所有货品组托完毕，如图 10－39 所示，点击【提交组托】按钮；

第八步：RF 界面显示提交组托成功的提示，如图 10－40 所示；

第九步：此时查看物流大赛软件的入库单列表页面，选择的入库单组托状态由待组托变为已组托，如图 10－41 所示。

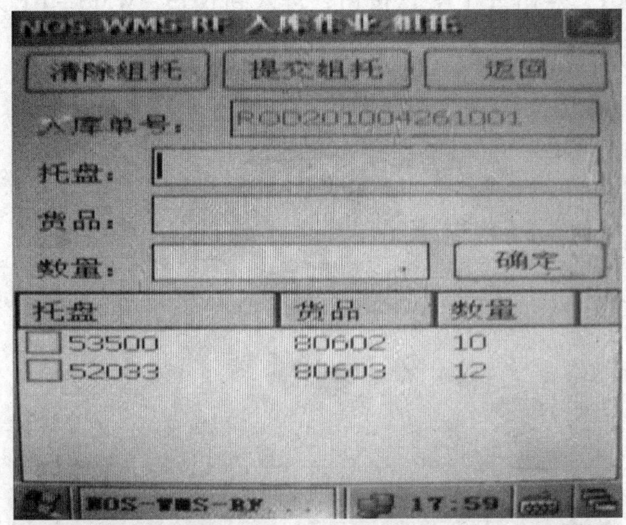

图 10－39 RF 组托页面 3

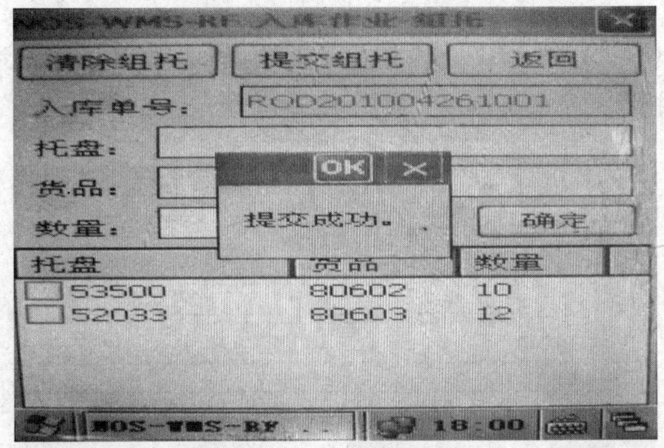

图 10－40 RF 组托页面 4

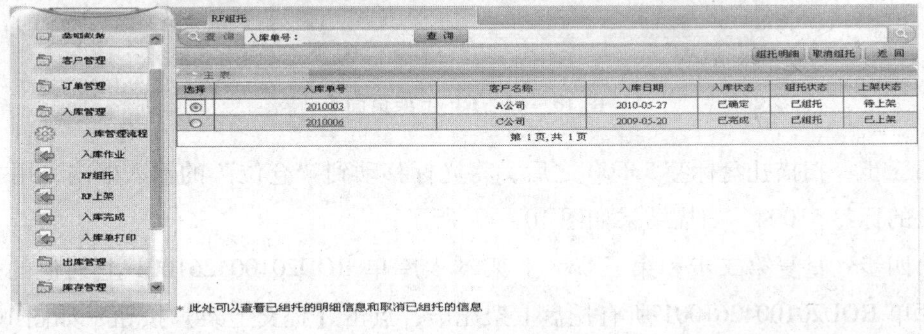

图 10－41 入库订单列表 3

4. RF 上架

第一步：在 NOS－WMS－RF 入库作业页面，选择一个入库单状态是已组托的入库单 ROD201004261001，点击【上架】按钮，进入到 NOS－WMS－RF 入库作业—上架页面，如图 10－42 所示；

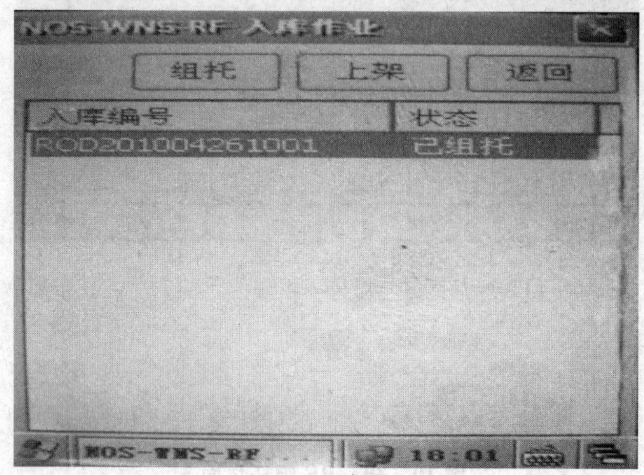

图 10－42　RF 入库作业页面 2

第二步：在 NOS－WMS－RF 入库作业—上架页面，将光标移动到“托盘”的输入框内，用 RF 扫描托盘的标签 53500，如图 10－43 所示；

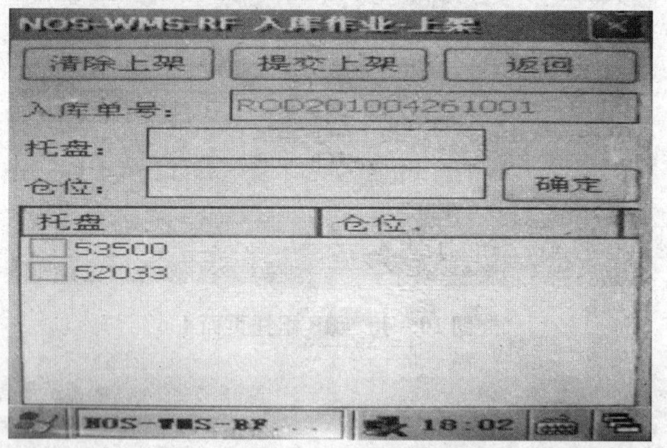

图 10－43　RF 上架页面 1

第三步：扫描托盘标签 53500 之后，将光标移动到“仓位”的输入框内，用 RF 扫描仓位的标签 51004，扫描结果如图 10－44 所示；

第四步：重复第二步和第三步，上架本入库单 ROD201004261001 上其他的托盘，本入库单 ROD201004261001 所有托盘上架完毕，点击【提交上架】按钮，如图 10－45 所示；

第五步：提交上架成功的提示，如图 10－46 所示；

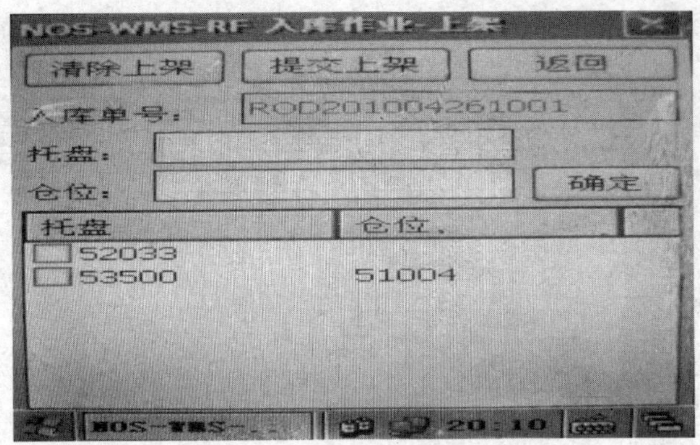

图 10－44　RF 上架页面 2

图 10－45　RF 上架页面 3

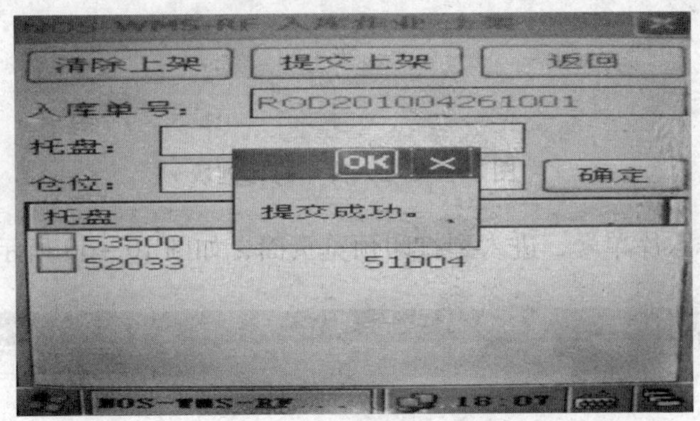

图 10－46　RF 上架页面 4

第六步：此时查看物流大赛软件的入库单列表页面，选择的入库单上架状态由待上架变为已上架，如图 10－47 所示。

5. 入库单打印

第一步：点击【入库管理/入库完成】，选择入库单号，点击【入库完成】按钮，系统提示“入库完成”，如图 10－48 所示；

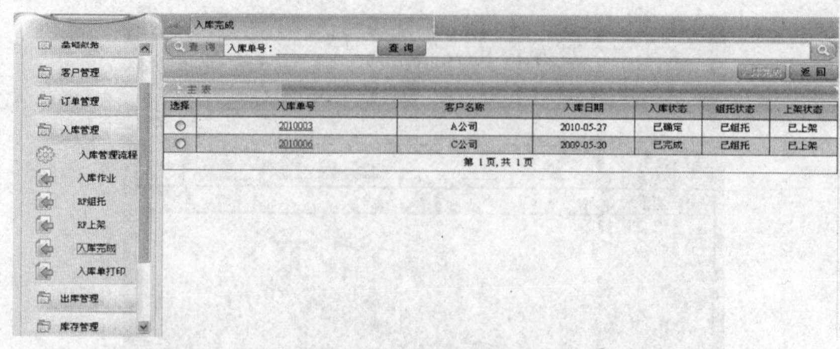

图 10－47　入库订单列表 4

图 10－48　入库完成页面

第二步：点击【入库管理/入库单打印】，进入到入库单打印列表页面，如图 10－49 所示；

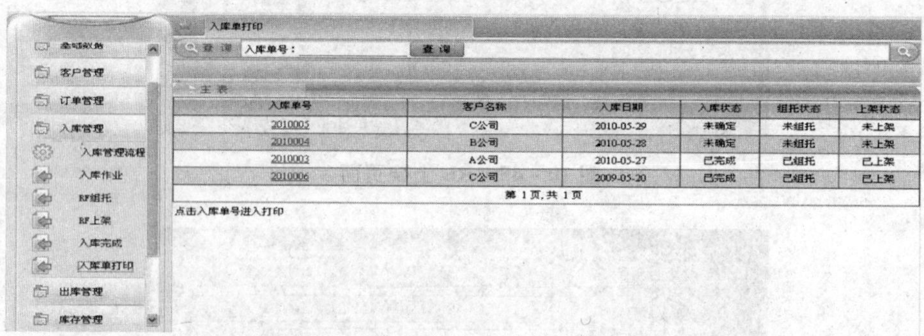

图 10－49　入库单打印列表

第三步：点击入库单号，进入到打印预览页面，如图 10－50 所示；

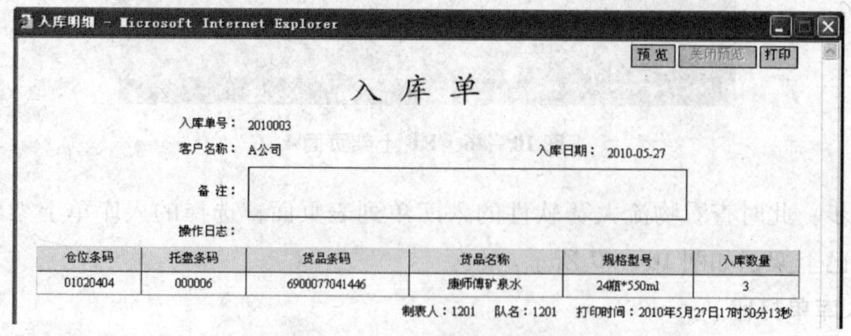

入 库 单

入库单号：2010003

客户名称：A公司　　入库日期：2010-05-27

备 注：

操作日志：

仓位条码	托盘条码	货品条码	货品名称	规格型号	入库数量
01020404	000006	6900077041446	康师傅矿泉水	24瓶*550ml	3

制表人：1201　队名：1201　打印时间：2010年5月27日17时50分13秒

图 10－50　入库单打印预览

第四步：点击【打印】按钮，完成打印。

（四）出库操作

1. 新增订单

第一步：点击【订单管理/客户订单】，进入到客户订单列表页面，如图 10－51 所示；

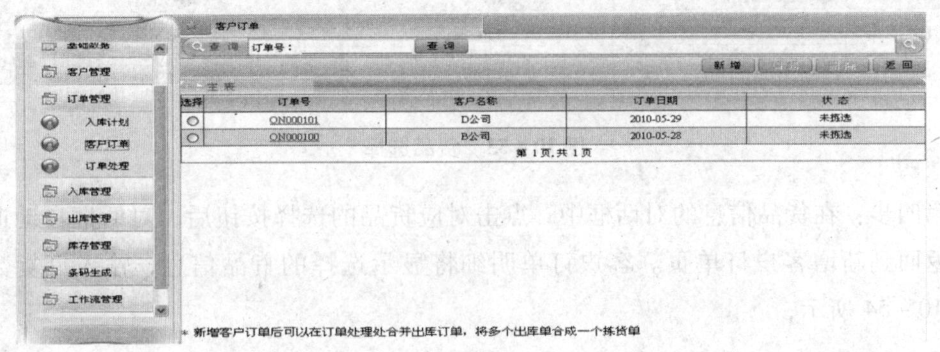

图 10－51　客户订单列表

第二步：点击【新增】按钮，进入到新增客户订单页面，如图 10－52 所示；

客户订单

保存　返回

客户订单

订单号：

客户名称：　　订单日期：

备 注：

客户订单明细

新增货品

货品条码	货品名称	规格型号	订货数量	操 作
【点击增加货品】				删除

图 10－52　新增客户订单

必填项：

①订单号，编号最长 18 位。

②客户名称，即出库的货品的货主。

③订单日期，点击后面的输入框，系统将自动弹出时间对话框，选择时间，手动输入无效。

第三步：完善客户订单明细，点击【新增货品】按钮，系统新增一空行，再点击货品条码下的点击添加货品字样，系统将自动弹出货品信息的对话框，如图 10－53 所示；

图 10－53　货品选择

第四步：在货品信息的对话框中，点击对应货品的选择按钮后，对话框自动退出，系统返回到新增客户订单页。客户订单明细将显示选择的货品信息，输入订货数量，如图 10－54 所示；

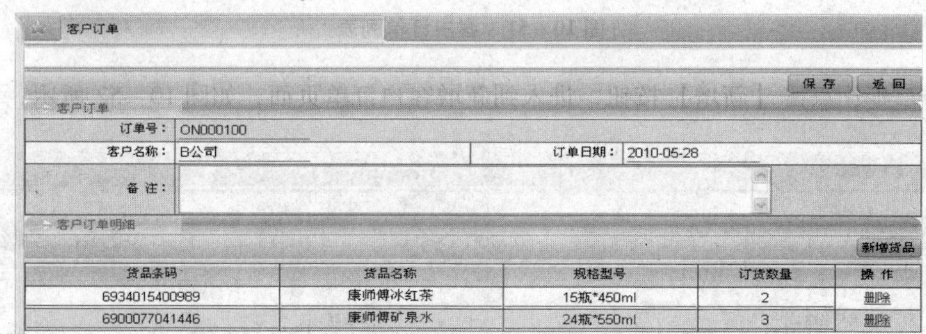

图 10－54　客户订单明细

必填项：订货数量，即客户订购货品的数量，输入必须为大于 0 的正整数，否则无法保存。

第五步：点击【保存】按钮，返回到如图 10－51 客户订单列表。

2. 订单处理

第一步：点击【订单管理/订单处理】，进入到订单处理列表页面，如图 10－55 所示；

第二步：选择一个或多个订单，点击【合拍】按钮，合拍的结果生成如图 10－56 所示的拣货作业单。

3. 拣货计划

第一步：点击【出库管理/拣货计划】，进入到拣货作业单列表页面，如图 10－57 所示；

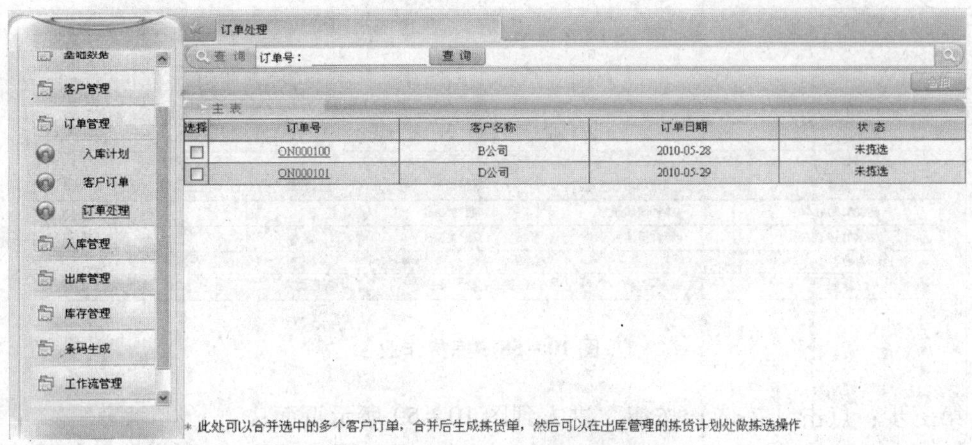

图 10－55　订单处理列表 1

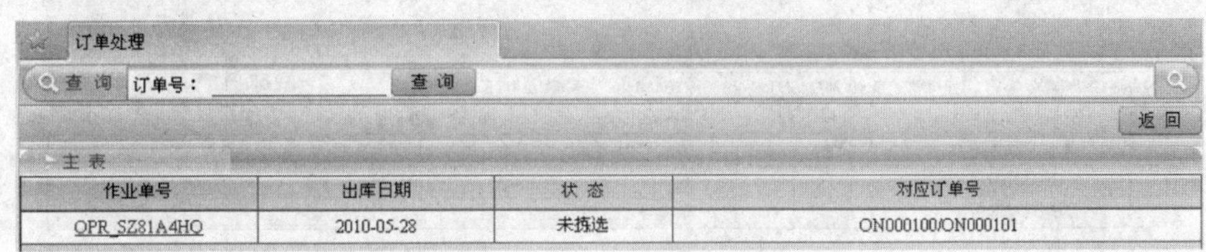

图 10－56　订单处理列表 2

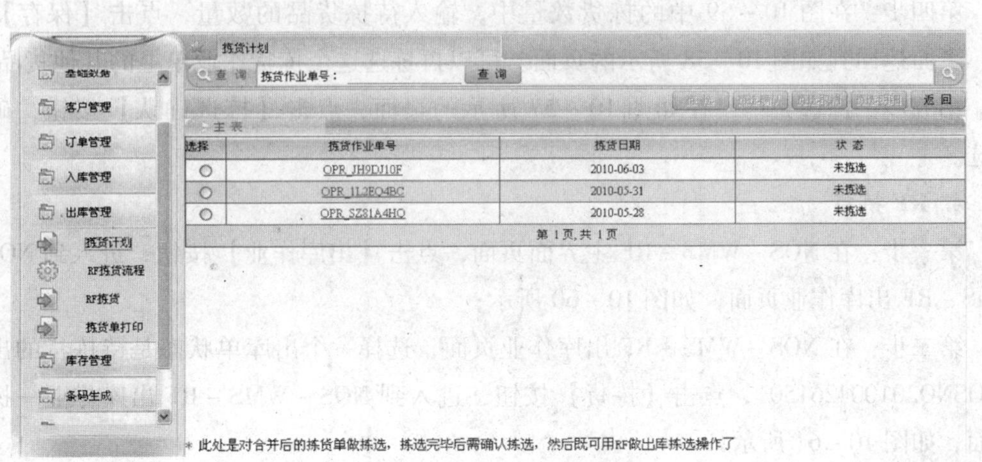

图 10－57　拣货作业单列表

第二步：选择一个拣货作业单，点击【拣选】按钮，进入到拣货作业页面，如图 10－58 所示；

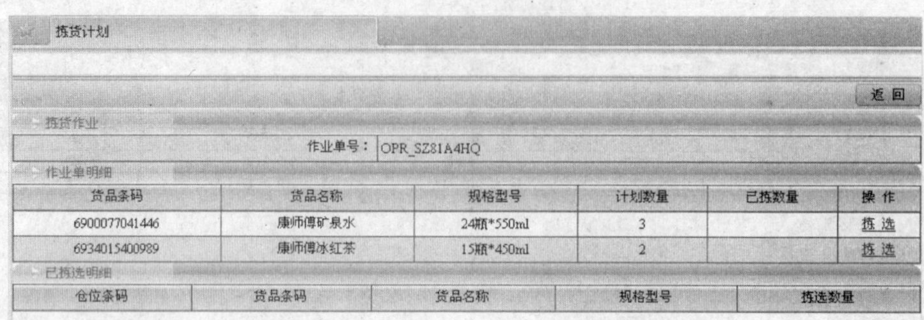

拣货计划

返回

拣货作业

作业单号：OPR_SZ81A4HQ

作业单明细

货品条码	货品名称	规格型号	计划数量	已拣数量	操作
6900077041446	康师傅矿泉水	24瓶*550ml	3		拣选
6934015400989	康师傅冰红茶	15瓶*450ml	2		拣选

已拣选明细

仓位条码	货品条码	货品名称	规格型号	拣选数量

图 10－58　拣货作业

第三步：点击【拣选】按钮，进入到图 10－59 所示页面；

拣选作业

保存　返回

货品信息

货品名称/规格型号/条码：康师傅矿泉水_24瓶*550ml_6900077041446　待拣数量：3　已拣数量：

主表

仓位条码	可拣数量	拣货数量
01030101	5	0
01020404	3	0

图 10－59　出库拣选

第四步：在图 10－59 中的拣货数量中，输入待拣货品的数量，点击【保存】按钮，页面返回到如图 10－58 所示的页面。可以再拣选这个拣货作业单上的其他货品；

第五步：拣选完毕，在如图 10－57 所示的页面，点击【拣选确认】按钮，确认拣选。

4. RF 拣货

第一步：在 NOS－WMS－RF 主界面页面，点击【出库作业】按钮，进入到 NOS－WMS－RF 出库作业页面，如图 10－60 所示；

第二步：在 NOS－WMS－RF 出库作业页面，选择一个出库单状态是待拣货的出库单 OSNO201004261501，点击【拣货】按钮，进入到 NOS－WMS－RF 出库作业—拣货页面，如图 10－61 所示；

第三步：在 NOS－WMS－RF 出库作业—拣货页面，将光标移动到“仓位”的输入框内，用 RF 扫描仓位的标签 51006；扫描仓位标签 51006 之后，将光标移动到“货品”的输入框内，用 RF 扫描货品的标签 80602，RF 会自动地将扫描的货品 80602 的数量，显示在“数量”输入框中。扫描货品 80602 之后，由于货品 80602 的待拣数量是 6，所以在“数量”输入框中数量改为 6，如图 10－62 所示；

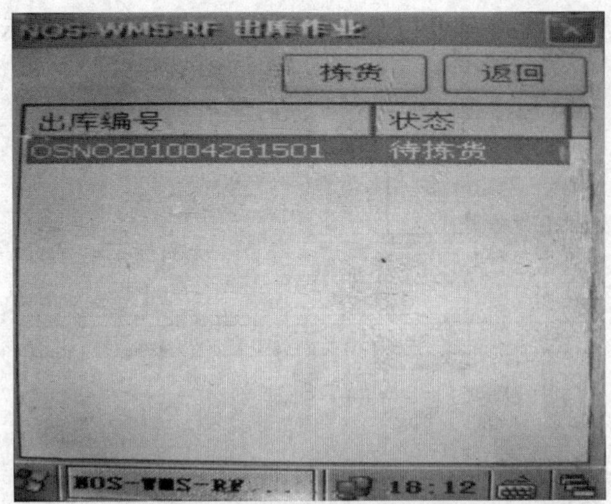

图 10-60 RF 出库作业页面

图 10-61 RF 拣货页面 1

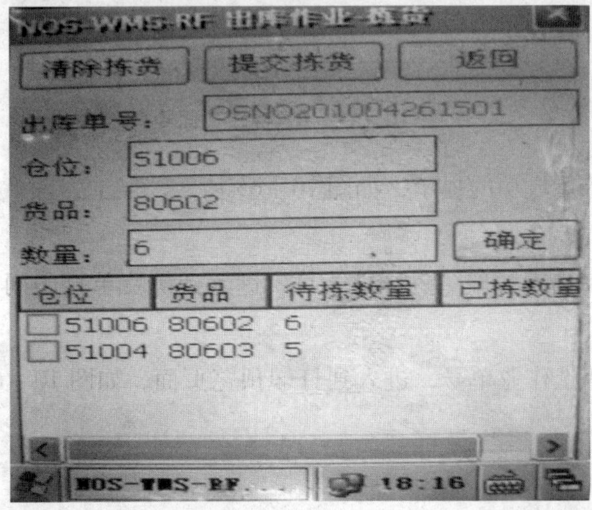

图 10-62 RF 拣货页面 2

第四步：改完数量之后，点击【确定】按钮，如图 10－63 所示；

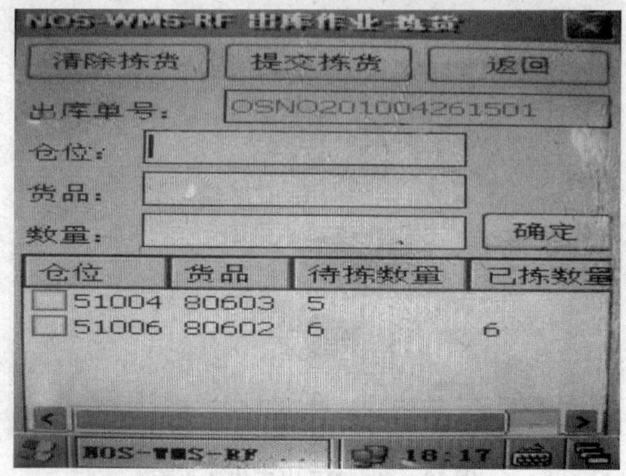

图 10－63　RF 拣货页面 3

第五步：重复第三步、第四步，拣本出库单 OSNO201004261501 上其他的货品，本出库单 OSNO201004261501 所有货品拣完，点击【提交拣货】按钮，如图 10－64 所示；

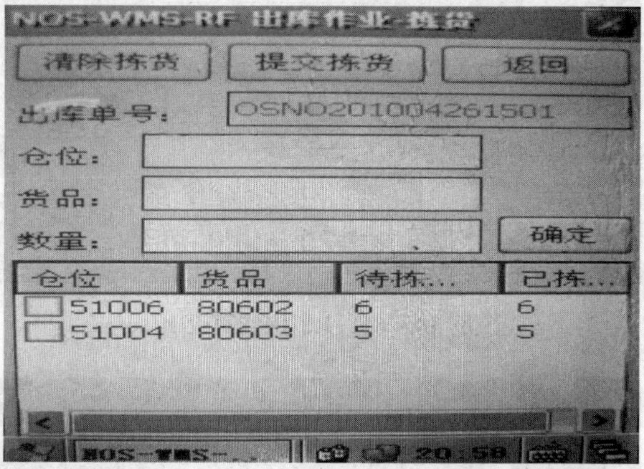

图 10－64　RF 拣货页面 4

第六步：提交拣货成功的提示，如图 10－65 所示。

5. 拣货单打印

第一步：点击【出库管理/拣货单打印】，进入到拣货单打印列表页面，如图 10－66 所示；

第二步：点击拣选作业单号，进入到打印预览页面，如图 10－67 所示，点击【打印】按钮，完成打印。

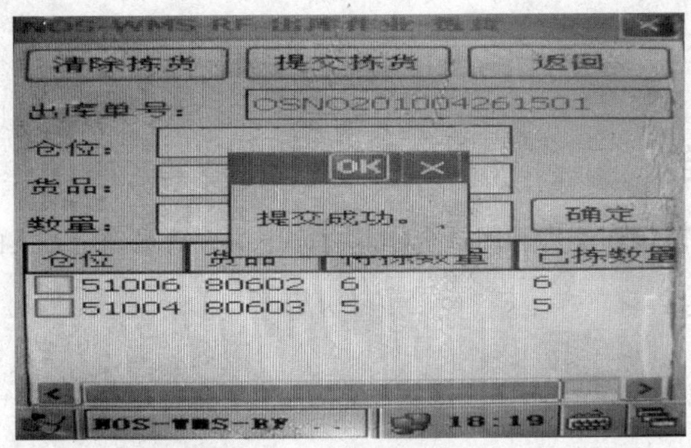

图 10－65 RF 拣货页面 5

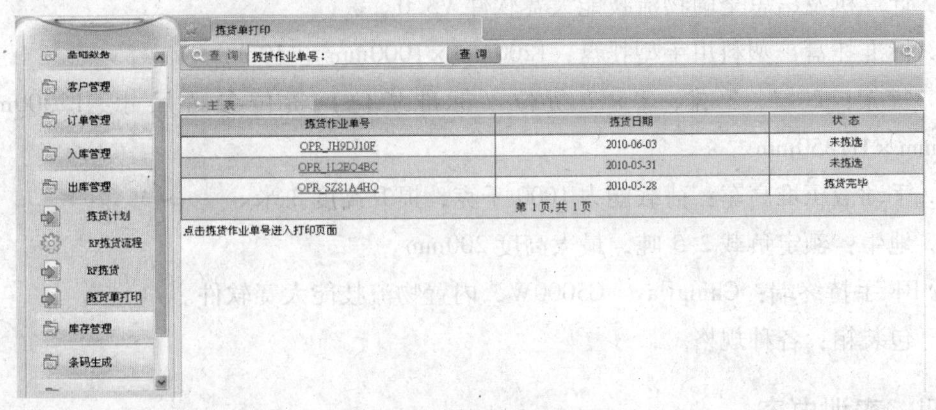

图 10－66 拣货单打印列表

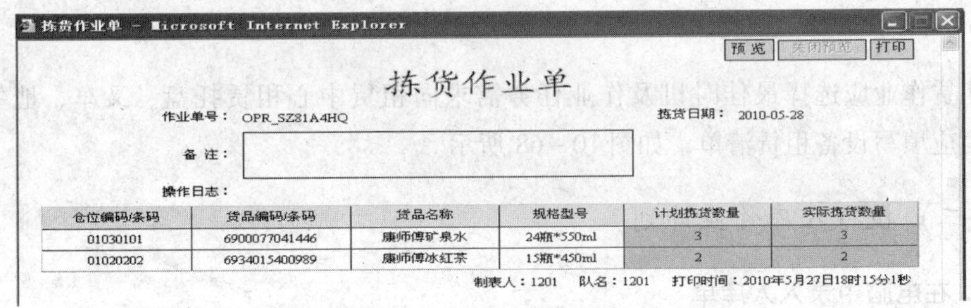

拣货作业单

作业单号：OPR_SZ81A4HQ　　拣货日期：2010-05-28

备 注：

操作日志：

仓位编码/条码	货品编码/条码	货品名称	规格型号	计划拣货数量	实际拣货数量
01030101	6900077041446	康师傅矿泉水	24瓶*550ml	3	3
01020202	6934015400989	康师傅冰红茶	15瓶*450ml	2	2

制表人：1201　队名：1201　打印时间：2010年5月27日18时15分1秒

图 10－67 打印预览

五、实验组织运行要求

先由教师集中讲解物流技能大赛软件的操作及 RF 手持终端的使用，然后每三名学生为一实训小组，由学生自主训练。

子任务三　储配方案的实施

一、实训目的

增强学生的实际操作能力和团队合作能力，用执行情况确定方案的优劣。

二、实训学时

2 学时

三、实训器材

1. 计算机及诺思全国物流技能大赛软件 V3.0。
2. 标准托盘：塑料川字型托盘，1200mm×1000mm×150mm。
3. 货架：2 层，3 排，2×2 货位（标准货位）货位参考尺寸：L2300mm×W900mm×H1350mm。
4. 手动液压堆高车：荷载能力 1000 千克，提升高度 3 米。
5. 地牛：额定负载 2.5 吨，最大高度 200mm。
6. RF 手持终端：Chinaway　C5000W，内置物流技能大赛软件。
7. 包装箱：各种规格。

四、实训内容

（一）租赁

租赁作业应选择最佳时机及作业任务需求向租赁中心租赁托盘、叉车、地牛等。租赁时应填写设备租赁清单，如图 10－68 所示。

（二）执行入库作业计划

1. 在电脑中录入入库单

启动物流技能大赛软件，完成货物信息录入，如图 10－69 所示。

2. 组托

在托盘两侧粘贴托盘条码，然后按照堆码和商品入库要求，将符合要求的货物科学、合理地码放在托盘上，同时操作 RF 手持终端将组托信息传送至物流技能大赛软件系统。

组托中出现的基本问题如图 10－70～图 10－73 所示。

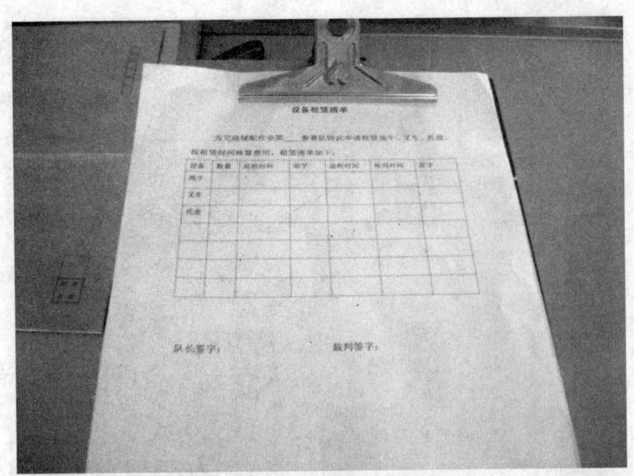

设备租赁清单

为完成储配作业第____参赛队特此申请租赁地牛、叉车、托盘，按租赁时间核算费用，租赁清单如下：

设备	数量	起租时间	签字	退租时间	租用时间	签字
地牛						
叉车						
托盘						

队长签字：　　　　　　裁判签字：

图 10-68　设备租赁清单

图 10-69　启动 WMS

图 10-70　堆码不整齐、四个角不成直线

图 10－71　堆码不合理、不牢固

图 10－72　缺口不留中、不整齐

图 10－73　超出货架规定高度

3. 上架

组托完成后利用地牛及堆高车进行上架作业，将货物准确送入指定的仓位，同时操作 RF 手持终端将仓位信息传送至物流技能大赛软件系统。

上架中出现的基本问题如图 10－74～图 10－78 所示：

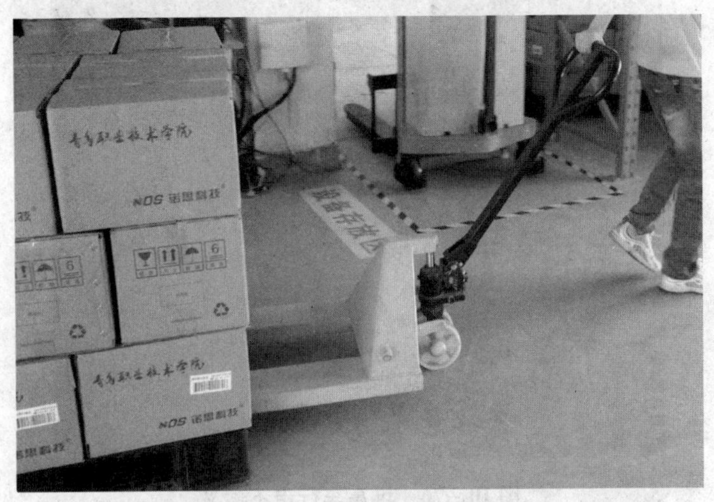

图 10－74 地牛拉货时货叉不深

图 10－75 不合理使用堆高车

4. 电脑中确认入库完成

（三）执行出库作业计划

1. 制作拣选单

操作电脑在物流技能大赛软件系统中输入客户订单，并生成拣选单。

图 10－76 堆高车行走不落叉

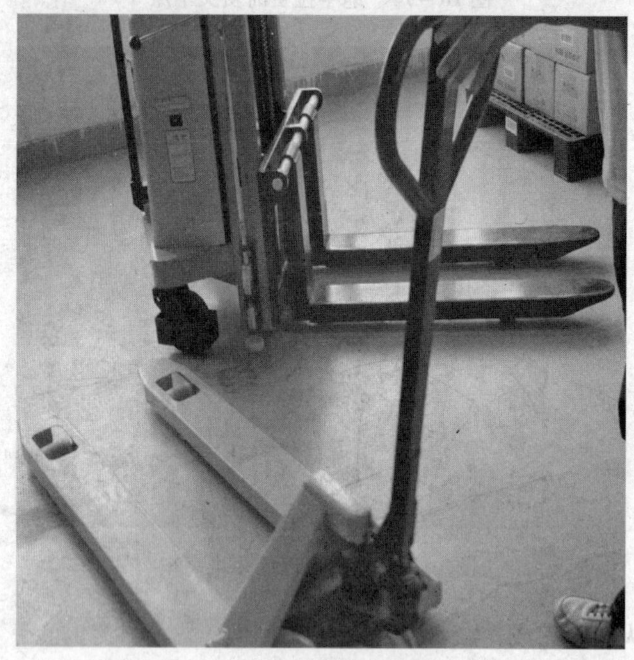

图 10－77 混区作业

2. 出库作业

根据拣选单使用地牛和堆高车取出指定仓位中的货位并送至月台，同时操作 RF 手持终端将拣选信息传送至物流技能大赛软件系统。

（1）出货整托可以直接拉走；

（2）若出库货物小于一托，应将托盘拖出取货，将货物放置其他托盘，剩余货物及托盘马上复位；

（3）不可将托盘拖至月台取货后，再放回货位；也不可直接在货位上取货。

图 10－78　超出仓位

3. 月台码放

按客户订单，将所有货品分类整齐，牢固的码放在月台上。如果多个客户共用一个月台，客户订单之间要有明显的间隔。

月台码放中出现的基本问题如图 10－79～图 10－80 所示：

图 10－79　月台码放混乱

图 10－80　重复作业

4. 月台点检

对照客户订单，检查月台上货物的种类、数量与客户的需求是否一致。

5. 电脑中确认出库完成

（四）5S 管理

出库完成后需做 5S 管理。“5S”是整理（Seiri）、整顿（Seiton）、清扫（Seiso）、清洁（Seiketsu）和素养（Shitsuke）这 5 个词的缩写。因为这 5 个词日语中罗马拼音的第一个字母都是“S”，所以简称为“5S”，开展以整理、整顿、清扫、清洁和素养为内容的活动，称为“5S”活动。

5S 管理中易出的问题如图 10－81、图 10－82 所示：

图 10－81　现场不清理

图 10－82 设备归位不整齐

五、实训组织

根据 2010 年全国职业技能大赛高职组“现代物流——储配方案的设计与执行”项目题目要求布置实训场地，每个实训小组根据自己的设计的储配方案执行。若现场实施与储配方案不一致，必须修改计划，修改计划应由实训小组组长提出并实施。方案修改时，3 名小组成员应停止作业，工作时间连续计算。

各实训小组应在规定的时间内完成操作，并以成本的高低评分。评分标准如表 10－13、表 10－14 所示：

表 10－13 入库作业考核评分表

<table>
<tr><th>序号</th><th colspan="2">评分标准</th><th>标准成本</th><th>未完成成本</th><th>实际成本（元）</th></tr>
<tr><td>1</td><td colspan="2">入库单信息录入</td><td>1 元/条</td><td>68920 元</td><td></td></tr>
<tr><td rowspan="4">2</td><td rowspan="4">租赁作业设备</td><td>托盘租赁</td><td>20 元/个</td><td>68410 元</td><td></td></tr>
<tr><td>地牛租赁</td><td>0.4 元/台分钟</td><td>67570 元</td><td></td></tr>
<tr><td>叉车租赁</td><td>5 元/台次</td><td>67260 元</td><td></td></tr>
<tr><td>货位占用</td><td>30 元/个</td><td>66310 元</td><td></td></tr>
</table>

续 表

<table>
<tr><th>序号</th><th colspan="3">评分标准</th><th>标准成本</th><th>未完成成本</th><th>实际成本（元）</th></tr>
<tr><td rowspan="10">3</td><td rowspan="10">组托</td><td rowspan="3">条码</td><td>粘贴条码</td><td>10 元/少粘 1 个</td><td rowspan="3">65830 元</td><td></td></tr>
<tr><td>已制作条码</td><td>2 元/个</td><td></td></tr>
<tr><td>购买条码</td><td>5 元/个</td><td></td></tr>
<tr><td rowspan="4">货损
货差</td><td>货物跌落</td><td>全价扣罚</td><td rowspan="7">65210 元</td><td></td></tr>
<tr><td>货差（串货和未组托部门）</td><td>货价 40% 扣罚</td><td></td></tr>
<tr><td>货物倒置</td><td>货价 30% 扣罚</td><td></td></tr>
<tr><td>货物挤压</td><td>货价 20% 扣罚</td><td></td></tr>
<tr><td rowspan="3">码放
错误</td><td>超出托盘边缘 20mm</td><td>10 元/每托</td><td></td></tr>
<tr><td>数量错误</td><td>100 元/每托</td><td></td></tr>
<tr><td>层数错误</td><td>200 元/每托</td><td></td></tr>
<tr><td>4</td><td>上架</td><td colspan="2">货位选择错误</td><td>60 元/托</td><td>46500 元</td><td></td></tr>
<tr><td>5</td><td colspan="3">入库确认</td><td></td><td>46210 元</td><td></td></tr>
</table>

表 10－14　　出库作业考核评分表

<table>
<tr><th>序号</th><th colspan="3">评分标准</th><th>标准成本</th><th>未完成成本</th><th>实际成本（元）</th></tr>
<tr><td rowspan="2">1</td><td rowspan="2">出库单信息录入</td><td colspan="2">出库信息录入错误</td><td>1 元/条</td><td>46040 元</td><td></td></tr>
<tr><td colspan="2">入库作业全部完成前录入出库信息</td><td>扣罚 50 元</td><td>46000 元</td><td></td></tr>
<tr><td rowspan="3">2</td><td rowspan="3">订单有效性分析</td><td colspan="2">分析正确：红日超市订单无效不予发货</td><td>—</td><td rowspan="3">38000 元</td><td></td></tr>
<tr><td rowspan="2">判定订书机单有效性错误</td><td>该发货却没发货</td><td>扣罚货价的 20%</td><td></td></tr>
<tr><td>不应发货却发货</td><td>扣罚货价的 20%</td><td></td></tr>
<tr><td rowspan="2">3</td><td rowspan="2">客户优先权分析</td><td colspan="2">客户优先权排序：四季发商贸有限公司、三星超市、万家乐超市、大华商贸有限公司</td><td>—</td><td rowspan="2">24000 元</td><td></td></tr>
<tr><td colspan="2">分析不正确</td><td>扣罚货价的 20%</td><td></td></tr>
</table>

续 表

<table>
<tr><th>序号</th><th colspan="3">评分标准</th><th>标准成本</th><th>未完成成本</th><th>实际成本（元）</th></tr>
<tr><td rowspan="4">4</td><td rowspan="4">租赁作业设备</td><td colspan="2">托盘租赁</td><td>20 元/个</td><td>45 元</td><td rowspan="4"></td></tr>
<tr><td colspan="2">地牛租赁</td><td>0.4 元/台分钟</td><td>30 元</td></tr>
<tr><td colspan="2">叉车租赁</td><td>5 元/台次</td><td>53 元</td></tr>
<tr><td colspan="2">释放货位</td><td>-30 元/个</td><td>—</td></tr>
<tr><td rowspan="6">5</td><td rowspan="6">拣选作业</td><td colspan="2">货物跌落</td><td>扣罚货物全价</td><td rowspan="6">18000 元</td><td></td></tr>
<tr><td colspan="2">货物倒置</td><td>扣罚货价的 30%</td><td></td></tr>
<tr><td colspan="2">货物挤压</td><td>扣罚货价的 20%</td><td></td></tr>
<tr><td colspan="2">直接掏货</td><td>20 元/托次</td><td></td></tr>
<tr><td rowspan="2">将非清零货位托盘拖至月台</td><td>捡货后送回原位</td><td>50 元/托次</td><td></td></tr>
<tr><td>捡货后未送回原位</td><td>100 元/托次</td><td></td></tr>
<tr><td rowspan="6">6</td><td rowspan="6">月台理货</td><td rowspan="4">理货过程中</td><td>货物跌落</td><td>扣罚货物全价</td><td rowspan="6">11000 元</td><td></td></tr>
<tr><td>货差</td><td>扣罚货价的 40%</td><td></td></tr>
<tr><td>货物倒置</td><td>扣罚货价的 30%</td><td></td></tr>
<tr><td>货物挤压</td><td>扣罚货价的 20%</td><td></td></tr>
<tr><td colspan="2">同一客户的货物未放在同一月台上</td><td>扣罚货价的 10%</td><td></td></tr>
<tr><td colspan="2">月台未点检货物</td><td>200 元</td><td></td></tr>
<tr><td rowspan="2">7</td><td rowspan="2">安全隐患</td><td colspan="2">货叉上、下站人</td><td>100 元/次</td><td rowspan="3">0 元</td><td></td></tr>
<tr><td colspan="2">非安全人工搬运</td><td>50 元/托次</td><td></td></tr>
<tr><td>8</td><td>5S 管理</td><td colspan="2">未 5S 管理（托盘堆叠、地牛归位）</td><td>100 元</td><td></td></tr>
</table>